GW00871409

1,000,000 Books

are available to read at

www.ForgottenBooks.com

Read online
Download PDF
Purchase in print

ISBN 978-0-265-65446-0
PIBN 11000402

This book is a reproduction of an important historical work. Forgotten Books uses
state-of-the-art technology to digitally reconstruct the work, preserving the original format
whilst repairing imperfections present in the aged copy. In rare cases, an imperfection in
the original, such as a blemish or missing page, may be replicated in our edition. We do,
however, repair the vast majority of imperfections successfully; any imperfections that
remain are intentionally left to preserve the state of such historical works.

Forgotten Books is a registered trademark of FB &c Ltd.
Copyright © 2018 FB &c Ltd.
FB &c Ltd, Dalton House, 60 Windsor Avenue, London, SW19 2RR.
Company number 08720141. Registered in England and Wales.

For support please visit www.forgottenbooks.com

1 MONTH OF
FREE
READING

at

www.ForgottenBooks.com

By purchasing this book you are eligible for one month membership to ForgottenBooks.com, giving you unlimited access to our entire collection of over 1,000,000 titles via our web site and mobile apps.

To claim your free month visit:
www.forgottenbooks.com/free1000402

* Offer is valid for 45 days from date of purchase. Terms and conditions apply.

English
Français
Deutsche
Italiano
Español
Português

www.forgottenbooks.com

Mythology Photography **Fiction**
Fishing Christianity **Art** Cooking
Essays Buddhism Freemasonry
Medicine **Biology** Music **Ancient**
Egypt Evolution Carpentry Physics
Dance Geology **Mathematics** Fitness
Shakespeare **Folklore** Yoga Marketing
Confidence Immortality Biographies
Poetry **Psychology** Witchcraft
Electronics Chemistry History **Law**
Accounting **Philosophy** Anthropology
Alchemy Drama Quantum Mechanics
Atheism Sexual Health **Ancient History**
Entrepreneurship Languages Sport
Paleontology Needlework Islam
Metaphysics Investment Archaeology
Parenting Statistics Criminology
Motivational

MODERN GERMAN PROSE

A READER
FOR ADVANCED CLASSES

COMPILED AND ANNOTATED

BY

A. B. NICHOLS
PROFESSOR OF GERMAN IN SIMMONS COLLEGE

NEW YORK
HENRY HOLT AND COMPANY
1908

EducT 1719.08.608

HARVARD COLLEGE LIBRARY
FROM THE LIBRARY OF
PROFESSOR HORATIO STEVENS WHITE
JUNE 12, 1935

COPYRIGHT, 1908,

BY

HENRY HOLT AND COMPANY

PREFACE.

GERMAN is a difficult tongue. Teachers of modern languages would, I conceive, agree that the command of vocabulary and idiom which can be acquired in French in three years demands four years in German. In the first two years little more can be accomplished — I am speaking now of reading — than the mastery of narrative prose and of the easier plays of the classic period. To the third year are usually allotted the major works of Lessing, Goethe and Schiller. I would not for a moment underrate the value of these as training in literature. They are stimulating and profitable in the highest degree. But if a student's formal study of German ends here, he is left quite unprepared for the very different task of coping with contemporary literature of a serious sort. When he attempts to read modern biography, history, literary criticism, political and scientific discussions, — topics that will chiefly engage his attention if he aims to appropriate the results of German thought and research, — he will find himself face to face with a new and difficult task.

It is to bridge the gap between the German of Goethe and Schiller and that of the essay, review and editorial of to-day that this selection aims. Where a place can be found for it in the present crowded curriculum is a question for the individual teacher to solve. In many cases, in my opinion, it might wisely supplant the traditional third-year work, in others it might supplement it. In any case I feel sure that there are many teachers who will be glad to avail themselves of the opportunity to introduce their students to contemporary German prose in its various aspects.

iii

In making my selection I have been governed by the wish to present a large variety of topics and of styles, even at the cost of making the table of contents a somewhat miscellaneous one. I have therefore not attempted to classify the material beyond arranging it approximately in order of difficulty. The first half of the Reader is made up of comparatively easy selections, some of them very easy, to encourage sight-reading in class and out. The second half contains matter distinctly more difficult. I have also tried to make the selections such as will appeal to the student's interest and not make too large demands on his general information. The notes do not attempt to develop all the lines of comment that the text suggests, but simply to supply the most essential information on the topics discussed. I have used a free hand in bringing the extracts within the requisite compass and in eliminating matter which would present unprofitable difficulty, but the writer's argument is in every case left intact.

A. B. N.

Simmons College,
September, 1908.

CONTENTS.

I

CONTENTS

Erster Teil

Depuis un siècle l'Allemagne a produit un des plus beaux développements intellectuels qu'il y ait jamais eu, un développement qui a, si j'ose le dire, ajouté un degré de plus à l'esprit humain en profondeur et en étendue, si bien que ceux qui n'ont pas participé à cette culture nouvelle sont à ceux qui l'ont traversée comme celui qui ne connaît que les mathématiques élémentaires est à celui qui connaît le calcul différentiel.

RENAN: *Lettre à M. Strauss.*

I.

Der Vesuv.

Friedrich Hebbel *

Rom verließ ich den 16. Juli 1845 des Morgens in der
Früh. Der Abschied war mir leicht, ich wußte ja, daß ich zurückkehren würde. Er wird mir aber auch nicht schwer werden,
wenn ich für immer gehe, denn der Eindruck, den Rom auf den
5 Beschauer macht, kommt nur durch Reflexion; es ist ja nicht
mehr die Stadt der Cäsaren, man muß die Bruchstücke des
großen antiken Daseins kümmerlich aus dem modernen Ameisenhaufen heraussuchen und weiß auch dann noch nicht, was
man damit anfangen soll.

10 Am Morgen des zweiten Tages kamen wir in die Pontini-
schen Sümpfe. Über diese mußte ich erstaunen, da sie mir auch
keine Spur von Sumpf zeigten. Kräftiger Boden, von Gras
und Kräutern strotzend, am Wege eine dichte Allee, mit mächtigen Bäumen bepflanzt, die für das Mark des Erdreichs bür-
15 gen. Nur einen einzigen unheimlichen Fleck erblickte ich, ein
großes Schierlingsfeld, das aussah, als ob es der Teufel --
bebaute. Diese Sümpfe wären in zehn Jahren durch den
Fleiß der Menschenhand in eine Kornkammer zu verwandeln,
jedoch müssen sie ihren ursprünglichen Charakter verloren
20 haben, denn den Römern waren sie schrecklich, und die unternah-
men noch mehr als jetzt die Engländer. Mittags erreichten wir
Terracina, wo wir einige Stunden blieben, weil die Pferde sich
ausruhen mußten. In Terracina erblickten wir schon den
Vesuv, an einer kleinen Rauchwolke erkennbar, die senkrecht
25 von ihm aufstieg. Nun kamen wir ins Neapolitanische, wo sich

* Sämtliche Werke. Hamburg, 1891. Bd. 9. S. 221.

gleich eine ganz andere Agrikultur zeigte als im römischen Gebiet. Einen äußerst wohltuenden Anblick gewährt die Campagna felice. Der Segen quillt aus dem Boden hervor, es ist wie ein Goldregen von unten herauf: Feigen, Öl, Wein, Korn, alles, was der Mensch bedarf, in unendlicher 5 Menge. Abends in Molo di Gaeta hatten wir aus unserem Zimmer bei dämmerndem Mondlicht eine wunderbar schöne Aussicht auf das Meer; ein Archäolog hätte auch noch ein wissenschaftliches Fest dort feiern können, denn die Ruinen der Villa des Cicero liegen da. Wir nahmen sie in Augenschein, aber für 10 mich haben solche Dinge allen Reiz verloren, und ich erfreute mich mehr an dem frischen Dufte der Orangen, die das Leben, wie eben so viele Standarten seines ewigen Triumphs über den Tod, dort aufgepflanzt hatte, als an dem wüsten Trümmerhaufen selbst. Am dritten Tage hatten wir schon mehr von 15 Staub und Hitze zu leiden, der Kaktus fing an, wild zu wachsen, und erreichte zuweilen eine unglaubliche Höhe, wir waren nun ganz im Süden. Abends gegen 6 Uhr gelangten wir an die Tore von Neapel; während die Douane unseren Wagen visitierte, betrachteten wir den Vesuv, den wir gerade vor uns sahen. 20

Er hat bei Tage nichts Erhabenes, geschweige Schreckliches oder auch nur Furchtbares; es ist ein Berg von mäßiger Höhe, der gelinde dampft. Die Phantasie freilich sieht mehr als das Auge; ihr schweben Herkulanum und Pompeji vor, die sich vertraulich an seine Brust gelegt hatten und es so teuer büßen 25 mußten, und da sich das Gleiche jeden Moment wiederholen kann, so däucht er ihr ein Riese, der sich schlafend stellt, um desto sicherer zu berücken. Die Douane machte uns wenig Umstände, und wir fuhren nach einem kurzen Aufenthalt in die weite, helle Stadt hinein. Uns war in der Strada Lucia ein 30 Quartier rekommandiert; der Vetturin machte unterwegs noch allerlei ab, es war Nacht, als wir die Straße erreichten. Sie liegt in der allerschönsten Gegend, unmittelbar am Golf, wir

erhielten ein Zimmer und hatten nun von unserem Balkon
aus einen Anblick, der allerdings zu dem stolzen Wort: Vedi
Napoli e poi muori! berechtigt. Zu unseren Füßen wogte das
Meer, über dem, ruhige und immer steigende Klarheit verbrei=
5 tend, langsam der eben voll gewordene Mond aufstieg, und am
andern Ufer uns gerade gegenüber, unten in Nacht gehüllt,
erhob sich der Vefuv mit seiner Flammenkrone. Er trieb nicht
bloß Funken, sondern er spie, was keineswegs immer der Fall
ist und zuweilen im ganzen Jahr nicht vorkommt, wirkliche
10 Lava, die in einem breiten Feuerstrom vom Krater niederfloß.
Der Ausdruck „speien" ist außerordentlich bezeichnend, denn
dies gewaltige Schauspiel macht weniger den Eindruck einer
Erderuption, als eines bewußten Vernichtungsaktes einer unge=
heuren dämonischen Macht, die sich, Verderben brütend, in die
15 Schöpfung hinein gestellt hat. Die zwischen die verschiedenen
Ausbrüche fallenden regelmäßigen Pausen sind wie ein Sam=
meln des Atems, und das Ausstoßen und Heraufblasen des
Elements ist wie ein Entleeren von Lungen. Mittlerweile
wurde auch der Golf belebt, Spazierfahrende, Fischerbarken mit
20 flackernden Feuerbündeln ruderten hinaus, das Mondlicht badete
sich in den Wellen, und auf der Straße, auf der ein Austern=
und Eßmarkt etabliert ist, trieb alles sein Wesen, was den Tag
scheut und die Nacht liebt; die Fremden genossen die kühlen
und kräftigenden Seetiere, die Italiener ihre Maccaroni, und
25 dazwischen wurde gejubelt und gesungen.

Sonnabend, den 19., bestieg ich den Vefuv, von zwei jungen
Männern, die mich hier besucht haben, begleitet; ich hatte es bis
dahin aufgeschoben, weil ich gleich bei meiner Ankunft nicht dazu
gekommen war und später den Vollmond abwarten wollte. Wir
30 fuhren nachmittags um 3 Uhr mit der Eisenbahn nach Portici
oder vielmehr Resina, welches die Fortsetzung von Portici bildet
und über dem eben aus diesem Grunde nicht völlig aufgegra=
benen Herkulanum liegt. Hier nahmen wir Führer und Esel

und machten uns auf den Weg. Wir ritten, obgleich es beständig in die Höhe und über Stock und Stein ging, im rasendsten Galopp; die Führer hingen sich mit der einen Hand an den Schwanz des Esels und peitschten ihn mit der andern. Bald holten wir ein Paar Engländer, die voraus waren, wieder ein und machten nun also eine Kavalkade von fünf Personen aus. Es geht lange zwischen Weinbergen fort, denn der Vesuv hat eine gewaltige Unterlage und erhebt sich nur sehr allmählich; dann kommt man in die Region der ältesten Lava und wird vom Führer auf die Spuren des ersten Ausbruchs von 79, bei dem Herkulanum und Pompeji den Untergang fanden, aufmerksam gemacht. Hier ist es mit der Vegetation vorbei, eine schwarze Wüste, frischgepflügtem Lande nicht unähnlich, aber nur in der Farbe und den Wellenlinien, dehnt sich vor dem Auge aus, und der eigentliche Bergkegel, von dem Hintergrund des Horizonts abgelöst, tritt schauerlich und nackt in öder Selbständigkeit hervor. Es war kein heller Tag, Wolken standen am Himmel, der Schatten, den eine derselben warf, kroch unheimlich auf seinem Nacken herum. Von Zeit zu Zeit kehrten wir uns um und erquickten uns an dem Anblick des Meeres, dessen köstliche Bläue seltsam mit unserer Umgebung kontrastierte. Bei der sogenannten Eremitage machten wir Halt, traten jedoch nicht ein, da die ungeheuren Preise, die von diesen frommen Vätern für die schlechteste Bewirtung gefordert werden, selbst die Engländer abschreckten. Nun ging es noch eine kurze Strecke zu Esel weiter, dann befanden wir uns am Fuße des Kegels und mußten unsere eigenen Kräfte versuchen. Er ist stufenweise mit Steinen, die, von der Größe abgesehen, den Schmiedeschlacken gleichen, und mit Asche, die jedoch sehr grobkörnig ist, überdeckt, und zwar so, daß man, je nachdem man will, völlig in der Asche hinaufwaten oder auf den Steinen hinaufklettern kann. Wir zogen das letztere vor, fünf Lazzaroni sprangen voraus und schleppten uns an Stricken, die sie über die Schultern schlugen, nach, was die Mühe bedeutend erleichterte. Wir waren sehr bald, etwa in einer guten halben Stunde, oben; die Beschwerlichkeiten waren nicht so groß, als sie uns geschildert worden waren.

Nun galt es zunächst einen Kampf mit den Lazzaroni. Wir
5 hatten in der Eile das Bedingen ihres Lohnes vergessen, und nun verlangten sie nach echt neapolitanischer Weise das Zehn= fache dessen, womit sie sonst zufrieden gewesen wären. Natür= lich erreichten sie nicht ihren Zweck, aber man mußte sich doch erst mit ihnen abzanken. Doch war das Bild, das uns oben entge=
10 gentrat, zu gewaltig, als daß der Eindruck hätte gestört oder auch nur verringert werden können. Wir hatten ein vulkanisches Meer vor uns, zusammengeflossen aus den noch zu unterscheiden= den einzelnen Strömen von Lava, wie sie im Lauf der Jahrhun= derte aus dem geheimnisvollen Schoß des Berges hervorgebrochen
15 sind. In der Mitte, ziemlich steil, erhebt sich der kleinere Kegel mit dem gegenwärtigen Krater, aus dem, wie man es schon von unten bemerkt, in regelmäßigen Pausen nicht Flammen, sondern glühende Steine von zuweilen sehr beträchtlicher Größe herauf= fahren; dabei vernimmt man ein Geräusch, das aus einem
20 dumpfen Kollern und einem heulenden Gezisch zusammengesetzt und zum Teil ein unterirdisches ist, und ein roter Lavastrom, einem kochenden Brei ähnlich, wälzt sich langsam vorwärts, dies= mal nicht breiter als ein mäßiger Fußsteig, bei einer Eruption aber die ganze Fläche, auf der wir standen, überdeckend und
25 alles Lebendige vor sich herjagend.

Wir näherten uns dem Kegel, so weit wir konnten, und hielten an, als die Hitze zu groß wurde; an ein Besteigen und Besich= tigen des Kraters war nicht zu denken, dies ist nur zu einer Zeit möglich, wo der Berg nur kleine Steine auswirft, und auch dann
30 nur, wenn der Wind, der jetzt ruhte, sehr scharf von einer be= stimmten Seite her weht und den Auswurf nebst der alles ein= hüllenden Rauchwolke abtreibt. Ich konnte mich anfangs, so lange es noch Tag war, von der Gefährlichkeit des Unternehmens

nicht überzeugen und bestand darauf, es auszuführen, aber ich
fand nicht allein keinen Begleiter, sondern der mit uns gekom=
mene Schußsoldat schien sich mir sogar widersetzen zu wollen,
und als später die Nacht einbrach und ich die Größe der nieder=
fallenden Steine und die Regellosigkeit, womit der Berg sie ver= 5
streute, deutlicher bemerken konnte, mußte ich allerdings einräu=
men, daß ich die Vernunft nicht auf meiner Seite gehabt hatte,
denn es wäre an kein Ausweichen zu denken gewesen, und wenn
ein dreißig= oder fünfzigpfündiger Stein und ein menschlicher
Schädel zusammenstoßen, pflegt der Stein eine geringere Wunde 10
davonzutragen als der Schädel.

Einen grauenhaften Anblick gewähren die erstarrten Lava=
ströme, die den Kegel, sich durcheinander windend, umringen;
sie sehen aus wie Schlangen, Krokodile, Sphinxe, und nicht etwa
bloß für die Phantasie, sondern für das Auge; es ist, als ob die 15
fabelhaften Ungeheuer, womit der Kindertraum der Menschheit
das Chaos bevölkerte, hier lebendig geworden wären. Ich sagte
schon oben, daß der Tag nicht ganz hell und deshalb die Aussicht
beschränkt war, aber ich konnte das nicht bedauern, das schreck=
liche Bild ging um so besser zur Totalität zusammen, Wolken 20
und Nebel legten sich als Rahmen herum und schnitten es ab
von der übrigen Welt. Die Sonne paßt nicht zu einem feuer=
speienden Berg, die Hölle muß sich selbst beleuchten; erst nach
ihrem Untergang schloß sich der Eindruck in seiner ganzen Eigen=
tümlichkeit ab. Man kann jedoch für andere so wenig sehen als 25
Wein trinken, oder was weiß der Leser mehr, als er jetzt schon
weiß, wenn ich sage, daß der Berg mächtiger zu arbeiten anzu=
fangen schien, daß die Steine, die er um sich herum säete, röter
glühten, daß das donnerähnliche Gekoller unter der Erde und
das zischende Geheul sich verstärkte? Nachher ging der Mond 30
auf und brachte durch sein mildes, unschuldiges Licht einige Ver=
söhnung in die düstre Szene, die ein ergreifendes Vorspiel jenes
letzten Zeitmoments abgab, wo die Erde sein wird, wie dieser

Berg, kahl und öde und den Elementen zur völligen Zerstörung
überantwortet. Wir weilten noch eine Viertelstunde, um auch
die neue Beleuchtung noch zu genießen, dann stiegen wir wieder
herunter. Dies war in wenigen Minuten vollbracht, es geht an
5 der Aschenseite unglaublich rasch und ohne die geringste Be-
schwerde; nun wieder zu Esel nach Resina und dann zu Wagen
nach Neapel, wo wir um zwölf Uhr nachts ankamen.

2.

Erinnerungen an Beethoven.
Franz Grillparzer.*

Das erste Mal, daß ich Beethoven sah, war in meinen Kna-
benjahren — es mochte in den Jahren 1804 oder 1805 gewesen
10 sein — und zwar bei einer musikalischen Abendunterhaltung im
Hause meines Onkels. Außer Beethoven befanden sich noch
Cherubini und Abt Vogler unter den Anwesenden. Er war damals noch mager, schwarz und zwar gegen seine spätere Gewohnheit höchst elegant gekleidet und trug Brillen, was ich nur darum
15 so gut merkte, weil er in späterer Zeit sich dieser Hilfsmittel
eines kurzen Gesichtes nicht mehr bediente. Ob er selbst oder
ob Cherubini bei dieser Musik spielte, weiß ich mich nicht mehr
zu erinnern, nur daß, als der Bediente bereits das Souper an-
kundigte, sich Abt Vogler noch ans Klavier setzte und über ein
20 afrikanisches Thema, das er selbst aus dem Mutterlande her-
übergeholt, endlose Variationen zu spielen anfing. Die Gesellschaft verlor sich nach und nach während seiner musikalischen
Durchführungen in den Speisesaal. Es blieben nur Beethoven
und Cherubini zurück. Endlich ging auch dieser, und Beethoven
25 stand allein neben dem hart arbeitenden Manne. Zuletzt verlor
auch er die Geduld, ohne daß Abt Vogler, nunmehr ganz allein

* Sämtliche Werke. Cotta, Stuttgart. Bd. 20. S. 205.

gelaſſen, aufhörte, ſein Thema in allen möglichen Formen zu
liebkoſen. Ich ſelbſt war im dumpfen Staunen über das Un=
geheuerliche der Sache zurückgeblieben.

Ein oder zwei Jahre darauf wohnte ich mit meinen Eltern
während des Sommers in dem Dorfe Heiligenſtadt bei Wien. 5
Unſere Wohnung ging gegen den Garten, die Zimmer nach der
Straße hatte Beethoven gemietet. Beide Abteilungen waren
durch einen gemeinſchaftlichen Gang verbunden, der zur Treppe
führte. Meine Brüder und ich machten uns wenig aus dem
wunderlichen Mann — er war unterdeſſen ſtärker geworden und 10
ging höchſt nachläſſig, ja unreinlich gekleidet — wenn er brum=
mend an uns vorüberſchoß; meine Mutter aber, eine leiden=
ſchaftliche Freundin der Muſik, ließ ſich hinreißen, je und dann,
wenn ſie ihn Klavier ſpielen hörte, auf den gemeinſchaftlichen
Gang und zwar nicht an ſeiner, ſondern unmittelbar neben unſe= 15
rer Türe hinzutreten und andächtig zu lauſchen. Das mochte
ein paar Mal geſchehen ſein, als plötzlich Beethovens Tür auf=
geht, er ſelbſt heraustritt, meine Mutter erblickt, zurückeilt und
unmittelbar darauf, den Hut auf dem Kopfe, die Treppe hinab
ins Freie ſtürmt. Von dieſem Augenblicke an berührte er ſein 20
Klavier nicht mehr. Umſonſt ließ ihn meine Mutter, da ihr
alle andern Gelegenheiten abgeſchnitten waren, durch ſeinen Be=
dienten verſichern, daß nicht allein niemand ihn mehr belauſchen
werde, ſondern unſere Türe nach dem Gange verſchloſſen bleiben
und alle ihre Hausgenoſſen ſtatt der gemeinſchaftlichen Treppe 25
ſich nur im weiten Umwege des Ausgangs durch den Garten
bedienen würden. Beethoven blieb unerweicht und ließ ſein
Klavier unberührt, bis uns endlich der Spätherbſt in die Stadt
zurückführte.

In einem der darauf folgenden Sommer beſuchte ich öfters 30
meine Großmutter, die in dem nahegelegenen Döbling eine
Landwohnung innehatte. Auch Beethoven wohnte damals in
Döbling. Den Fenſtern meiner Großmutter gegenüber lag das

baufällige Haus eines wegen seiner Liederlichkeit berüchtigten
Bauers, Flehberger hieß er. Dieser Flehberger besaß außer
seinem garstigen Hanse auch eine zwar sehr hübsche, aber vom
Rufe eben auch nicht sehr begünstigte Tochter Liese. Beethoven
5 schien an dem Mädchen vieles Interesse zu nehmen. Noch sehe
ich ihn, wie er die Hirschengasse heraufkam, das weiße Schnupf-
tuch, am Boden nachschleppend, in der rechten Hand, und nnn
an Flehbergers Hoftore stehen blieb, innerhalb dessen die leichtsinnige Schöne, auf einem Heu- oder Mistwagen stehend, unter
10 immerwährendem Gelächter mit der Gabel rüstig herumarbei-
tete. Ich habe nie bemerkt, daß Beethoven sie anredete, sondern er stand schweigend und blickte hinein, bis endlich das Mädchen, dessen Geschmack mehr auf Bauernburschen gerichtet war,
ihn, sei es durch ein Spottwort oder durch hartnäckiges Ignorie-
15 ren, in Zorn brachte, dann schnurrte er mit einer raschen Wendung plötzlich fort, unterließ aber doch nicht, das nächste Mal
wieder am Hoftore stehen zu bleiben. Ja, sein Anteil ging so
weit, daß, als des Mädchens Vater wegen eines Raufhandels
beim Trunk in das Dorfgefängnis gesetzt wurde, Beethoven sich
20 persönlich bei der versammelten Dorfgemeinde für dessen Frei-
lassung verwendete, wobei er aber nach seiner Art die gestrengen
Ratsherren so stürmisch behandelte, daß wenig fehlte, und er
hätte seinem gefangenen Schützling unfreiwillige Gesellschaft
leisten müssen.
25 Unterdessen hatte ich selbst den Weg der Öffentlichkeit betreten. „Die Ahnfrau," „Sappho," „Medea," „Ottokar" waren
erschienen, als mir plötzlich von dem damaligen Oberleiter der
beiden Hoftheater die Kunde kam, Beethoven habe sich an ihn
gewendet, ob er mich vermögen könne, für ihn ein Opernbuch zu
30 schreiben. Ich wählte daher die Fabel der Melusine, schied die
reflektierenden Elemente nach Möglichkeit aus und suchte durch
Vorherrschen der Chöre, gewaltige Finales, und indem ich den
dritten Akt beinahe melodramatisch hielt, mich den Eigentümlich-

keiten von Beethovens letzter Richtung möglichst anzupassen.
Mit dem Kompositeur früher über den Stoff zu konferieren,
unterließ ich, weil ich mir die Freiheit meiner Ansicht erhalten
wollte, auch später Einzelnes geändert werden konnte, und end=
lich ihm ja freistand, das Buch zu komponieren oder nicht. Ja,
um ihm in letzterer Beziehung gar keine Gewalt anzutun, sandte
ich ihm das Buch auf demselben Wege zu, auf dem die Anfor=
derung geschehen war. Er sollte durch keine persönliche Rücksicht
irgend einer Art bestimmt oder in Verlegenheit gesetzt werden.

Ein paar Tage darauf kam Schindler, der damalige Ge=
schäftsmann Beethovens, zu mir und lud mich im Namen seines
Herrn und Meisters, der unwohl sei, ein, ihn zu besuchen. Ich
kleidete mich an, und wir gingen auf der Stelle zu Beethoven,
der damals in der Vorstadt Landstraße wohnte. Ich fand ihn
in schmutzigen Nachtkleidern auf einem zerstörten Bette liegend,
ein Buch in der Hand. Zu Häupten des Bettes befand sich
eine kleine Türe, die, wie ich später sah, zur Speisekammer
führte, und die Beethoven gewissermaßen bewachte. Denn als
in der Folge eine Magd mit Butter und Eiern heraustrat,
konnte er sich mitten im eifrigen Gespräche nicht enthalten, einen
prüfenden Blick auf die herausgetragenen Quantitäten zu wer=
fen, was ein trauriges Bild von den Störungen seines häus=
lichen Lebens gab.

Wie wir eintraten, stand Beethoven vom Lager auf, reichte
mir die Hand, ergoß sich in Ausdrücke des Wohlwollens und kam
sogleich auf die Oper zu sprechen. „Ihr Werk lebt hier,“ sagte
er, indem er auf die Brust zeigte, „in ein paar Tagen ziehe ich
aufs Land, und da will ich sogleich anfangen, es zu komponieren.
Nur mit dem Jägerchor, der den Eingang macht, weiß ich nichts
anzufangen. Weber hat vier Hörner gebraucht; Sie sehen, daß
ich da ihrer acht nehmen müßte; wo soll das hinführen?“ Ob=
wohl ich die Notwendigkeit dieser Schlußfolge nichts weniger als
einsah, erklärte ich ihm doch, der Jägerchor könne, unbeschadet

des Ganzen, geradezu wegbleiben, mit welchem Zugeständnis er
fehr zufrieden schien, und weder damals noch fpäter hat er irgend
fonft eine Einwendung gegen den Text gemacht, noch eine Ände=
rung verlangt. Ja, er beftand darauf, gleich jetzt einen Kon=
5 trakt mit mir zu fchließen. Die Vorteile aus der Oper follten
gleich zwischen uns geteilt werden, u.f.w. Ich erklärte ihm der
Wahrheit gemäß, daß ich bei meinen Arbeiten nie auf ein Hono=
rar oder dergleichen gedacht hätte. Am wenigften folle zwischen
uns davon die Rede fein. Er möge mit dem Buche machen,
10 was er wolle, ich würde nie einen Kontrakt mit ihm fchließen.
Nach vielem Hin= und Herreden oder vielmehr Schreiben, da
Beethoven Gesprochenes nicht mehr hörte, entfernte ich mich, in=
dem ich verfprach, ihn in Hetzendorf zu befuchen, wenn er dort
eingerichtet fein würde.

15 Im Laufe des Sommers befuchte ich mit Herrn Schindler
Beethoven auf feine Einladung in Hetzendorf. Ich weiß nicht,
fagte mir Schindler auf dem Wege, oder hatte mir jemand fchon
früher gefagt, Beethoven fei durch dringende beftellte Arbeiten
bisher verhindert worden, an die Kompofition der Oper zu gehen.
20 Ich vermied daher, das Gefpräch darauf zu bringen. Wir gin=
gen fpazieren und unterhielten uns fo gut als es halb fprechend,
halb fchreibend, befonders im Gehen möglich ift. Noch erinnere
ich mich mit Rührung, daß Beethoven, als wir uns zu Tifche
fetzten, ins Nebenzimmer ging und felbft fünf Flafchen heraus=
25 brachte. Eine fetzte er vor Schindlers Teller, eine vor das feine,
und drei ftellte er in Reihe vor mich hin, wahrfcheinlich um mir
in feiner wildnaiven, gutmütigen Art auszudrücken, daß ich Herr
fei, zu trinken, wie viel mir beliebte. Als ich, ohne Schindler,
der in Hetzendorf blieb, nach der Stadt zurückfuhr, beftand
30 Beethoven darauf, mich zu begleiten. Er fetzte fich zu mir in
den offenen Wagen, ftatt aber nur bis an die Grenze feines Um=
kreifes fuhr er mit mir bis zur Stadt zurück, an deren Toren er
ausftieg und nach einem herzlichen Händedruck den anderthalb

Stunden langen Heimweg allein antrat. Indem er aus dem
Wagen stieg, sah ich ein Papier auf der Stelle liegen, wo er gesessen hatte. Ich glaubte, er hätte es vergessen, und winkte
ihm, zurückzukommen. Er aber schüttelte mit dem Kopfe, und
mit lautem Lachen, wie nach einer gelungenen Hinterlist, lief er 5
nur um so schneller in der entgegengesetzten Richtung. Ich entwickelte das Papier, und es enthielt genau den Betrag des Fuhr-
lohns, den ich mit meinem Kutscher bedungen hatte. So ent-
fremdet hatte ihn seine Lebensweise allen Gewohnheiten und
Gebräuchen der Welt, daß ihm gar nicht einfiel, welche Beleidi- 10
gung unter allen anderen Umständen in einem solchen Vorgange
gelegen hätte. Ich nahm übrigens die Sache, wie sie gemeint
war, und bezahlte lachend meinen Kutscher mit dem geschenkten
Gelde.

Später sah ich ihn — ich weiß nicht mehr, wo — nur noch 15
einmal wieder. Er sagte mir damals: „Ihre Oper ist fertig."
Ob er damit meinte, fertig im Kopfe, oder ob die unzähligen
Notatenbücher, in die er einzelne Gedanken und Figuren zu künf-
tiger Verarbeitung, nur ihm allein verständlich, aufzuzeichnen
pflegte, vielleicht auch die Elemente jener Oper bruchstückweise 20
enthielten, kann ich nicht sagen. Gewiß ist, daß nach seinem
Tode sich nicht eine einzige Note vorfand, die man unzweifelhaft
auf jenes gemeinschaftliche Werk hätte beziehen können. Ich
blieb übrigens meinem Vorsatze getreu, ihn auch nicht aufs leiseste daran zu erinnern, und kam nicht mehr in seine Nähe, bis 25
ich in schwarzem Anzuge und eine brennende Fackel in der Hand
hinter seinem Sarge herging.

Zwei Tage vorher kam Schindler des Abends zu mir mit der
Nachricht, daß Beethoven im Sterben liege, und seine Freunde
von mir eine Rede verlangten, die der Schauspieler Anschütz an 30
seinem Grabe halten sollte. Ich war um so mehr erschüttert,
als ich kaum etwas von der Krankheit wußte, suchte jedoch meine
Gedanken zu ordnen, und des andern Morgens fing ich an, die

Rede niederzuschreiben. Ich war in die zweite Hälfte gekommen, als Schindler wieder eintrat, um das Bestellte abzuholen,
denn Beethoven sei eben gestorben. Da tat es einen starken
Fall in meinem Innern, die Tränen stürzten mir aus den Augen,
5 und — wie es mir auch bei sonstigen Arbeiten ging, wenn wirkliche Rührung mich übermannte — ich habe die Rede nicht
in der Prägnanz vollenden können, in der sie begonnen war.
Sie wurde übrigens gehalten, die Leichengäste entfernten sich
in andächtiger Rührung, und Beethoven war nicht mehr unter
10 uns!

Ich habe Beethoven eigentlich geliebt. Wenn ich von seinen
Äußerungen nur wenig wieder zu erzählen weiß, so kommt es
vorzüglich daher, weil mich an einem Künstler nicht das interessiert, was er spricht, sondern was er macht. Wenn Sprechen
15 einen Maßstab für Künstlerwert abgäbe, so wäre Deutschland
gegenwärtig ebenso voll von Künstlern, als es in der Tat leer ist.
Ja, der eigentlichen Schöpfungskraft kommt nur jenes bereits
im Talent gegebene, gleichsam gebundene Denkvermögen zu gute,
das sich instinktmäßig äußert und die Quelle von Leben und in-
20 dividueller Wahrheit ist. Je weiter der Kreis, um so schwerer
seine Erfüllung. Je größer die Masse, um so schwieriger ihre
Belebung. Als Goethe noch wenig wußte, schrieb er den ersten
Teil des „Faust"; als das ganze Reich des Wissenswürdigen
ihm geläufig war, den zweiten. Von Einzelnem, was Beethoven
25 sagte, fällt mir nachträglich nur noch ein, daß er Schiller sehr
hoch hielt, daß er das Los der Dichter gegenüber den Musikern
als das beglücktere pries, weil sie ein weiteres Gebiet hätten;
endlich daß Webers „Euryanthe," die damals neu war und mir
mißfiel, ihm gleich wenig zu gefallen schien. Im ganzen dürf-
30 ten es doch Webers Erfolge gewesen sein, die in ihm den Gedanken hervorriefen, selbst wieder eine Oper zu schreiben. Er hatte
sich aber so sehr an einen ungebundenen Flug der Phantasie gewöhnt, daß kein Opernbuch der Welt im stande gewesen wäre,

seine Ergüsse in gegebenen Schranken festzuhalten. Er suchte und suchte und fand keines, weil es für ihn keines gab.

Zum Schlusse noch ein paar Reimzeilen, die ich vor kurzem niedergeschrieben und für die ich keine bessere Stelle weiß:

Es geht ein Mann mit raschem Schritt,
Nun freilich geht sein Schatten mit;
Er geht durch Dickicht, Feld und Korn,
Und all sein Streben ist nach vorn;
Ein Strom will hemmen seinen Mut,
Er stürzt hinein und teilt die Flut;
Am andern Ufer steigt er auf,
Setzt fort den unbezwungnen Lauf.
Nun an der Klippe angelangt,
Holt weit er aus, daß jedem bangt;
Ein Sprung — und sicher, unverletzt,   15
Hat er den Abgrund übersetzt.
Was andern schwer, ist ihm ein Spiel,
Als Sieger steht er schon am Ziel;
Nur hat er keinen Weg gebahnt.
Der Mann mich an Beethoven mahnt.   20

3.

Der Ameisler: ein Bildchen aus dem Walde.

P. K. Rosegger*

Wer in den Wald geht, der kommt selten leer zurück. Zerrt er schon keinen Baumstamm hinter sich her, so hat er doch ein frisches Stöcklein in der Hand; schleppt er schon kein Reisigbün= del, so trägt er doch ein grünes Zweiglein am Hute; hat er schon keinen Korb mit Wildobst bei sich, so doch ein Sträußlein 25
duftiger Beere; und trägt er schon kein erlegtes Wildpret, so trabbeln doch an seinem Leib Käfer und Ameisen auf und nieder.

*Das Geschichtenbuch des Wanderers. Wien. 1885. Bd. 1. S. 300.

Da kannst du im Walde einem sonderbaren Mann begegnen.
Seinem zerfahrenen Gewande nach könnte es ein Bettelmann
sein, er trägt auch einen großen Sack auf dem Rücken; aber
über diesem und an all seinen Gliedern, von der beflickten Be=
5 schuhung bis zum verwitterten Hut, laufen in aller Hast zahllose
Ameisen auf und nieder, hin und her, in Schreck und Angst, und
wissen sich keinen Rat in der fremden, wandelnden Gegend, in
die sie geraten.

Der Mann ist ein Ameisler. Er geht aus, um die Puppen
10 der Ameisen, die Ameiseneier, zu sammeln, die er in Markt und
Stadt als Futter für gefangene Vögel verkauft. Er sammelt
auch die Harzkörner aus den Ameisenhaufen, um solche als den
in der Bauernschaft beliebten Waldrauch, der in den Häusern
besonders bei Krankheiten als Räucherungsmittel dient, oder gar
15 als Weihrauch zu den bekannten kirchlichen Zwecken zu verwerten.

Da geht der Ameisler in den Nadelwald auf die Suche. Vor
dem Wildschützen erschrickt er nicht, aber dem Förster weicht er
aus. Endlich findet er einen Ameisenhaufen, er ist meistens an
einen halbvermoderten Baumstock hingebaut und in Form eines
20 bisweilen meterhohen Kegels aufgeschichtet aus dürren Zweig=
lein und Splitterchen, aus den abgefallenen braunen Nadeln der
Bäume. Er ist über und über lebendig, und die unzähligen
schwarzen oder braunen Tierlein rieseln beständig durcheinander
hin und her, zu den tausend kleinen Stollen und Schachten aus
25 und ein, jedes eine Last auf sich oder eine solche suchend; andere
wieder Ordnung haltend, daß überall die gemächliche Emsigkeit
herrsche und nirgends gestört werde. Die einen tragen ihre
Puppen ins Freie, daß sie von der Sonne erwärmt werden; die
anderen fangen Blattläuse ein, oder Goldkäfer, die sie als ihre
30 Melkkühe zu verwerten wissen. Die Puppen jedoch nähren sie
mit eigenem Safte. Der Verrichtungen sind tausenderlei.
Manche Haufen haben auch ihre eigenen Wegmacher, welche auf
den begangensten Straßen die dürren Baumnadeln und Holz=

ftüden klein beißen. Trotzdem find die Wege und Stege juft
nicht die glatteften und bequemften; eines der Tiere fteigt über
das andere und wird dann felber wieder niedergetreten, aber das
macht nichts. Vom Haufen hinweg über Baumwurzeln oder
unter Heidekraut laufen fie zu Taufenden und kehren mit Ban- 5
materiale, mit Harzkörnern, mit erbeuteten Käfern und Würm-
lein mühevoll aber guten Mutes zurück. Die innere Ordnung
und die muftergiltige Haushaltung der Ameifen können wir zufällig Vorübergehende kaum ahnen. Aber wie ein kunftvolles
Uhrwerk geht das fort den ganzen Tag, und nur wenn der 10
Abend naht oder bei Regen oder Gewitterfchwüle, ziehen fie fich
in ihre Stadt zurück, zum häuslichen Herde, wo fie forgfältig die
Puppen bergen. Bloß einzelne fteigen langfam an der Oberfläche um, wie Wächter auf den Wällen.

Über diefe Gemeinde kommt plötzlich das Unglück. 15

Kaum kommt der Mann in die Nähe — fie riechen ihn, bevor
fie ihn fehen — fo geraten die Ameifen in eine größere Haft, fie
laufen wirr durcheinander, überftürzen fich, purzeln eine über
die andere hin, ergreifen Nadeln, Körner, um fie wieder fallen
zu laffen. Anftatt fich in die Löcher zu verkriechen, eilt alles 20
aus denfelben hervor, fo daß die Oberfläche des Haufens ganz
fchwarz wird und ein wildes Drängen und Wogen entfteht, wobei die wenigen Befonnenen die große Maffe nicht mehr zu be-
ruhigen vermögen.

Der Ameisler reibt feine Hände noch mit Terpentin oder 25
einem anderen Öl ein, damit fie gegen die Ameifenfäure geftählt
find; dann erfaßt er feine Schaufel und reißt den feit Jahren
mit unfäglichem Fleiße kunftvoll aufgeführten Bau auseinander.
Die Tierchen fpritzen noch wehrhaft ihre fcharfen Säfte gegen
den Feind; aber nun in dem Greuel und Schreck der Zerftö- 30
rung, wo diefe unter den Trümmern begraben find, andere dem
grellen Tage bloßgelegt, andere verftummelt, erdrückt, denken fie
an nichts mehr als an ihre Kinder, die Puppen. Jede ftürzt

sich auf eine Puppe, um sie zu retten, zu verbergen; in den
Trümmern der Stadt, das wissen sie, sind sie nicht sicher, also
fort, hinaus ins Freie, in den Wald.   Aber der Ameisler spu=
tet sich, denn auch er will die Puppen, und bevor diese verschleppt
5 sind, tut er seinen Leinwandsack auf und stopft und kraut und
scharrt den ganzen Ameisenhaufen in den Sack.   Der Haufen
war gut bevölkert gewesen, wohl an fünfundzwanzigtausend
Puppen mag er in sich geborgen haben, — ein hoffnungsvolles
Geschlecht, und jetzt im Sacke des Räubers!
10   Dieser bindet ihn zu, wirft ihn auf die Achsel, und indem er
über und über voll von Ameisen ist, eilt er mit der Brut weiter
durch Wald und Schlucht, um neuen Fang zu tun.   Und findet
er wieder einen Haufen, so macht er's wie mit dem ersten, und
die Ameisen, große und kleine, schwarze und braune, samt ihren
15 Puppen, samt dem Nadelfilze ihres Baus, samt ihren Harzkör=
nern und Vorratskammern kommen zusammen in den Sack, bis
er voll ist.
      Der Ameisler sucht nun einen geschützten, sonnigen Anger.
Dort breitet er auf dem Rasen ein großes weißes Tuch aus;
20 am Saume des Tuches ringsum legt er grünes Laubwerk, über
das er dann den Rand des Tuches zurückschlägt.   Nun öffnet er
den Sack und schüttet den ganzen Inhalt desselben mitten auf
das Tuch.   Einstweilen hat hernach der Ameisler nichts zu tun,
er kann sich in den Schatten des nahen Waldsaumes hinlegen,
25 Brot und Speck aus dem Knappsack holen, mag sich hernach eine
Pfeife anzünden und guten Mutes sein; die Ameisen sind von
ihrer ärgsten Qual erlöst.   Diese nehmen ihre Freiheit wahr,
aber auch die Gefahr, die sie noch immer bedroht; sie eilen, lau=
fen, rennen, um sich zu orientieren; sie kommen an den Rand,
30 wo das grüne Blattwerk ist, das heimelt sie an, doch nicht an
ihre eigene Rettung denken sie, rasch kehren sie zurück, jede zu
einer Puppe, um sie aus dem Trümmerhaufen ins Grüne zu
tragen.   Da sucht nicht erst jede lang nach dem eigenen Kinde,

jebe nimmt das nächste; die große Ameise die Puppe der klei=
nen, während die kleine schwer an jener der großen schleppt.

Der Ameisler schaut aus seinem Schatten dem Treiben der
Ameisen zu. Sichtlich wachsen die Häuflein der Puppen, die sie
unermüdlich aus dem Wuste schleppen und am Rande abladen, 5
wo das hingelegte Blätterwerk ist, so daß die Tiere glauben,
dort schon fängt das freie Land an, während sie die Eier doch
noch auf dem Gebiete des Feindes ablegen. Sie haben mit
ihrem Rettungsversuch nur wieder für den Ameisler eine müh=
same Arbeit verrichtet, haben ihm die Puppen vom Wust geson= 10
dert und in Häuflein gesammelt. Jetzt steht der Ameisler auf,
nimmt sein blechernes Becherlein und füllt es immer wieder mit
den aufgehäuften, gelblichweißen Puppen, um sie in den dazu
bereiteten Behälter zu tun.

Viele Ameisler, die das Geschäft im Großen betreiben, pfle= 15
gen die Säcke an sicheren Orten aufzubewahren, bis sie eine
größere Anzahl beisammen haben, schütten sie dann zusammen
auf das Tuch und gewinnen an einem Tage oft an dreißig Maß
Puppen.

Finden endlich die Ameisen im Wirrsal des zerstörten Hau= 20
fens keine Puppe mehr, so laufen sie davon; laufen über das
Tuch hinaus auf den Rasen und fort. Von all ihrer Arbeit und
Habe besitzen sie jetzt nichts mehr. Arm bis aufs Blut, tun sie
sich zusammen und gründen wieder kleine Familien, und diese
tun sich zusammen zu einer Gemeinde, zu einem kleinen Staat 25
und beginnen alsogleich den Bau eines neuen Haufens. Gott=
lob, wenn der Winter noch fern ist, so können sie noch einmal
fertig werden. Und gottlob, wenn er nahe ist, dann haben sie
Feierabend und vergessen im Winterschlafe die Drangsal, die sie
heimgesucht hatte, bis nach leid= und freudloser Ruhe in der 30
Maiensonne ihr Leben wieder erwacht.

Hat der Ameisler die Eier untergebracht, so macht er sich an
den toten Wust, der auf dem Tuche zurückgeblieben ist; aus

diesem weiß er die wohlriechenden Harzkörner zu ziehen und
kehrt sonach mit doppelter Beute in sein Dorf zurück.

Wohl ist in vielen Gegenden unseres Lands das Ameiseln
verboten. Man hat den Nutzen, den diese Tierchen für die
5 Waldkultur haben, schätzen gelernt. Wenn der Forstmann sonst
besorgt gewesen war um seine Bäume, da die Ameisen den
Stamm auf= und niederrieselten, so freut er sich jetzt darüber,
denn er weiß, daß die Ameisen nach den Larven anderer Insek=
ten Jagd machen, die dem Baume gefährlicher sind, als sie.
10 Die Ameisen sind Fleischfresser, während dem Walde nur die
pflanzenfressenden Tiere gefährlich werden, und um so gefährli=
cher, je kleiner sie sind, je weniger sie von den Menschen verfolgt
und ausgerottet werden können.

Doch was nützt das Verbot! Wie die Gemsen und Hirschen
15 ihre Wilderer haben, so haben auch die Ameisen. Es sind
Jahre, da man stundenlang in unseren Fichtenwäldern wandern
kann, ohne einen Ameisenhaufen zu finden, umsomehr Raupen=
nester anderer Insekten, Mücken und Käfer aller Art.

Der Ameisler betreibt nebst dem Sammeln von Ameiseneier
20 und Waldrauch gewöhnlich auch andere Dinge ; er sammelt auch
Wurzeln und Kräuter, die er in den Apotheken absetzt, versteht
sich auf das Bereiten von Branntwein aus Wachholderbeeren
oder anderen Waldfrüchten, den er gut verwertet, pflückt von
allen Schlägen und Waldblößen die Erdbeeren, die er an lecker=
25 lüsterne Sommerfrischler verkauft, und weiß überall zu ernten,
ohne gesäet zu haben, ja ohne Grund und Boden zu besitzen.

Waldbesitzer haben mitunter der lieben Ordnung wegen all
ihre Waldfrüchte schon im voraus an meistens fremde städtische
Unternehmer verpachtet und die Ameisen, das Harz und die
30 Pilze, die Erd=, Heidel=, Him= und Brombeeren. Die Pächter
haben ihre Polizei aufgestellt, und das arme Weib mit ihren
Kindern darf in solchen Gegenden nicht mehr in den Wald
gehen, um Beeren und Schwämme zu sammeln. Wir meinen,

man müsse dem Ameisler strenge auf die Finger sehen, aber im
Walde das Eigentumsrecht allzuscharf auszunützen, gefällt uns
nicht. Einen ganz kleinen Vorbehalt hat sich Gott doch gemacht,
als er diese Güter verteilte: „Daß ich im Waldschatten den
Kindern und Armen ein Tischlein decke, das bleibt mein eigener 5
Wille."

4.

Mythen und Sagen von dämonischen Wesen.
Eugen Mogk*

Wer sich jemals mit deutschen Sagen beschäftigt hat, kennt die
Menge Spuk= und Geistergeschichten. Es gibt keine deutsche
Gegend, die nicht von der einen oder anderen Person weiß, daß 10
sie umgehe, von der einen oder anderen Stätte, daß es hier
spuke. Die ganze Natur, seine nächste Umgebung ist für den
Deutschen belebt, erfüllt mit Lebewesen, denen er eine im allge=
meinen von ihm nicht viel verschiedene, aber bald größere, bald
kleinere Gestalt gibt. So sind die Riesen, Zwerge und elfischen 15
Geister des deutschen Volksglaubens entstanden. Jene, die Rie=
sen, sind dem Menschen feindliche Mächte, sie hat das Element
erzeugt; diese, die elfischen Geister, sind dem Menschen meist
freundlich gesinnt. Die letzteren haben ihre Wurzel im Glau=
ben an das Fortleben der Seele, wenn sich auch bald die Dich= 20
tung von diesem frei gemacht und die subjektive Phantasie neue
Gestalten geschaffen hat. Weiß doch noch heute die Volksmythe
von den verschiedensten elfischen Geistern zu erzählen, daß in
ihnen Menschenseelen fortleben. So erzählt man im Vogtlande,
daß der Kobold der Geist eines ungetauften Kindes sei; eine 25
Rügener Sage berichtet, wie der Klabautermann eine Kindes=
seele ist, die in einen Baum fährt und dann mit dem Stamme
des Baumes auf das Schiff kommt, wo sie nun ihr Wesen treibt.

* In Hans Meyers: „Das deutsche Volkstum." S. 330.

Auch die Nixen im Wasser, die Wald= und Feldgeister sind nach
weitverbreiteten Glauben Seelen Verstorbener.

In beiden Fällen fühlt der Germane mit feinem stark ausge=
bildeten Natursinn das geheimnisvolle Walten in den Elemen=
5 ten oder an gewissen Orten, und er fühlt sich ihm gegenüber ver=
pflichtet, von ihm abhängig. Hieraus erklären sich die Spenden,
die seit grauer Vorzeit bis auf den heutigen Tag jenen Elemen=
ten gebracht werden. Römische und griechische Schriftsteller be=
richten, wie die Allemannen, die Franken, die Langobarden und
10 andere germanische Stämme den Flüssen oder Quellen ihre
Opfer gebracht haben. Die christlichen Gesetze des frühen Mit=
telalters richten sich gegen diese altheidnische Sitte. Und doch
hat sie sich bis auf den heutigen Tag erhalten, wenn sie sich auch
meist in symbolische Handlungen geflüchtet hat. In welcher
15 Gegend Deutschlands ist nicht die Sage verbreitet, daß ein See,
ein Fluß, ein Teich alljährlich sein Opfer fordere? Besonders
ist es der Walpurgis= und Johannistag, an dem das Wasser ein
Menschenleben verlangt. Das ist die unfreiwillige Spende, die
noch heute die Geister des feuchten Elements sich holen. Im
20 Heidentum brachten die Menschen freiwillig die Gabe dar. Als
die Franken z. B. den Po überschritten, opferten sie dem Wasser
dieses Flusses die Weiber und Kinder der Kriegsgefangenen, und
Allemannen brachten an den Strudeln der Flüsse Pferdeopfer.
In der Schweiz und andernorts ist es Sitte, daß man Seen,
25 Brunnen oder Quellen und andere Gewässer segnet, daß man
verbietet, sie zu beunruhigen, daß man ihnen an bestimmten
Tagen Brot, Früchte, Blumen und dergleichen darbringt. Weit
und breit sind auch die Brunnenfeste noch auf der Tagesordnung,
an denen in der Regel eine Puppe, zuweilen auch ein Mensch, in
30 das Wasser geworfen, aber natürlich alsbald wieder herausgezo=
gen wird. Zu diesem im Grunde ernsten Spiele gesellt sich
vielenorts das sinnige Symbol. Wenn in Hessen die jungen
Leute am zweiten Ostertage aus der Quelle Wasser schöpfen, so

tun fie es nie, ohne Blumen mitzubringen. In Schwaben
fchmücken die Mädchen am Maitage die Brunnen, aus denen fie
ihr Vieh zu tränken pflegen, mit frifchen Maien, die mit bunten
Bändern geziert find. Sie bitten die Geifter des Elements,
auch ferner das Vieh gedeihen zu laffen. Einen weiteren Zug   5
deutfcher Sinnigkeit, der fich an den Glauben an die Waffergei=
fter knüpft, finden wir im Erzgebirge; hat fich hier das junge
Mädchen zum erften Male in der Kunft des Spitzenklöppelns
verfucht, fo bringt es die erften Spitzen dem Waffer und bittet
um Segen für feine fernere Arbeit. Nach altheidnifcher Weife 10
werden dann auch an den Brunnen zu beftimmten heiligen Zei=
ten, namentlich im Frühjahre, Schmäufe abgehalten oder Be=
luftigungen anderer Art, wie Tanz, getrieben.

Ganz ähnlich und aus demfelben Grunde wie das Waffer und
feine Geifter wurden die Windgeifter von unferen Vorfahren   15
verehrt. Ift doch der Wind diejenige Naturerfcheinung, die
von jeher einen tiefen Eindruck auf das Gemüt des Deutfchen
gemacht hat und es noch heute tut. Im Heulen des Sturms
glaubt man Männerftimmen und Tierlärm zu vernehmen, in
dem fanften Wehen der bewegten Luft das Wandern ruhiger   20
Geifter zu fpüren. Aus diefer poefievollen Umdeutung der Na=
turerfcheinungen find jene zahlreichen Mythen entftanden, die
heute noch der gemeine Mann zu erzählen weiß, jene Mythen
vom wütenden Heere und vom wilden Jäger oder der Frau
Holle. Namentlich in der Zeit der zwölf Nächte halten diefe   25
Geifterfcharen ihre Umzüge; das ift die Zeit, zu der in dem
alten Deutfchland die Winde am meiften tobten und den Gei=
ftern der Sonne ihr Licht und ihre Kraft genommen zu haben
fchienen. Die Menfchen bringen dem Heere dann ihre Spen=
den. Namentlich an Kreuzwegen pflegen fie fie niederzulegen.   30
Diefes alte Windopfer, durch das man ein fruchtbares Jahr zu
erlangen hoffte, hat fich bei dem gemeinen Mann noch bis in
unfere Zeit erhalten. Prätorius weiß im 17. Jahrhundert von

einer Frau in Bamberg zu erzählen, die einst bei heftigem
Winde einen Sack Mehl zum Fenster hinausgeschüttet und da=
bei die Worte gesprochen habe: „Leg' dich, lieber Wind, bringe
dies deinem Kind." In Niederösterreich wird am St. Blasius=
tage der Wind gefüttert, und zwar mit Mehl oder Salz, damit
er in der Heuernte nicht wehe, und im Mölltale in Kärnten
wird das erste Heu in die Luft geworfen mit den Worten: „Da
hat der Wind sein Teil." Wohl denkt man hier so wenig wie
dort noch an die Geister, die im Winde daherfahren, allein man
fühlt sich wie in alter Zeit von dem Elemente abhängig und
sucht dieses daher wohlwollend zu stimmen.

Dachte man sich im Winde eine Schar Geister, so mußten
diese auch ihren Ruheort haben, wo sie sich aufhielten, wenn
draußen in der Natur sich die Luft nicht bewegte. In erster
Linie galten als solche Zufluchtsstätten die Berge. Hieraus
erklärt sich die Verehrung, die in heidnischer Zeit die Berge ge=
nossen. Immer und immer wieder eifern die mittelalterlichen
Konzilien gegen die Opfer, die man auf Bergen und Hügeln
brachte, und die Bußbücher setzen auf solchen Bergkult harte
Strafe. Dieser Glaube, daß die Berge der Aufenthaltsort der
Seelen seien, hat sich gleichwohl durch die Jahrhunderte von
Geschlecht zu Geschlecht fortgeerbt. Von vielen Bergen Deutsch=
lands weiß man zu erzählen, daß in ihnen Geister ihr Wesen
treiben, die von Zeit zu Zeit das Gestein verlassen. Häufig fin=
det sich der Mythus, daß diese Geister Seelen von Kriegern seien,
die nach dem Tode in der Luft ihr Handwerk fortsetzen. Zu
diesem Kreis von Mythen gehört auch die Barbarossasage, die
so recht zeigt, wie es der deutsche Volksgeist verstanden hat, ei=
nem fremden Stoffe deutschen Glauben und deutschen Geist ein=
zuhauchen. Die Barbarossasage ist der Glaube und die leben=
dige Hoffnung auf die Weltbestimmung des deutschen Volkes in
einer Zeit, in der es ohnmächtig im Rate der Völker saß. Aus
dem romanischen Süden war die Sage gekommen, daß einst ein

mächtiger Fürst erscheinen und die Völker vor dem Auftreten
des Antichrists durch Kampf zum Sieg führen werde. Zur
Zeit der Hohenstaufen hatte man diese Sage mit Kaiser Fried=
rich II. zusammengebracht; man wollte nicht glauben, daß er
gestorben sei, man hoffte, er werde einst wiederkommen und 5
Deutschland von dem fremden Joch befreien. Und an diesem
Glauben hielt das Volk in den Zeiten der Not mit staunenswer=
ter Beharrlichkeit. Es hatte dem Kaiser — und hierbei greift
alter heimischer Glaube ein — einen Ort gegeben, wo er weilte.
In den Kyffhäuser sollte er sich mit seinem Gefolge zurückgezo= 10
gen haben, und von hier aus sollte er aufbrechen, um sich an die
Spitze der Seinen zu stellen.

    Während aber in den Bergen hauptsächlich der Führer der
Geisterscharen wohnt, hausen diese selbst auf den Bergen, in den
Wäldern, die diese krönen. Jeder Baum, der hier grünt, hat 15
seine Seele, wie diese überhaupt allen Bäumen zugeschrieben
wird. So lebendig hat sich der Glaube vom Geist im Baume
bis heute erhalten, daß man an verschiedenen Orten Deutsch=
lands den Bäumen den Tod des Hausherrn anzukündigen pflegt,
wie andernorts dem Hausvieh oder den Bienen. In der 20
Oberpfalz hängt man an dem Orte, wo jemand gewaltsamen
Todes gestorben ist, eine Tafel mit einer Gedächtnisschrift an
einen Baum. Bei Tage soll dann die arme Seele des Getöte=
ten im Baume hausen, nachts aber entbunden sein und in ge=
wissem Umkreise frei schalten dürfen. Weitverbreitet sind fer= 25
ner die Sagen von den Blutbäumen, in denen die Seelen
schuldlos Hingerichteter wohnen sollen. Noch heute bittet der
Oberpfälzer, wenn er einen gesunden Waldbaum fällen muß,
diesen um Verzeihung. In den Bäumen wohnen auch die
Schutzgeister der Einzelnen, des Hauses, des Dorfs. Mit den 30
bearbeiteten Baumstämmen ziehen diese Geister als Schutzgeist
in das Haus, wenn der Stamm zum Dachbalken, auf das Schiff,
wenn er zum Mast verwendet wird. So fühlt sich der Deutsche

aufs engste mit dem Baume verwachsen, und daher darf dieser
auch nie fehlen, wenn Freude über die Natur seine Brust schwel=
len läßt.   Kein Frühlings= oder Maifest vergeht, wo nicht die
Maie in die menschlichen Wohnungen gebracht wird, kein Ernte=
5 fest wird ohne den Erntebaum gefeiert, und seit den letzten
Jahrhunderten darf nirgends der Christbaum fehlen.

Aber neben diesen seelischen Gestalten läßt der Natursinn im
Volksglauben auch noch dämonische in denselben Elementen, an
denselben Orten hausen.   Das sind mythische Gestalten, die
10 nicht selten Märchenmotive belebt haben.   Im Wasser lebt der
Nix mit seinem grünen Haar und seinen behaarten Zähnen, der
bald in Zwerg=, bald aber auch in Roß= oder Stiergestalt er=
scheint.   Daneben haust hier die weibliche Nixe, die in der
Sonne ihr goldenes Haar kämmt, wie die Lorelei auf dem nach
15 ihr benannten Felsen, die Freundin des Tanzes, des Gesanges
und der Musik.   Beiden darf man nicht nahe kommen, denn sie
lieben es, den Menschen in ihr feuchtes Reich zu ziehen.   Kin=
dern, die nicht gehorchen wollen, droht man, daß sie der Nix
holen werde.   Auch die Berge hat die Volksphantasie mit einer
20 Reihe dämonischer Gestalten bevölkert.   In ihrem Inneren
wohnt neben den Seelen das Völkchen der kunstreichen Zwerge,
die namentlich in Gegenden zu Hause sind, wo man sich mit
Bergbau beschäftigt.   Ferner leben auf den Bergen die Riesen.
Unter ihnen ist besonders Rübezahl, der Dämon des Riesenge=
25 birges, eine auch andernorts berühmte volkstümliche Gestalt ge=
worden, ein Geist, der die Guten belohnt und die Bösen bestraft.
Auch in den Wäldern schalten und walten Dämonen.   Weibliche
Wesen sind es zumeist, Holzweiblein, Waldfräulein, Moosleute
genannt.   Ihren Leib denkt sich die Volksphantasie ihrer Hei=
30 mat entsprechend; sie haben einen behaarten Körper, ein altes
runzeliges Gesicht und sind fast ganz in Moos gehüllt.   In
Oberdeutschland erscheinen sie mehr als Dämonen in über=
menschlicher Gestalt, die dem Menschen zu schaden suchen, in

Mittel= und Norddeutschland dagegen sind es mehr zwerghafte
Wesen, die dem Menschen freundlich gesinnt sind und ihn bei
seinen Arbeiten im Walde unterstützen. Es ist eigentümlich,
wie gerade auf diese mythischen Wesen die Natur der Gegend
in den einzelnen deutschen Gauen verschieden eingewirkt hat; 5
die mächtigen Berge des Südens mit ihren uralten Stämmen
haben riesige Gebilde erzeugt, während in der Ebene und be=
sonders in der Hügellandschaft dasselbe Wesen fast rein mensch=
liche Form angenommen hat.

Mag man dem Glauben an diese dämonischen Gestalten auch 10
keinen tieferen, ethischen Hintergrund zuschreiben dürfen, so
spricht er doch für den Drang unseres Volkes nach Poesie, der
sich in allen jenen mythischen Gebilden offenbart. Sie sind
nicht zum geringen Teile der Jungbrunn des gemeinen Man=
nes gewesen, durch den sein oft kärgliches Dasein erfrischt wor= 15
den ist, und der ihm immer neuen Lebensmut gegeben hat.
Sucht man sie ihm zu nehmen, so unterbindet man ihm die
eigentliche Lebensader. Der Deutsche verlangt nach solchen
poetischen Gestalten; mit ihnen zerstört man zugleich sein in=
dividuelles Leben. Mögen diese Erscheinungen auch im Kerne 20
im Heidentum und in heidnischer Anschauungsweise wurzeln;
sie schaden heute, soweit sie nicht ausarten, dem Staat ebenso=
wenig als dem Christentum.

5.

Aus Italien.

Ferdinand Gregorovius.*

I.

Als wir Astura verließen, beschlossen wir, nicht wieder den
Weg am Meer entlang zurück zu nehmen, sondern durch den 25

*Wanderjahre in Italien. Leipzig, 1864. Bd. I. S. 174, 335.

wilden Urwald zu gehen, von deſſen Pracht wir ſo viel gehört
hatten. Der wegewirren Wildnis nicht kundig, nahmen wir mit
uns einen Soldaten aus dem Turm, einen ſchönen, athletiſch
gebauten jungen Mann, der uns einige Miglien begleiten und
5 zugleich als Beiſtand nicht gegen Räuber, wohl aber gegen Büf=
fel und Stiere dienen ſollte. Denn alles Küſtenland bis Ter=
racina iſt mit zahlloſen Herden bedeckt, mit hoch und prächtig
gehörnten Ochſen, Kühen und Stieren von derſelben klaſſiſchen
Geſtalt, wie man ſie lebend auf der Campagna von Rom ſieht
10 und in den Opferſzenen am Fries der Parthenon dargeſtellt
findet. Ihre Hörner ſind faſt drei Fuß lang, weit auseinander
ſtehend, in den kühnſten Linien geſchweift, dick, klar und ſchön
gefärbt. Man ſieht ſolche Hörner faſt in jedem Hauſe im
Süden als Amulette gegen den böſen Blick, und ihre Abbilder
15 im kleinen trägt der Fürſt an der Uhrkette, das Fiſcherkind an
der Halskette. Die Ochſen ſind ſcheu und wild und höchſt ge=
fährlich, nur der Hirt auf ſeinem Pferde weiß ſie mit der Lanze
zu ſchrecken. Aber noch weit gefährlicher ſind die Büffel. Sie
leben hier in Gehegen oder laufen wild umher; gern wälzen ſie
20 ſich in Moräſten wie das Schwein. Wenn man die pontiniſchen
Sümpfe oder die Niederung von Päſtum durchreiſt, ſo kann man
dieſe ſchwarzen Ungeheuer rudelweiſe im Moor liegen ſehen,
woraus ſie oft nur die plumpen Köpfe wildäugig, ſchnaufend
und dämoniſch hervorſtrecken. Der Büffel hält den Kopf ſtets
25 zur Erde und blickt tückiſch von unten auf. Er gebraucht ſein
Horn nicht, weil dies wie beim Widder rückwärts gekrümmt iſt.
Aber mit der ehernen Stirn ſtößt er den Menſchen um, welchen
er verfolgt und erreicht, dann ſenkt er ſeine plumpen Kniee auf
ſeinen Leib und zerſtampft ihm die Bruſt, ſo lange er noch einen
30 Atemzug darin verſpürt. Das fürchterliche Tier bändigt der
Hirt mit dem Speere. Er zieht ihm den Ring durch die Naſe,
und ſo wird es vor den Karren geſpannt, die ſchwerſten Laſten,
Steinblöcke und Stämme fortzuſchleppen.

Wir schlugen uns rechts hin, eine Weile am Strand entlang
gehend, wo wir auf dem Ufer die prächtigsten schwarzen Stiere
sahen, von so herrlicher Gestalt, daß Jupiter keine andere wählen
dürfte, als er die schöne Europa durch das Meer trug. Bald
umgab uns der Wald. Wir gingen zwischen duftigen Myrten-   5
gebüschen und unter riesengroßen breitwipfeligen Eichen auf
lieblichen Waldpfaden und ergötzten uns an der heiligen Son-
nendämmerung, welche golden überall durch die Wipfel wehte und
ihre Lichter weit und breit spielen ließ. Der Wald von Astura
ist sehr schön. Ich dachte an den heimatlichen Küstenwald und   10
an seine hochstämmigen Eichen, durch die das blaue Meer
scheint, und konnte mich ganz in die Vergangenheit versetzen.
Dort ist es auch schön zu wandern und Reh und Hirsch zu be-
lauschen, wenn sie im Busche stutzen und neugierig ihr gekröntes
Haupt hervorstrecken; hier blickt aus dem Waldesschatten statt   15
ihrer manchmal das schwarze diabolische Haupt eines Büffels
oder die hochgehörnte Stirn eines wilden Rindes, und lange
schöngefleckte Schlangen schlupfen über den Pfad. Die Pflan-
zenvegetation ist von einer tropischen Pracht; der Epheu um-
schlingt die Riesenstämme der Eichen, Stamm neben Stamm,   20
und bewundernd stand ich vor dieser noch nie in solcher Herrlichkeit gesehenen Erscheinung still. Denn die Epheuranke hat hier
selbst einen Stamm so dick wie ein Baum; so umstickt sie die
majestätische Eiche, ringelt sich mit Gewalt um sie, gleich der
Schlange des Laokoon, zieht sich zusammen, als wollte sie den   25
ungeheuern Stamm mit den Wurzeln dem Boden entreißen und
in herkulischer Umarmung ersticken, und tausend grüne Äste,
Zweige und tanzende Ranken läßt sie bacchantisch niederhängen
und windet und knüpft ihre Schlingen durch alles knorrige und
laubige Eichengeäst fort bis zum sonnigen Wipfel, den der Flü-   30
gelschlag wilder Waldvögel umwittert.

Wir waren so in immer angespannter, froher Betrachtung
einige Miglien hingegangen. Der Gefährte von Astura hatte

uns auf den Weg gebracht, der nun wieder an die Küste hinab=
führte, und verließ uns da, wo der Wald lichter wurde. Bald,
so sagte er, würden wir in niedriges Gebüsch kommen und das
Meer sehen. Wir gingen nun allein fort zwischen Myrten und
5 Ölgesträuch in der heitersten Stimmung. Plötzlich sahen wir
vor uns eine Herde, wohl mehr als hundert Stück beisammen.
Wir blieben stehen. Ein Stier stutzte, hob die Stirn auf, sah
uns mit majestätischem Ernst an, löste sich von der Herde ab
und kam gegen uns. In diesem Augenblick machte der Maler
10 den verdammten großen weißen Malerschirm zu, und kaum hatte
er das getan, als der Stier wild wurde und einen Sprung tat;
sogleich setzte sich die ganze Herde gegen uns in Bewegung.
Eine Staubwolke erhob sich im Walde, und wie wir in wilder
Flucht davonsprangen, in großer Angst immer umschauend, war
15 es ein grauser und schöner Anblick, im wirbelnden Staube diese
mächtigen Geschöpfe daherstürmen zu sehen. Wir nun sprangen
ins Dickicht, und über hohe Gebüsche setzten wir hinweg und
schlüpften wieder durch die Myrtensträucher und sprangen weiter,
an den Händen von den Dornen blutend, die uns zerrissen,
20 hinter uns die wirbelnde Staubwolke und die herausblitzenden
Hörner und das Gekrach der brechenden Büsche.

Ich sah niemals so die lebendige Physiognomie des Entsetzens
als auf dem Angesicht meines Gefährten, und mein Schreck war
um nichts geringer. Endlich wurde es still, wir waren im dich=
25 ten Wald und nichts mehr war zu sehen. Die wilde Herde war
meerwärts fortgestürzt. Wir holten ein wenig Atem und schlu=
gen uns nun in die Wildnis, eingeängstigt und immer nach den
Stieren umschauend, bis wir endlich gegen die Küste kamen und,
da wir diese frei fanden, auf den Strand sprangen. So mußte
30 ich denn in Astura, auf den Spuren Konradins selbst erfahren,
was atemlose Flucht und Todesangst sei. Es war, als hätte
irgend ein ironischer Geist, der Dämon dieses Orts, weil er mich
von Erinnerung so tief bewegt gesehen, mir von des armen Kon=

radins Flucht ein lebendiges Nachgefühl geben wollen. Doch
waren die Stiere der Wildnis barmherziger, als es einst die
Menschen gewesen.

So wanderten wir weiter und ruhten wieder an dem alten
Römerpalast eine Stunde vor Astura, dessen melancholisches 5
Schloß nun schön und schöner die sinkende Sonne überfunkelte.
Neue Sorge erfaßte uns, als wir hierauf den ganzen Strand bis
Nettuno hin mit Herden erfüllt sahen. Einige lagerten noch am
Meer, andere zogen sich schon aufwärts, denn es kam die Abend-
kühle, wo sie wieder zu Walde gingen. Als wir nun vorwärts 10
schritten, war es wie ein Spießrutenlaufen an hundert und aber
hundert spitzen Hörner vorbei; aber die herrlichen Geschöpfe
taten uns kein Leid, weil wir hinter ihrer Richtung an den Wellen blieben; auch kamen zwei stattliche Hirten, die ersten, die
wir sahen, mit ihren Lanzen das Meer entlang gesprengt und 15
flößten uns guten Mut ein.

Glücklich erreichten wir Nettuno und betrachteten nun von
hier aus freudigen Gefühls die zurückgelegte Straße und das
Schloß Astura, welches nun wieder in traumhafter Weite wie ein
Schwan auf den abendlichen Wellen zu schwimmen schien.   20

II.

Die Mädchen von Capri sind weniger schön als lieblich und
graziös. Ihre Züge haben oft etwas Fremdartiges. Die
Linien der auffallend kurzstirnigen Gesichter sind regelmäßig und
manchmal sehr edel geschnitten; das Auge ist von einem glühenden Schwarz oder von einem schwülen Grau; die braune Farbe, 25
das schwarze Haar, das umgeschlungene Kopftuch, die Korallen
und die goldenen Ohrgehänge geben dem Antlitz etwas Orienta-
lisches. Ich sah oft, besonders aber in dem ganz verlassenen
Anacapri, Gesichter von einer wilden, seltsamen Schönheit, und
blickte ein solches Antlitz, die Haare verwirrt, die Augenbrauen 30

schwarz und scharf gezogen und die wetterleuchtenden Augen groß
aufgeschlagen, vom Webestuhl in der dunkeln Kammer empor,
so war es, wie ich mir das Antlitz einer Danaide denke. In
Capri dagegen sieht man auch Gesichter, welche denen der Ge=
5 stalten Peruginos und Pinturicchios ähneln und oft von einem
auffallend schwärmerischen Ausdrucke sind. Sie tragen die
Haare kunstlos schön, tief herabgeknotet, einen silbernen Pfeil
hindurchgesteckt. Manchmal binden sie das Kopftuch wie einen
Feß auf und gleichen dann wahrlich den Frauen einer fernen
10 Zone. Ein ganz allgemeiner Schmuck der Weiber Capris und
köstlicher als Gold sind ihre Zähne. Ich glaube, die Menschen
von Capri haben so herrliche Zähne, weil sie nichts zu beißen
haben.

Man muß diese zierlichen Gestalten in Gruppen vereinigt
15 sehen, oder sie betrachten, wenn sie bergauf kommen, die antik
geformten Wasserkrüge oder Körbe voll Erde oder Steine auf
den Köpfen tragend. Weil sie arm sind, erwerben sie durch
Lastträgerdienste kümmerlichen Lohn. Das Mädchen von Capri
ist das eigentliche Lasttier der Insel, und man sieht also die lieb=
20 lichsten Kinder von vierzehn bis zwanzig Jahren, deren Köpfe
draußen in England, in Frankreich und Deutschland auf man=
chem Gemälde bewundert werden, vom Meeresstrand aufwärts
Lasten, kaum für Männerstärke zwingbar scheinend, auf eben die=
sen Köpfen tragen. Es kam vor vierzehn Tagen ein neapolita=
25 nisches Schiff an die Insel und lud auf der Marina eine Fracht
von Tuffsteinen aus, welche zum Ausbau des alten Klosters
dienen sollten. Diese Steine wurden sämtlich innerhalb fünf
Tagen auf Mädchenköpfen nach dem Kloster befördert. Der
Weg ist so steil, daß ich ihn täglich verwünschte, wenn ich vom
30 Bade frisch und unbeschwert zurückkehrte, weil man oben ganz
erschöpft anlangt. Aber fünf Tage hindurch schleppten die Mäd=
chen, etwa dreißig an der Zahl, die Steine diesen Weg aufwärts.
Sie trugen zwei übereinander, die schwächern nur einen. Mich

von dem Gewicht zu überzeugen, hob.ich einen dieser Steine, und
mit aller Kraft beider Arme gelang es mir, ihn so hoch zu erhe=
ben, daß ich einen dieser reizenden Köpfe belasten konnte, und
das dünkte mich ein sehr unritterlicher Dienst zu sein.   Es bitten
diese naiven Kinder, wenn sie am Wege ausruhen, den Vorüber=   5
gehenden oft, ihnen mit den Steinen aufzuhelfen.   Sie gingen
an diese Sisyphusarbeit vor der Sonne und endeten, wenn sie in
ihrer vollen Purpurglut hinter der fernen Ponzainsel versank.
Täglich stiegen sie in der Hitze des August sechzehnmal also be=
lastet den Berg empor.   Nahmen sie die Steine an der Marina   10
auf, so stand ein Schreiber dabei und notierte, und oben am
Kloster stand wieder einer, der schrieb es ernsthaft in ein Buch.
Ihr Lohn war zehn Groschen für den Tag.   In ihrer Einfalt.
hatten die Kinder mit dem Unternehmer nicht einmal Kontrakt
gemacht, sondern wenn man fragte, was sie für so große Mühsal   15
erhalten würde, so sagten sie: „Wir glauben, einen Carlin täg=
lich oder Brot von Castellamare für ebensoviel.   Sonntag wird
die Zahlung sein."

In jenen Tagen gewährte also das Eiland einen seltsam schö=
nen Anblick, und die Maler versäumten nicht, diese Gestalten zu   20
zeichnen.   Da nun der Tuff von Herkulanum von schöner still=
graner Farbe ist, so machte er mit den jugendlichen Köpfen und
auf dem roten Kopftuch, von einem oder beiden Armen festge=
halten, das reizendste Bild.   Diese Reihen der armen wandeln=
den Steinträgerinnen schienen mir die antiken Figuren der   25
Kanephoren auf neue originelle Weise zu vermehren; sie glichen
Töchtern Ägyptens, welche Steine zum Pyramidenbau tragen.
Und wahrlich ich konnte sie nie ohne Bewunderung und Rührung
betrachten.   Sie scherzten noch unter ihrer Last und waren heiter
als immer; mich dunkte, ich hätte nie ein schöneres Bild mensch=   30
licher Armut gesehen.   Um die Mittagszeit sah ich dieselben
Mädchen manchmal in einem Kreise auf dem Boden sitzen, im
Schatten eines Johannisbrotbaums ihre Mahlzeit haltend; sie

bestand aus halbreifen Pflaumen und trockenem Brot, und wenn
sie diese kärgliche Kost verzehrt hatten, standen sie plaudernd und
lachend auf und schritten wieder flink wie Gazellen die Treppen
hinunter an ihre Tageslast.

5   Wenn ich die Armut in dem friedlichsten und heitersten
Bilde malen sollte, so würde ich sie darstellen in der Gestalt der
schönen Costanziella. Wenn sie den heißen Tag hindurch eine
Pyramide von Steinen auf ihrem Köpfchen nach dem alten ma=
lerischen Kloster befördert hat, dann lehnt sie des Abends in
10 der kleinen Türe ihres Hauses und ergötzt sich mit der schönsten
Musik. Denn sie ist eine vollendete Virtuosin auf dem Brumm=
eisen. Sie hat mir manches reizende Stück darauf vorgespielt,
mit einer unnachahmlichen Kunst und Grazie, allerlei Meer=
phantasieen aus der blauen Grotte, Lieder ohne Worte, wunder=
15 bare Arien, die kein Sterblicher gehört hat, noch zu nennen weiß.
Das alles spielte sie meisterhaft, wobei ihre schwarzen Augen
wie Sirenen kicherten, und die schwarzen krausen Haare um die
Stirn sich ringelten, als tanzten sie vor Seligkeit. Wenn
Costanziella ihr Konzert ausgespielt hatte, so lud sie mich mit
20 den feinsten Manieren zum Abendessen ein, oben auf dem Dach
bei ihrer Mutter; da gab es reife indianische Feigen von dem
einzigen Kaktusbaum, der vor dem Hanse stand, welche sie sehr
geschickt mit dem Messer abzureißen wußte, ohne sich die kleinen
Finger mit den Stacheln zu verletzen. Ihre Mutter war eine
25 Frau zum Malen, wie man sagt, und unterhielt sich am liebsten
von Nahrungsmitteln. Costanziella aß niemals Fleisch, sie
trug nur Steine und spielte des Abends das Brummeisen, da=
zwischen aber aß sie trockenes Brot und Pataten mit Salz und
Öl. Sie lachte einst laut auf, als ich sie fragte, ob sie schon
30 einmal im Leben Braten gegessen habe. Frischer aber und
blühender und ringellockiger war weder Hebe im Olymp, noch
Circe, noch die delische Diana, und keine war heiterer und mit
dem Brummeisen verständiger.

6.

Einfluß des Chriftentums bei der Entwickelung des Rechts.

Adolf Lobe.*

Das Chriftentum fand bei den von Natur religiöfen Germanen einen fruchtbaren Empfang, und die germanifche Anfchauung
von der Verbindung und Wefenseinheit von Religion und Recht
erhielt durch das Chriftentum nur noch eine größere und in-
nerlichere Vertiefung.   Dem Wefen der chriftlichen Religion,   5
die fich vornehmlich an den inneren Menfchen wendet und fein
Gefühl zu erregen beftrebt ift, entfprach wie bei keinem anderen
Volk das Wefen des Germanen, bei dem das Gefühl vor-
herrfcht.   Die ganze chriftlich germanifche Weltanfchauung des
Mittelalters kommt daher, wie in der Kunft und der Litteratur,   10
fo vornehmlich auch im Recht zum deutlichen Ausdruck.   Gott
ift die Quelle alles Rechts, wie der „Sachfenfpiegel“ beginnt:
„Gott ift felbft gerecht, drum ift ihm lieb das Recht.“   Diefe
Auffaffung durchdrang das ganze Recht des Mittelalters, am
vornehmlichften aber kommt fie im Staatsrecht und öffentlichen   15
Rechte zur Geltung, denn hier begegnet fie fich mit den hier-
archifchen Anfprüchen der katholifchen Kirche.   Das Ideal jener
Zeit war ja die Aufrichtung eines gemeinfamen Gottesreiches
auf Erden, ein Ideal, dem übrigens fchon Karl der Große, wenn
auch wefentlich unter Betonung des Vorranges der weltlichen   20
Herrfchaft, nachftrebte.   Jedenfalls aber waren weltliche und
kirchliche Herrfchaft nach der Anficht des Mittelalters nur zwei
Seiten des einen chriftlichen Weltreiches, und das Chriftentum
wurde fo zur Vorausfetzung der Rechtsfähigkeit überhaupt.
Der Ketzer und Heide war zugleich rechtlos.   „Heiden follen   25
nicht erben.“   „Ift das Kind nicht getauft, fo erbt es nicht.“
Und wer im Kirchenbann verharrte, unterlag notwendig auch

* In Hans Meyers Das deutfche Volkstum.   Leipzig, 1898.   S. 429.

der Reichsacht. Nur die Juden nahmen eine beſondere Stel=
lung ein. So wurde das Recht, wenn es ſich auch allmählich
von der Religion zu löſen begann, doch das ganze Mittelalter
hindurch noch nicht als etwas Andersartiges, neben ihr Stehen=
5 des, ſondern gleichſam nur als eine Unterart, aber noch inner=
halb ihrer Sphäre Liegendes angeſehen.

Der Einfluß des Chriſtentums auf die Weſtgermanen iſt
ſpäter erfolgt als auf die Oſtgermanen. Er datiert von der
Zeit an, da Chlodwig in Reims zum Chriſtentum übertrat, und
10 zwar aus ſtaatskluger Berechnung als erſter aller Germanen=
fürſten zum Chriſtentum des römiſchen Bekenntniſſes. Da=
durch erſchien er den zahlreichen in Gallien wohnenden Römern
nicht nur als ihr rechtmäßiger Herrſcher, ſondern verpflichtete
ſich zugleich auch den römiſchen Biſchof und gewann zur Befeſti=
15 gung ſeiner Herrſchaft und zur Ausbreitung ſeiner Macht die
Unterſtützung des ganzen römiſchen Klerus, was alles nicht er=
folgt wäre, wenn er, wie die Oſtgermanen, das arianiſche
Glaubensbekenntnis angenommen hätte. So reichten ſich von
da ab ſtaatliche und geiſtliche Macht die Hände und unterſtützen
20 ſich gegenſeitig. Eine Steigerung aber erhielt der theokratiſche
Charakter des fränkiſchen Königtums dadurch, daß Karl der
Große den Kaiſertitel annahm und hiermit nach jüdiſchem Ri=
tus die Salbung durch den Papſt verbunden war. Denn wenn
auch noch nicht unter Karl ſelbſt, ſo wurde dieſe Salbung doch
25 unter ſeinen Nachfolgern als weſentlich zum Erlangen der Kaiſer=
würde angeſehen. Nunmehr wurde es als die ideale Aufgabe
des Kaiſertums betrachtet, den katholiſchen römiſchen Glauben
überall zu ſchützen und für ſeine Ausbreitung zu ſorgen, ent=
gegenſtehende Sitten und Gebräuche zu unterdrücken. Denn es
30 gibt nur „einen Gott und ein Gebot.“ Hiermit aber war nicht
nur kraft ſeines inneren Weſens, ſondern auch kraft der ſtaat=
lichen Gewalt dem Chriſtentum und der römiſchen Kirche der
Einfluß auf die Entwickelung des Rechtes geſichert.

Zuerst zeigt sich der Einfluß auf die peinlichen Strafen, denn die Kirche verabscheute damals noch jedes Blutvergießen, idealer als in späteren Zeiten, man denke nur an die Hexenverfolgungen. Ein besonderer Grund hierfür freilich lag noch darin, daß der Todesstrafe, wie sie die Germanen vollzogen, immer noch der Gedanke des Opfers, also etwas Heidnisches innewohnte, das Vorgehen der Kirche gegen die Todesstrafe daher zugleich ein Kampf gegen das Heidentum war. Das Hauptmittel, mit dem sie in den Strafvollzug eingriff, war ihr ausgedehntes Asylrecht, das sie unter Aufgreifung des germanischen Sonderfriedens für Orte, die der Gottheit geweiht waren, ausbildete. Ferner tritt eine Verquickung kirchlichen Interesses an weltlicher Rechtspflege dadurch ein, daß der fränkische König rein kirchliche Übertretungen, wie z. B. Verschmähung der Taufe, Leichenverbrennung, Übertretung des Fastengebotes, seinerseits mit dem Tode ahndete, daß anderseits auch die Kirche ihre Machtmittel, wie Exkommunikation, gegen weltliche Vergehungen zur Verfügung stellte.

Aber von wesentlichster Bedeutung war die innere Umwandlung, die das Christentum brachte, und die vornehmlich in der Betätigung eines geläuterten sittlichen Gefühls zur Erscheinung kam. So wurden ganz neue Verbrechensbegriffe gebildet, z. B. der Verwandtenmord, Kindesabtreibung und Kindesaussetzung. Auf biblische Vorschriften gestützt, forderte die Kirche auch besonderen Schutz für Fremde, Pilger und Wallfahrer vom König. Im Strafrecht ging, neben ihrer Bekämpfung der Todesstrafe schlechthin, ihre Bestrebung hauptsächlich auf Berücksichtigung des Willens und der Schuld, sowie auf Geltendmachung einer milderen Auffassung. Durch ausgedehnte Anerkennung des Bußsystems führte sie außerdem den Strafzweck der Besserung des Schuldigen ein. Dies sprechen schon alte Volksgesetze deutlich aus, z. B. die lex Baiuvariorum: „Keine Schuld ist so schwer, daß das Leben nicht aus Furcht vor Gott und Verehrung der

Heiligen dem Schuldigen geſchenkt werden könnte; weil der Herr ſpricht: Wer vergeben hat, dem wird vergeben werden." Aber auch das harte Talionsprinzip, das urſprünglich dem deutſchen Strafrecht fremd war, iſt durch die Kirche eingeführt worden. Es iſt jüdiſchen Urſprungs: "Auge um Auge, Zahn um Zahn."

Ebenſo übte die Kirche einen großen Einfluß auf das Eherecht aus, wenn ſie auch viel ſpäter erſt hierfür geradezu kirchliche Ge‐ richtsbarkeit in Anſpruch nahm und an das Erfordernis einer kirchlichen Eheſchließung zunächſt noch nicht dachte. Insbeſon‐ dere ging ſie gegen die Verwandtenehen vor, die bei den Deut‐ ſchen beliebt waren, und führte das Ehehindernis der Schwäger‐ ſchaft ein. Durch die Beſeitigung dieſer Verwandtenehen, die von der Kirche verboten wurden, um ſich für ihre Nachſichtser‐ teilungen bezahlen zu laſſen, hat ſie aber unbeabſichtigt die Er‐ haltung eines kräftigen Volksſtammes gefördert. Auch in rein wirtſchaftliche Verhältniſſe greift ſie ein, z. B. durch das Verbot des Zinsnehmens, das ſie nur den Juden geſtattet. Freilich iſt die Durchführung dieſes Verbotes immer mangelhaft geblieben.

Doch auch verderblich hat der alles beherrſchende Einfluß der Religion auf das Recht eingewirkt, inſofern Verirrungen der Volksſeele dort notwendig Verirrungen hier nach ſich zogen. Hierher gehören vor allem die traurigſten Erſcheinungen des 15. bis 17. Jahrhunderts, die Hexenprozeſſe. Wenn dieſe aber ehemals oft als eine germaniſche Eigentümlichkeit bezeichnet wor‐ den ſind, ſo iſt dies nicht richtig. Früher als in Deutſchland begegnen wir ihnen in Frankreich und in rein romaniſchen Län‐ dern, wie Italien und Spanien. Aber freilich treten ſie in Deutſchland in größerem Umfange auf, was eben darauf beruht, daß bei den Deutſchen wegen ihres tiefen religiöſen Gefühls der Einfluß von Religion und Kirche am größten war, daher auch die Verirrungen in dieſer Hinſicht am ſtärkſten wirkten. Und hierzu trat dann allerdings noch verſtärkend die altgermaniſche Auffaſſung von geheimnisvollen Kräften, die dem weiblichen

Geschlecht innewohnen. So erklärt es sich, daß weitaus die meisten Verfolgungen gegen Frauen, nicht gegen Männer stattfanden. Die Grundlage der Hexenverfolgungen aber bildete der Teufelsglaube.

In heidnischer Zeit war die Zauberei als solche nichts Strafbares, sondern nur die schädigende Zauberei, wie z. B. Vergiftung. Unter solche schädliche Zauberei gehörte auch das Wettermachen, das Schädigen des Viehes und des Feldes durch Zaubersprüche, und hiervon haben derartige Zauberinnen geradezu ihren Namen „Hexe" erhalten (althochd. hagazussa, die das Feld Schädigende, engl. hag). Mit Einführung des Christentums wurde aber jedes Zaubern als heidnisch verpönt und von amtswegen verfolgt. Neue Nahrung erhielt dann der Hexenglaube durch den im 13. Jahrhundert zu hoher Blüte gelangenden Teufelsglauben und den Glauben, daß die Hexen Verbündete des Teufels seien und mit dessen Hilfe ihr Zauberwesen trieben. Diese durch die Kirche verbreitete Anschauung war aber wieder ihrerseits beeinflußt durch die jüdisch=rabbinische Auslegung des 1. Buches Mosis, Kap. 6, Vers 1—4. Als dann im 15. Jahrhundert die Ketzerverfolgungen mehr und mehr aufkamen, ergab sich ganz von selbst auch die Verfolgung der Hexen, da ja deren Bund mit dem Teufel eng mit der Ketzerei zusammenhing.

Von nun an suchte man in unseliger religiöser Verirrung die Hexen. Daß man sie aber fand, hängt mit einer damals unglücklicherweise zugleich eintretenden Veränderung des Strafprozeßverfahrens zusammen. Niemals wäre es zu dieser erschreckend großen Anzahl von Verurteilungen gekommen, wenn noch das alte germanische Strafverfahren und namentlich das alte deutsche Beweisverfahren mit Reinigungseid und Zweikampf gegolten hätte. Mit dem Verfall des Rechtes im allgemeinen am Ausgang des Mittelalters war aber auch dieses in Verfall geraten, der Anklageprozeß war der Verfolgung von amtswegen gewichen, und nach dem Vorgange der geistlichen und italienischen

Gerichte hatte die Folter zur Erzwingung des Geständnisses ihren Einzug gehalten.

Die Einführung der Folter in den deutschen Strafprozeß ist eine schwere Schädigung für das gesamte Rechtsleben gewesen 5 und hat das Mißtrauen des Volkes in die Rechtspflege gepflanzt. Und doch — war es auch hier im letzten Ende wieder der religiöse Glaube und Aberglaube, der das Aufkommen der Tortur begünstigte, gleichsam eine Erinnerung an die früheren Gottesurteile des alten deutschen Prozesses. Denn unverkennbar herrschte der 10 Glaube, daß Gott oder der Teufel — je nachdem man nun wollte — die Kraft lieh, die Tortur auszuhalten. Man sah also auch hier ein Eingreifen überirdischer Mächte in den Prozeß. „Hexen weinen nicht." Im übrigen spricht es für das Undeutsche der Folter, daß, wenigstens soviel wir wissen, sich kein deutsches 15 Rechtssprichwort auf sie bezieht. Im 16. und 17. Jahrhundert wütete die Hexenverfolgung am ärgsten. Erst der Jesuitenpater Friedrich von Spee in Würzburg trat in der ersten Hälfte des 17. Jahrhunderts, aber noch ohne sich zu nennen, dagegen auf. Ebenso später Thomasius. Als letzte Hexe wurde die 20 Bauerndirne Maria Schwägelin am 11. April 1775 im Stifte Kempten hingerichtet.

7.

Walther von der Vogelweide.

W. Wilmanns.*

Her Walther von der Vogelweide,
swer des vergæz, der tæt mir leide.

Dieser schlichte Reim des Bamberger Schulmeisters ist in 25 unserem Jahrhundert oft wiederholt, zum Zeichen, wie teuer der alte Sänger uns wieder geworden ist. Lange Zeit hatte das deutsche Volk um seine eigene Vergangenheit sich wenig beküm=

* Walther von der Vogelweide. Einleitung. Halle, 1886.

mert; erst seit dem letzen Drittel des achtzehnten Jahrhunderts
haben der erwachende historische Sinn und zugleich mit ihm das
erstärkende Vaterlandsgefühl das Auge in die Jünglingszeit
unseres Volkes zurück gelenkt. Allmählich lernte man in dem
Dunkel der barbarischen Zeiten sehen, die graue Vergangenheit   5
gewann wieder Farbe und Leben und von neuem griffen die
Schöpfungen der Vorfahren labend und befrüchtend in unser gei-
stiges Leben ein.   Die Lieder Walthers sind jetzt kaum weniger
gekannt und geschätzt als zu der Zeit, da Hugo von Trimberg die
angeführten Worte in seinen „Renner" schrieb, sie haben Tau- 10
sende von Lesern gewonnen, die ein historisch-antiquarisches Interesse nicht führte.   Ein persönliches Verhältnis ist hergestellt
zwischen den Geschlechtern, die Jahrhunderte trennen; der Zug
der Verwandtschaft verbindet, und der späte Enkel glaubt in den
Worten des Ahnen das ausgesprochen, was sein eignes Herz 15
erfüllt.

Aber wenn auch der Genius die Schranken von Zeit und
Raum durchbricht, so ist doch keines Menschen Werk unabhängig
von ihnen, und auch die Lieder Walthers gewinnen an Bedeutung und Interesse in demselben Maße, als es gelingt, sie in 20
dem Lichte ihrer Zeit zu sehen.

Walthers Dichtung bezeichnet den Höhepunkt der ritterlich-
höfischen Lyrik, die mit der glänzenden Entfaltung des Ritter-
wesens in der Zeit Friedrichs I. überraschend schnell erblüht.
In der ersten Hälfte des Jahrhunderts hatten, so weit nicht die 25
Vorträge der Fahrenden dem Bedürfnis genügten, Geistliche
für die litterarische Unterhaltung der ritterlichen Gesellschaft
Sorge tragen müssen; ihnen verdankte man die Kaiserchronik,
das Rolands- und Alexanderlied, die Hauptwerke, die wir aus
dieser Zeit kennen.   Um 1170, als die Teilnahme an der Litte- 30
ratur allgemeiner geworden war, übernahmen ritterbürtige
Männer selbst die Pflege der Kunst.   Die französische Ritter-
schaft ging voran und gab Beispiel und Muster; in ihrer Nähe,

im Rheinlande, finden wir die ersten namhaften deutschen Dich=
ter. Aber noch vor Ablauf des Jahrhunderts finden wir die
neue Kunst in Thüringen und in ganz Oberdeutschland zu
Hause.

5   Wer unter den älteren Sängern den Preis verdient, kann
zweifelhaft sein. Gottfried von Straßburg bezeichnet Reinmar
als die Führerin der Nachtigallenschar, und wir dürfen seinem
Urteil um so weniger widersprechen, als wir ja nur halbe Kennt=
nis dieser Kunst haben; nur die Worte sind erhalten, die Weisen
10 hat die Zeit uns nicht gegönnt. Reinmar war vermutlich ein
Landsmann Gottfrieds, ein Elsässer; aber er blieb nicht in der
Heimat, wir finden ihn im fernen Osten, am Hofe der öster=
reichischen Herzöge, wo auch Walther seine Jugend verlebte,
von dem älteren Meister manches lernte und mit ihm um den
15 Kranz stritt.

Über den Bildungsgang Walthers, wie er sich für seinen
Beruf vorbereitete, wissen wir nichts; aber das ist sicher, daß
wir seine Kunst nicht als sogenannte Naturpoesie, als den un=
willkürlichen, gleichsam sich selbst unbewußten Ausdruck angebo=
20 rener Kraft ansehen dürfen. Walther lernte singen und sagen,
seine Kunst ist wirkliche Kunst, das Erzeugnis sorgfältig erzoge=
ner und ausgebildeter Anlage. Der Gedankenkreis, in dem er
sich zunächst bewegt, ist der der gleichzeitigen Dichter; besonders
aber ist hervorzuheben, daß gar viele Stellen an die Bücher der
25 Bibel erinnern; in den religiösen Schriften wurzelte noch vor=
zugsweise die höhere geistige Bildung.

Das erste und eigentliche Thema der höfischen Lyrik war die
Minne. Wie weit der Gesang Ausdruck des Selbsterlebten war
und wirklichen Liebesverhältnissen diente, können wir nicht bestim=
30 men. Erhalten sind uns die Lieder, insofern sie der Unterhaltung
der Gesellschaft dienten, und dieser Zweck hat ihnen Form und
Richtung gegeben. Offenkundig im Liede einer Dame zu huldi=
gen, durfte dem Sänger nicht in den Sinn kommen. Was eine

beſtimmte Beziehung geſtattete oder eine Deutung auch nur her=
ausgefordert hätte, wurde fern gehalten; jede Berührung mit
der Wirklichkeit vermied das furchtſame Lied; die Frau bleibt ein
Schemen, Umſtände und Umgebung werden nur in den allge=
meinſten Linien angedeutet; friſche Farbe und warmes Leben　5
waren dieſer Poeſie verſagt, wenn ſie der Dichter nicht aus ſei=
nem Verhältnis zu den Zuhörern zu gewinnen verſtand.　Der
Sänger dient der Geſellſchaft, unter dem Bilde des Dienſtes
faßt er auch ſein Verhältnis zum Weibe; nicht Geliebte, Herrin
iſt ſie in erſter Linie; das Lied iſt die Leiſtung des Mannes, die　10
erhoffte Gunſt ſein Lohn.　Schönheit und Hoheit preiſt Walther
als die Hauptvorzüge ſeiner Dame, Zurückhaltung und Treue,
die wir lieber als weibliche Tugenden bezeichnet ſähen, nimmt er
für ſich in Anſpruch.　Das natürliche Verhältnis zwiſchen den
Geſchlechtern verſchiebt ſich und erſcheint bald mehr, bald weniger　15
verzerrt.　Die Geſellſchaft, vor der der Sänger auftritt, iſt die
höfiſche Geſellſchaft, die auch den Damen Platz in ihrer Mitte
gönnte und einen feineren Verkehrston auszubilden bemüht war.
Für Krautjunker und Haudegen, für Männer die an Jagd und
Gelage ihr Hauptvergnügen fanden, war die zarte Kunſt nicht;　20
ſie dient der galanten Welt.　Nach den geſellſchaftlichen Tugen=
den wird der Menſch geſchätzt; heiterer Anſtand und freundliches
Entgegenkommen adelt die Damen, Artigkeit und Beherrſchung
der Leidenſchaften die Männer.

Es war ein eng umzäunter, dürftiger Boden, auf den die　25
Kunſt geſtellt war.　Auch Walther fügt ſich im allgemeinen
dem Herkommen, und wir müſſen die Gewandtheit bewundern,
die uns über die Armſeligkeit täuſcht und die Schranken der Un=
natur verhüllt.　Walther trägt die Feſſeln leicht, wie es ſcheint;
aber er zeigt uns doch auch, daß er ſie fühlte, und daß er, wenn　30
er wollte, im ſtande war, ſie abzuſtreifen.　Mit Bewußtſein
und ausgeſprochener Abſicht ſtellt er den glänzenden Liedern der
hohen Minne den ſchlichten Ausdruck wahrer Liebe gegenüber;

er wagt es, trotz der vornehmen Gesellschaft, einem Mädchen
ohne Geburt die Huldigung der Kunst zu bieten. Die Stan=
despoesie ist zu rein menschlicher Dichtung erweitert, das kon=
ventionelle Gepräge aufgegeben und die Form gewonnen, die
5 man als volksmäßig zu bezeichnen pflegt. Unvorbereitet und
voraussetzungslos war dieser Schritt Walthers wohl nicht; ge=
rade in der Landschaft, in der er seine Laufbahn begann, finden
wir die Spuren einer älteren Lyrik, die durch den ungekünstelten
Ausdruck natürlicher Empfindung wesentlich von den Liedern der
10 berühmtesten Sänger absticht.   In den Strophen des Küren=
bergers stellt sich dieser Typus am reinsten dar, und unbedenk=
lich dürfen wir, ohne es gerade nachweisen zu können, annehmen,
daß diese und ähnliche Klänge auf Walther eingewirkt haben.

Minne und Liebe bilden das Thema für die meisten Lieder
15 Walthers.   Neben ihnen aber liegen in breiter Masse die soge=
nannten Sprüche, Gedichte, die moralische, politische und persön=
liche Angelegenheiten aller Art behandeln, übrigens gesungen
wurden wie die Lieder. Durch diese Gattung unterscheidet sich
Walther am augenfälligsten von seinen älteren Kunst= und
20 Standesgenossen. Die ritterlichen Sänger hatten sich zunächst
auf die Behandlung der Minne beschränkt, andere Stoffe, wie
sie schon früher die Fahrenden in kunstloser Eintönigkeit gepflegt
hatten, blieben diesen überlassen. Die Standesgrenze sollte auch
im Kunstbetrieb gewahrt werden; der Ritter wollte nicht mit
25 dem Spielmann konkurrieren, der Spielmann durfte dem Sänger
das Feld nicht streitig machen, das Lob der Damen wollte man
aus seinem Munde nicht hören. Walther durchbrach das Vor=
urteil; er ließ sich herbei, den verachteten Pflegling der armen
Fahrenden an sich zu nehmen und mit seinem freien, hohen
30 Geiste zu erfüllen. Von den Sprüchen der älteren Zeit ist uns
nur wenig erhalten, nicht viel mehr als die kleine Sammlung
des alten Herger, die in die Zeit des beginnenden Minnesanges
hineinreicht. In jeder Beziehung läßt Walther ihn weit hinter

sich. Als Minnesänger räumte ihm das Urteil seiner Zeitge=
nossen den ersten Platz ein, nachdem Reinmar gestorben war,
als Spruchdichter behauptete er ihn von Anfang an und für alle
Zeit. Die Themata sind im ganzen herkömmlich; aber neu,
jedenfalls für uns neu, ist die Behandlung politischer Tages=   5
fragen. In Walthers Liedern vernehmen wir zum erstenmal
die Stimme einer öffentlichen Meinung, und die leidenschaft=
liche Wärme, mit der er für sein deutsches Vaterland, für Kaiser
und Reich gegen die drohende Macht der Kirche eintritt, hat ihn
unserer Zeit besonders wert gemacht.   10

Aber um diese Sprüche und die Poesie Walthers überhaupt
richtig zu beurteilen, muß man vor allem im Auge behalten,
daß Walther seine Dichtungen verfaßte, um sie persönlich vor=
zutragen, und zwar einer Gesellschaft, in der er nach seiner
Lebenslage nur einen untergeordneten Platz einnahm. Obwohl   15
sein Talent und sein Ruhm ihm eine gewisse Freiheit des Han=
delns gestattete, mußte er sich im ganzen doch bescheiden unter=
ordnen und fügen. Die heitere Stimmung geselliger Zirkel zu
beleben, der wallenden Erregung politischer Versammlungen
Ausdruck zu geben, war sein Amt; als Lohn empfing er den   20
Beifall der Damen und die Geschenke der Männer. So stolz
sich Walther an verschiedenen Stellen von dem gemeinen Troß
der Fahrenden unterscheidet, ihrer Sitte, die Herren an die
Pflicht der Freigebigkeit zu mahnen, folgt er unbedenklich.
Dahin gehören auch die oft wiederholten Klagen über die Ge=   25
ringschätzung der Kunst und geistiger Begabung, über die Gleich=
gültigkeit gegen ein feines, gesittetes Benehmen, den Verfall
guter Zucht, die Unbill und Undankbarkeit der Welt. Selbst
den Vortrag der Minnelieder verbindet Walther mit solchen
Bitten und Vorwürfen; die Gesellschaft ist die eigentliche Her=   30
rin des fahrenden Ritters.

8.

Goethes und Schillers Kindheit.

Karl Biedermann.*

I.

Bisher waren die Koryphäen unserer Litteratur, den einzigen
Wieland ausgenommen, immer aus Norddeutschland gekommen,
dem Lande teils des kalten, klaren Verstandes, teils eines tie=
fen, aber schwermütigen Gefühls.   Nun aber trat ein Sohn des
5 lebenfrohen, phantasiereichen Frankens auf den Schauplatz, ein
Typus jenes Stammes, der rasch ergreift, lebhaft empfindet
und frisch vom Herzen weg spricht. Alle diese Eigenschaften
waren dem Knaben Goethe in ungewöhnlichem Maße schon in
die Wiege gelegt, und sie wurden durch die Verhältnisse, unter
10 denen er aufwuchs, zu schöner Harmonie entfaltet.   Die noch
sehr jugendliche, mit einem feurigen Geiste und einem starken
Naturgefühl ausgestattete Mutter weckte und nährte seine von
Haus aus regsame und empfängliche Phantasie durch Märchen=
und Geschichtenerzählen und durch zwanglos trauliche Plauderei.
15 Der ernste Vater hielt ihn zu vielseitiger Übung des Verstandes
an, lehrte ihn fremde Sprachen und nötigte ihn bei dem Unter=
richte, den er ihm erteilte, zu einer Methodik des Lernens und
Wiedergebens, die dem jungen Wolfgang sein ganzes Leben hin=
durch zu eigen blieb.   Die einzige Schwester, Cornelia, nur um
20 ein Jahr jünger als er und gleichfalls geistig bedeutend angelegt,
teilte des Bruders frühzeitige Neigung für das Lesen von Dich=
tern, die sie in des Vaters Bibliothek fanden und von denen
namentlich Klopstock mit seinem Pathos die beiden entzückten.
Goethe erzählt, wie sie, noch halbe Kinder, auf einem Bänkchen
25 hinter dem Ofen sitzend, sich wechselweise das Zwiegespräch der
beiden Teufel Satan und Adramelech vorgelesen, — flüsternd

*Deutschland im 18. Jahrhundert. Leipzig, 1880. Bd. 4. S. 441, 581.

nur, denn der Vater, der sich eben im Zimmer rasieren ließ,
war der Klopstock'schen Muse abhold wegen des neumodischen
reimlosen Verses, — wie aber bei einer der kräftigsten Stellen
die Schwester plötzlich in laute Deklamation ausgebrochen sei
und dadurch den Barbier dermaßen erschreckt habe, daß dieser   5
das Seifenwasser dem Vater in die Brust geschüttet.

Die nächsten lokalen Umgebungen wirken auf die kindliche
Phantasie am ersten und stärksten ein. Das altertümliche,
großenteils düstere Haus, in welchem Goethes Eltern wohnten,
erregte in dem Knaben eine Neigung zum Schauerlichen, wäh= 10
rend der weite Blick aus einem höher gelegenen Zimmer, worin
er besonders gern verweilte, über Stadtmauern und Wälle hin,
bis nach den blauen Höhen des Taunus, zugleich auf die nahe=
gelegenen Gärten, die von den Familien der Nachbarn belebt
waren, ihm ein Gefühl der Einsamkeit und der Sehnsucht er= 15
weckte, das dem von der Natur in ihn gelegten Hang nach dem
Ahnungsvollen Nahrung gab.

Des Vaters vielseitige Liebhabereien für Kunstgegenstände
aller Art, seine Sammlungen von einer Reise nach Italien,
seine Bauten im Hause, die er selbst leitete, alles dies bot dem 20
jungen Wolfgang mannigfachen Stoff und Anreiz zu früher
Übung seines Blickes und Geschmackes. Die alte Reichsstadt
mit ihren ehrwürdigen Erinnerungen an eine große vaterländi=
sche Vergangenheit und ihrem bunten modernen Geschäftsverkehr
dicht daneben regte zu Betrachtungen und Vergleichungen an, 25
die den Geist des Knaben lebhaft beschäftigten. Die Lage
Frankfurts an der großen Rhein= und Mainstraße führte man=
chen interessanten Fremden dorthin, und der junge Goethe lernte
Männer der verschiedensten Begabung sowohl im elterlichen als
im großelterlichen Hause kennen. Bei feierlichen Gelegenheiten 30
sah er den Großvater von mütterlicher Seite, den Schultheiß
Textor, in seiner Amtswürde in der Mitte des Schöffenrates,
eine Stufe höher als die andern, unter dem Bilde des Kaisers

thronen und ließ dabei wohl so manche eigentümliche Zeremonie
des altreichstädtischen Wesens an Blick und Geist vorübergehen.

Den so frühreifen Knaben ließ dann auch der Krieg des gro=
ßen Preußenkönigs mit Österreich und dessen Verbündeten nicht
5 unberührt. Um so weniger, als innerhalb der Familie selbst
lebhafte Sympathieen und Antipathieen hart aufeinander stie=
ßen. Der Vater war „fritzisch" gesinnt, der Großvater, als
Würdentrager der gut kaiserlichen Krönungsstadt, habsburgisch.
Der Einzug der Franzosen, welche eine Zeitlang Frankfurt be=
10 setzt hielten, brachte Unruhe auch in das Goethesche Haus. Der
Vater, verstimmt und in seinem Behagen gestört, war zu dem
gewohnten Unterrichte des Sohnes unlustig. Der letztere
machte von dieser Freiheit reichlichen Gebrauch, indem er bald
mit den Malern, die der im Hause einquartierte Königsleutnant
15 Graf Thorane beschäftigte, und mit den Kunstwerken, die dieser
um sich anhäufte, sich befreundete, bald das französische Theater
besuchte, das im Gefolge der französischen Truppen, wie üblich,
herbeigekommen war, auch mit einigen jüngeren Mitgliedern der
fremden Schauspielergesellschaft gesellig verkehrte. Dabei übte
20 er sich im Französichen, lernte das Drama der Franzosen ken=
nen, ja versuchte sich selbst in der Fertigung eines französischen
Stücks.

Nach einer solchen Jugend im Elternhause, die ihm alles bot,
was einen dichterischen Genius zu wecken und zu nähren vermag,
25 — heitres Sichausleben in behäbigen Verhältnissen, anregende
Umgebungen, vielseitigen Stoff der Beobachtung eines bunten
Wechsels von, wenn nicht großartigen, doch immerhin bedeuten=
den Erscheinungen aus der Wirklichkeit, endlich eine mannigfal=
tige Bildung des Verstandes wie der Phantasie, — ging der
30 junge Goethe 1765, nach kaum vollendetem sechzehntem Alters=
jahre, auf die Universität Leipzig.

II.

Dem Sohne des heiteren, leichtblütigen Frankens, Goethe, war seine Lebensbahn von früh an geebnet. Er kannte den Kampf mit den Mächten des Daseins nicht. Alles ward ihm leicht; alles kam ihm auf halbem Wege entgegen. Durch nichts gehemmt, durch alles gefördert, entwickelte sich sein Genius wie 5 unter einer milderen Sonne, unter einem ewig blauen Himmel; luftig schwamm er dahin auf sanft bewegten, ihn melodisch schaukelnden Wogen. Daher die olympische Heiterkeit seines Wesens; daher der frische, lautere Erguß seiner Gefühle; daher sein kecker Mut, der sich bisweilen fast zum Übermut steigerte, 10 in seinem Dichten wie in seinem Leben.

Ganz anders Schiller, ein Abkömmling jenes schwäbischen Stammes, der, langsam und gleichsam schwerflüssig in seinen Empfindungen, seinen Entschließungen, selbst seiner Ausdrucksweise, nur wie gewaltsam und durch eine kraftvolle Anstrengung 15 Mut und Gedanken aus sich herausgebiert; einem Volke angehörig, welches seit lange gewohnt war, gegen Druck und Knechtschaft mit allen seinen Kräften anzukämpfen; endlich aufgewachsen erst in knappen häuslichen Verhältnissen, dann in der fast klösterlichen Abgeschlossenheit und der straffmilitärischen 20 Disziplin der Karlsschule.

Kein Wunder, wenn die Eigenart dieser beiden großen Dichter vom Grund aus verschieden war; ein Wunder beinahe, daß sie, die ebendeshalb, als sie sich zuerst kennen lernten, einander abstießen, dennoch später in dem gemeinsamen Äther des gleichen 25 höheren Strebens sich fanden, sich befreundeten, ja ihre Eigentümlichkeiten, so weit dies möglich, gegenseitig austauschten.

Schillers Elternhaus und die Umgebungen, unter denen er aufwuchs, erscheinen fast in aller Beziehung als das gerade Gegenteil der Goetheschen. Statt der wohlhäbigen Verhältnisse, 30 inmitten deren der Knabe Goethe sich fand, ein, wenn nicht dürf=

tiges, doch sehr eng bemessenes Hauswesen. Der Vater, erst
Barbier und Wundarzt, später Soldat, als welcher er es allmählich bis zum Offizier brachte, zuletzt Vorsteher der herzoglichen
Baumschule auf der Solitüde, war ein Mann aus dem Volke,
5 strebsam, energisch, an Entbehrungen und Anstrengungen von
früh auf gewöhnt, eine praktische Natur, aber bei aller Einfachheit nicht ohne einen gewissen Zug nach Höherem; die Mutter,
eines Gastwirts Tochter, eine tüchtige Hausfrau und sorgsame
Pflegerin ihrer Kinder, von sanftem Gemüt, mit einem sinnigen
10 Gefühl für alles Gute und Edle, frommen Herzens, wie auch
der Vater, eine Freundin der heiteren Lieder von Uz und der er-
baulichen von Gellert, in welche sie ihre Kinder einführte, während der Vater ihnen neben den erhabenen Dichtungen der
Propheten aus dem Alten Testamente bisweilen wohl auch
15 selbstverfertigte gereimte Gebete vorlas.

So hat in Schillers Knabenzeit alles einen mehr demokrati-
schen Anstrich, wie in Goethes einen mehr aristokratischen. Hier
alles aus dem vollen, alles gleichsam von selbst sich darbietend
zu heiterem Genusse und frischem Erfassen; dort in engstem
20 Kreise ein rüstiges Aufstreben, ein Hingewiesensein auf die
eigene Kraft.

An Anregungen fur die Phantasie des Knaben fehlte es auch
bei Schiller nicht; nur waren sie anderer Art als bei Goethe.
Wenn Goethes Vater dem Sohne schon als Knaben von seinen
25 Reisen in fremden Ländern, von seiner Anschauung bedeutender
Denkmäler der Kunst und des Altertums in dem Zauberlande
Italien erzählen mochte, so Schillers Vater dem seinigen von
den Feldzügen in Holland und in Böhmen, die er bei verschiedenen Armeeen mitgemacht, von dem abenteuerlichen Lagerleben,
30 wo er abwechselnd als Soldat, als Wundarzt, im Notfalle auch als
Geistlicher tätig gewesen. Wenn Goethes Mutter den Knaben
mit Märchen bald aus der heiteren Fabelwelt des Orients, bald
aus der düsteren Romantik des deutschen Mittelalters unterhielt

und so seine kindliche Phantasie mit mannigfaltigen Bildern
anfüllte, so rührte den jungen Schiller die seinige aufs tiefste
durch die schlichte Erzählung von der Begegnung Jesu und seiner Jünger auf dem Wege nach Emmaus, die sie an einem
schönen Ostermontag bei einer Wanderung zu den Großeltern   5
auf der Höhe des Bergs zwischen Marbach und Ludwigsburg
den Kindern mit frommer Rührung vortrug.

Das Verhältnis Schillers zu seiner Schwester hat noch am
meisten Ähnlichkeit mit dem Goethes zu der seinigen.   Christo-
phine Schiller war nahezu um ebenso viel älter als ihr Bruder,   10
wie Goethes Schwester Cornelia jünger als der ihrige.   Wie die
Geschwister Goethe waren die Geschwister Schiller unzertrenn-
lich, treue Genossen in Scherz und Ernst, besonders eng verbunden durch die gleiche Freude an der Natur und den gleichen
romantischen Sinn; daher sie denn wohl an schönen Tagen ihre   15
Schritte gemeinsam statt in die beengenden Räume der Schule
in die anheimelnde Waldes- und Bergeseinsamkeit der maleri-
schen Umgegend, oder in das geheimnisvolle Dunkel der alten
Kapelle lenkten, die sich auf der Höhe eines Kalvarienberges am
Ende eine Reihe von Leidensstationen erhob und viele Gräber   20
des erlauchten Hohenstaufengeschlechts umschloß.

Das württembergische Städtchen Lorch, wo Schillers Vater
eine Zeit lang als Werbeoffizier sich aufhielt, bot mit seiner mild-
romantischen Naturszenerie und den heroischen Denkmälern
vaterländischer Geschichte für ein empfängliches jugendliches   25
Gemüt mannigfache Anregung.   Zu Lorch empfing der Knabe
auch den ersten geregelten Unterricht bei einem wackeren Prediger
Moser; durch ihn ward er in die Sprache Latiums und Griechen-
lands eingeführt.   Mit Mosers Sohn, der auch Prediger werden wollte, schloß er eine innige Freundschaft.   Er selbst faßte   30
Neigung für den geistlichen Stand und übte sich mit kindlichem
Ernst im Predigen.

Aus dieser idyllischen Abgeschlossenheit fand sich der etwa

achtjährige Knabe, als 1766 sein Vater nach Ludwigsburg ver=
setzt ward, in Umgebungen von ganz entgegengesetztem Charakter
verpflanzt. Ludwigsburg war eben damals von dem prachtlie=
benden Herzog Karl Eugen zur Residenz erhoben und zum Schau=
5 platz ungewöhnlichen Glanzes, rauschender Zerstreuungen, aber
auch künstlerischer Darbietungen aller Art gemacht worden. Da
gab es französisches Schauspiel und italienische Oper, Ballet,
Karnéval und venetianische Messen. Des jungen Schillers
Phantasie entzündete sich an diesem bunten, wechselvollen Trei=
10 ben; ein theatralischer Zug erwachte in ihm; mit seiner Schwe=
ster vereint führte er dramatische Szenen auf, wozu diese nicht
bloß die Dekorationen, sondern auch die figurierenden Papierpup=
pen malte. Von seiner theologischen Neigung blieb ihm ein
ernster Hang zum sittlich Lehrhaften zurück. Einzelne lyrische
15 Gedichte verfertigte er schon in dieser Zeit; auch in lateinischen
Versen übte er sich mit ziemlicher Gewandtheit. Neben ange=
strengtem Fleiß in der Schule und frischem, bisweilen fast keckem
Sichausleben in heiterer Lust mit gleichgearteten Altersgenossen,
wobei er durch Züge entschlossenen Mutes eine gewisse Überle=
20 genheit über seine Gefährten gewann, zeigten sich bei dem Kna=
ben hier und da auch Anwandlungen tiefsinnigen, selbst schwer=
mütigen Nachdenkens über Lebensfragen, die diesem Alter eigent=
lich noch fern liegen.

Von der geistlichen Laufbahn, welche noch immer sowohl er
25 selbst wie die Eltern als feinen künftigen Lebensberuf ansahen,
ward er gewaltsam abgelenkt, da im Jahre 1773 Herzog Karl
Eugen, welcher für die von ihm begründete Karlsschule auf der
Solitüde nach talentvollen Zöglingen spähte, auch auf den jungen
Schiller sein Auge warf. Vergebens suchte der Vater die fürst=
30 liche Gunst von sich abzuwenden, weil auf dieser Schule für das
Studium der Theologie keine Gelegenheit war; dem wiederholt
ausgesprochenen Verlangen des Herzogs mußte er nachgeben, ja
sogar nach der schmeichlerischen Sitte der Zeit und im Gefühle

seiner Abhängigkeit vom Herzog in einem devoten Dankschreiben
an letzteren die Aufnahme seines Sohnes in die Militärschule
als eine unverdiente Gnade preisen.

9.
Am Vorabend des deutsch-französischeu Kriegs.
Friedrich Ratzel.*

Die Schwüle vor dem weltgeschichtlichen Gewitter des Som=
mers 1870 ist keine Stilblüte der Geschichtsschreiber; sie lag 5
wirklich in der Luft und drückte auf die Gemüter, die allmählich
des Hangens und Bangens der deutschen Einheitsbestrebungen,
die nicht zum Ziele kamen, der französischen Drohungen, denen
keine Taten folgten, und des österreichischen Rachegefühls, das
dumpf brütete, müde wurden. „Heil dem Krieg, der kommen 10
muß," rief es in jungen Gemütern, die sich des Krieges von 1866
erinnerten, wie er als ein die Luft reinigendes Gewitter schreck=
lich hereingebrochen und heilsam vorübergezogen war, heilsam
auch für den Feind, der unterlegen war.

Der Sommer von 1870 war einer der trockensten des Jahr= 15
hunderts gewesen. Vom Ende Mai bis zu dem mächtigen Ge=
witter des 28. Juli, unter dessen Schlägen die Vortruppen der
deutschen Heersäulen den Rhein passierten, waren keine starken
Regen gefallen. In manchen Gegenden waren die vertrockneten
Wiesen kaum des Mähens wert, der Weizen stand dünn, der in 20
dem Gebirge des östlichen Frankreichs da und dort gebaute Rog=
gen stand kaum fußhoch, die Kartoffeln fingen erst nach den Ge=
wittern im August an, sich zu entwickeln. Aber allgemein er=
wartete man einen trefflichen Wein, und da der Mai ohne schäd=
lichen Frost verlaufen war, hingen die Obstbäume voll Früchte. 25
Das war auch in Frankreich so, wo die Menschen von Trauben

* Glücksinseln und Träume. Leipzig, 1905. S. 117.

und Obst aller Art das Leben auf den langen Herbstmärschen
erträglicher gemacht haben. Im August folgte ein schöner Tag
dem andern. Als am 17. Juli (es war ein Sonntag) die Sonne
an einem fast wolkenlosen Abendhimmel hinabsank, stand ich mit
5 einem Freunde, der eben als Einjährigfreiwilliger diente, auf
einem der Wiesenhügel über dem Höllental, zurückkehrend vom
Feldberg, wo wir die Sonne hatten aufgehen sehen. Hinaus=
blickend über den Rhein weg und tief in die Vogesen hinein, die
in einem freundlichen Veilchenblau den Westhimmel einsäumten,
10 stiegen wir zu dem einsamen Wirtshaus hinab, um unsre müden
Glieder zur Ruhe zu betten. Wir hatten einen stillen Abend
vor uns. Der Urlaub meines Wandergenossen reichte bis zum
nächsten Mittag, und mich selbst rief keine Pflicht in die Stadt
zurück.

15 Im Gasthaus keine harmlos freundlichen Gesichter wie sonst,
sondern gespannte, erschrockne. Was ist hier geschehen? Die
nächste Sekunde brachte die Aufklärung: Kriegsgerüchte! Droh=
reden in den französischen Kammern, mutvolle, begeisterte Arti=
kel in den deutschen Zeitungen. Und das alles seit den zwei
20 Tagen, die wir im Gottesfrieden der Schwarzwaldbergheiden
ahnungslos verlebt hatten. Der Wirt berichtete, wie die Gäste,
die sich zum längern Verweilen eingerichtet hatten, beim Ein=
treffen der letzten Zeitungen sein Haus verlassen hätten. „Wer
weiß, wann die Rothosen vom Elsaß her einbrechen? Sie sind
25 jedesmal in den alten Kriegszeiten bald über den Rhein gewesen.“
Ein Blick in die Zeitung lehrte uns zwar, daß so nahe der Krieg
nicht war, aber wir sahen freilich die Wolken hoch aufgetürmt
am Himmel stehen, und wer sieht voraus, wann der erste Blitz
hervorzuckt? Unser Entschluß war gegeben: Rasch eine Stär=
30 kung und dann den Weg zur Garnison unter die Füße genom=
men. „Es wird eine gute Vorbedeutung sein,“ meinte mein
Kamerad, „der erste Nachtmarsch dieses Feldzugs.“ So schritten
wir denn in die sinkende Nacht, aus der sich endlos das weiße

Band der Straße herausrollte, erst an erleuchteten Häusern vor=
bei, hinter deren Fenstern vielleicht schon Sorgen um Söhne oder
Gatten heranwuchsen, dann an schlafenden, die die Sicherheit
gaben, daß auch in drohenden Zeiten sein bester Freund den
Menschen nicht verläßt.   Schon zitterte der Schatten des hohen
Münsterturms in der Morgenluft, als wir den ersten Halt vor
einem Brückenwirtshaus machten, wo in langer Reihe alle die
ungefügen, schweren Holzfuhrwerke hielten, die die Nacht durch
gefahren hatten.   Bei einem Glas Kirschwasser fiel meinem
Genossen das einst oft gesungene Herwegh'sche :

> Wie weht so scharf der Morgenwind !
> Frau Wirtin, noch ein Glas geschwind
> Vorm Sterben !

ein, und hell sang er es in die Morgenluft hinaus.   Es ist doch
schön, das Sterben, das keinem erspart bleibt, in dieser Form so
nahe gerückt zu sehen!

Vor der Kaserne, die an dem Ende der Stadt liegt, das unserm
Wege das nächste ist, trennten wir uns.   Ich warf einen Blick
auf das rege Treiben in dem weiten Hofe, wo eben Ausrüstungs=
gegenstände gemustert und abgezählt wurden.   An einer Seite
wurden aus einer langen Reihe von Mänteln, die auf gespann=
ten Seilen hingen, Staub und Motten herausgeklopft.   Die
Energie, mit der darauf losgeschlagen wurde, gefiel mir ausneh=
mend, sie begeisterte mich geradezu.   Klopft nur zu, laßt die
alten fuchsigen Mäntel frisch und munter werden!   Der Sturm
wird vieles und viele wegfegen auch bei uns.   Die welken Blät=
ter und die angestochnen Früchte der deutschen Eiche wird er in
alle Winde wehen; der Baum wird bis ins innerste Mark erbe=
ben vor der Wucht dieses Stoßes.   Es wird eine Prüfung für
uns so gut wie für die da drüben.

In der Stadt war heute das Gegenteil von der verschlafenen
Stimmung, die sonst auf Montagvormittagen liegt.   Überall
bewegt sich's in raschem Tempo.   Und da nach deutscher Sitte

die Begeisterung nicht trocken bleiben konnte, streckten sich aus
den Wirtshäusern Arme mit Bierkrügen und Weingläsern und
tränkten Unbekannte, von denen sie Gemeinsamkeit der Begei=
sterung und des Durstes verlangten. Rufe, Gesänge überall.
5 Dazwischen der geschäftige Gang oder der Galopp von Ordonnan=
zen oder Offizieren.

Die Menschen hielten es nicht in ihren Häusern, nicht einmal
in den geliebten Wirtshäusern aus, alles drängte ins Freie, jeder
wollte hören und reden, die kleine Stadt selbst schien für die
10 große Bewegung der Herzen zu eng. Was ist in die Menschen
eingefahren? Sie reden miteinander, als ob sie sich kennten,
und wenn man von dem Fremdesten weggeht, ist es einem, als
habe man einen alten Bekannten gesprochen. Neues erfuhr man
zwar nicht. Es war der Tag vor der Unterredung König Wil=
15 helms in Ems. Der Blitz der Emser Depesche hatte noch nicht
den Westhimmel erhellt. Aber es hatten die wenigen Tage
schon eine Klärung insoweit hervorgebracht, daß die Verblüfften
und Ängstlichen zu einer Minderheit zusammengeschmolzen
waren, und eine ruhige Entschlossenheit ohne Überhebung gewann
20 immer mehr Raum. Schon war jeder Zweifel geschwunden, daß
die Süddeutschen an der Seite der Norddeutschen fechten würden.

Spät am Abend trat mein Kamerad, mit dem ich vom Feld=
berg herabgestiegen war, in mein Zimmer. „Laß uns ein paar
Schritte ins Freie tun. Ich bin ganz betäubt von Reden und
25 Hören und müd vom Zusammennehmen aller Kräfte und Sinne.
Aber das Schlimmste liegt hinter uns. Wir sind marschfertig,
morgen früh um fünf stehen wir am Bahnhof, um acht Uhr
beziehen wir das neue Quartier in den Kasematten von Rastatt."
Wir stiegen die Landstraße hinan, die gleich neben der Stadt
30 in einen Kastanienwald führt, verließen sie in halber Höhe und
traten in ein tiefbeschattetes Rund, dessen Mitte ein alter stei=
nerner Tisch einnahm. Manchen Abend hatten wir an dieser
Stelle gesessen, wohin nur noch in vereinzelten Tönen die Lebens=

laute der Stadt drangen, die viel ferner zu sein schien, als sie in
Wirklichkeit war. Hier war vielerlei besprochen, manches Ge=
spräch auch bis zu seinem letzten Ende geführt, mancher Entschluß
gefaßt worden. Pläne zu wissenschaftlichen Arbeiten waren hier
ersonnen, Bücher hier ausgedacht worden. Wie weit lag das 5
alles nun hinter uns! Kein Ton aus dieser Zeit drang herüber,
die letzten vierundzwanzig Stunden hatten alles verwandelt.

Wir saßen schweigend einander gegenüber; Worte, die aus=
sprechen wollten, was wir empfanden, gab es nicht, sie wären
doch profan gewesen. Ich fühlte wieder, was mir in höchsten 10
Momenten unsers gemeinsamen Lebens bewußt geworden war:
die alle kleinen Unterschiede auslöschende Seeleneinheit standhaf=
ter Freundschaft. Ich hätte nichts angeben können, was ich für
mich dachte oder wünschte. Die Überzeugung, daß er wolle, was
ich wollte, und ich, was er, ließ überhaupt keinen Sondergedanken 15
aufkommen. Als wir uns erhoben, war die Straße blau vom
Mondlicht, die Bäume wiegten sich schwarz über dem blauweiß=
lichen Band, die Gebüsche schlossen es fest auf beiden Seiten ein.
Die Stimmung war fremdartig und behaglich.

In der Stadt waren die patriotischen Töne verklungen, in den 20
Gärten war es dunkel, die Musikanten waren nach Hause gegan=
gen, und die Sänger hatten, wenn sie es nicht ebenso gemacht
hatten, ihre Töne auf Gesprächshöhe herabgestimmt. Nur die
langen Lokomotivpfiffe von der Eisenbahnseite mochten mit den
großen Dingen zusammenhängen, die heute nicht schlafen gingen. 25

„Es wird jetzt still wie alle Tage," sagte mein Freund, „und
doch ist es so ganz anders als alle Tage. Wir gehen zur Ruhe
und schlafen vielleicht auch ein, aber die Dinge außer uns sind in
Bewegung, und wer kann sagen, wann diese Bewegung endet?
Abstrakt gesprochen, gar nicht, wenn nicht etwa beide Völker, die 30
die Sache zunächst angeht, sterben, was nicht zu erwarten ist.
Was gestern und vorgestern begann, hat ein Morgen, das nie=
mand erschauen kann. Es wird in ganz kurzer Zeit eine Lawine

von Ereignissen sein, in der eine Bewegung die andere hervor=
ruft, und noch in Jahrhunderten wird es nachdonnern."

In meiner kleinen Heimatstadt war alles viel friedlicher, da
kamen die Nachrichten so spät und so langsam, durch diese Blätter
5 ging es nur wie leises Rauschen ; das Brausen des Sturmwindes
hörten nur die, die es im eignen Innern fühlten, hoch oben in
der Luft drüber weggehen.   Ich hatte mir's ganz anders vorge=
stellt.   Diese Handwerker, Krämer und Kleinbeamten hatten
nicht viel zu fürchten, oder sie glaubten es in ihrem beschränkten
10 Optimismus.   Auf den Feldern arbeiteten die Leute rastlos aber
still.   Sie hielten den Krieg für näher, als er war.   Konnten
nicht morgen die Franzosen da sein?   Ob die goldne Frucht in
den Scheunen sicherer stehe als unter Gottes Himmel, fragte die
bange Sorge nicht.

15 Obgleich ich etwas Unbekanntem entgegenging und hinter mir
im tiefsten Schmerz meine Eltern ließ, erfüllte mich doch eine
eigentümliche Freude, wie ich sie noch nie empfunden hatte ; es
schien mir, als sei mein ganzes Wesen, Geist und Leib, von dieser
Freude ergriffen und durchdrungen von dem Augenblick an, wo
20 ich mich entschlossen hatte, mein ganzes Ich einzusetzen.   Bei
Licht betrachtet, hatte ich viel aufgegeben und wußte nicht wie sich
meine Zukunft gestalten sollte.   Aber ich war einig mit mir
selbst.   Kein Bedenken trübte die Klarheit der innern Erkennt=
nis dessen, was der Augenblick gebot.   Über die große Erregung
25 des Augenblicks hinaus lag das weit über den Gesichtskreis dieser
bewegten Tage hinausziehende Gefühl, an großen Taten, auch an
großen Gefahren teilzuhaben, und die Aufforderung, die daraus
an jeden erging, für beides die besten Kräfte bereit zu halten.
Die patriotischen Gesänge, die mir so oft aus einem unbestimm=
30 ten Drange nach hohen Gefühlen angestimmt hatten, waren mit
einem Schlage Wirklichkeit geworden.   „Der Gott, der Eisen
wachsen ließ, der wollte keine Knechte," das fühlten wir ja so tief,
und darum eben handelte es sich, dieses Gefühl nun in die Tat

umzuſetzen. Und wie war heute das andre Lied zur Tat gewor=
den: „Das Volk ſteht auf, der Sturm bricht los, wer legt noch
die Hände feig in den Schoß?“ Die Worte kamen uns ſo
ſchal vor, ſie welkten ab, die Frucht der Tat war in dieſen Sturm=
tagen unverſehens gereift. Es wäre jedem trivial vorgekommen, 5
nun noch den alten Sang zu wiederholen.

10.

Die Kriegspoeſie von 1870–71.

Eugen Wolff.*

Die geſchichtliche Auffaſſung der Litteratur iſt eine letzte und
höchſte Pflicht zur Klärung des Urteils, zur objektiven Charakte=
riſtik der Erſcheinungen, die zwiſchen „der Parteien Gunſt und
Haß“ ſchwanken. Aber der ſo mächtig erwachte geſchichtliche 10
Sinn kann gefährlich werden, ſobald er reflektierend die Naive=
tät der Produktion zerſetzt oder auch nur die Unmittelbarkeit und
reine Luſt der Aufnahme im Publikum durchbricht. In dieſe
Lage ſetzte ſich das deutſche Volk wohl gegenüber der Kriegspoe=
ſie von 1870–71. Die graue Mutter Weisheit hatte uns ge= 15
lehrt, daß im Zeitalter der Eliſabeth mit dem nationalen Auf=
ſchwung Englands auch die Dichtung zur höchſten Blüte gelangte
und bei uns die erſte klaſſiſche Litteraturperiode in der Hohen=
ſtaufenzeit fiel. Beſcheidenere Gemüter entſannen ſich wenig=
ſtens der Dichter des Befreiungskriegs. Aber alles erwartete 20
zuverſichtlich, daß nach den großen Waffenſiegen unmittelbar ein
neuer Shakeſpeare und ein paar neue Walther von der Vogel=
weide vom Himmel regnen würden. Und nicht einmal ein
neuer Arndt oder ein neuer Körner ließ ſich aufweiſen! Daß
mindeſtens ebenſo viele Proben gegen jenes Exempel ſprachen, 25

* Geſchichte der deutſchen Litteratur in der Gegenwart. Leipzig, 1896.
S. 306.

daß insbesondere für unsere zweite litterarische Blütezeit ein
Zusammenhang mit politischen Ereignissen nur mühsam und
höchstens indirekt gesucht werden kann, geruhte der Optimismus
des ersten Siegesrausches zu ignorieren.

5   Noch mancherlei vergaß man.   Zunächst, daß eine neue
litterarische Blüte nicht im Handumdrehen aus dem Boden em-
porschießt.   Ist die Kunst in gewissem Sinne immer Ausdruck
der Zeitseele, ist jedenfalls eine nationale Poesie immer von
den Sitten und dem Charakter der Nation abhängig, so hätte
10 sich für das deutsche Volk die Betrachtung ergeben, daß es
der Blüte einer rein nationalen Litteratur um so näher kommen würde, je energischer es sich selbst lebte, je höher seine
Ziele, je größer seine Tatkraft, je deutscher sein Wollen und sein
Handeln.

15 Schließlich darf uns zum Troste gereichen, daß die patriotisch-
nationale Poesie gar nicht auf das Kriegsjahr beschränkt blieb.
Ist doch unser ganzes Jahrhundert hindurch seit den Freiheits-
kriegen die Poesie erfüllt von dem Nationalgefühl, von dem
Drang nach Einheit und Freiheit des Vaterlandes.   Von dem
20 jetzt neu errungenen, rein deutschen Kaisertum haben unsere
Sänger seit Niederwerfung des ersten Napoleon unablässig seh-
nend gesungen.   So entstand bereits 1840 das Lied, das ein
Menschenalter später unsere Waffen von Sieg zu Sieg geleitet
hat: „Die Wacht am Rhein.“

25 An Zahl war die Lyrik von 1870–71 gewiß nicht gering.
Schon um die Zeit des Friedenschlusses waren weit über 2000
Lieder bekannt, welche der Krieg hervorgerufen hatte.   An der
Hand dieser Lieder lebt die Erinnerung an alle Gefühlserregun-
gen der ereignisreichen Tage wieder auf.   Gleich die erste Szene
30 des gewaltigen Dramas, das sich vor uns entfaltet, liegt einem
der populärsten Lieder zu Grunde.   Es besang die Begegnung
zwischen König Wilhelm und Benedetti im gut getroffenen
Bänkelsängerton:

König Wilhelm saß ganz heiter
Jüngst zu Ems, dacht' gar nicht weiter
An die Händel dieser Welt.

Schon dies Gedicht liefert den Beweis, wie volkstümlich die Füh=
rer geworden, wie sich das Volk mit ihnen eins fühlte und sozu=　5
sagen auf vertraulichen Fuß stellte:

Wilhelm spricht mit Moltk' und Roone
Und spricht dann mit seinem Sohne:
„Friz, geh' hin und haue ihm."

Es ist ja absichtlich nur die Alltagssprache gewählt, und doch　10
klingt eine ehrliche Kampflust und derbe Kraft aus solchen Ver=
sen:

Haut ihm, daß die Lappen fliegen,
Daß sie all die Kränke kriegen.

Der Schluß nennt in der beliebten Art des älteren Volksliedes　15
den Stand des Dichters, wobei dieser in gleichfalls bewährter
Manier sich als einfacher Soldat ausgibt:

Ein Füsilier von Dreiundachtzig
Hat dies neue Lied erdacht sich
Nach der alten Melodei.　　　　　　　　　　　　　　　20

Die Kriegserklärung entflammte naturgemäß die Begeiste=
rung am hellsten. Altbewährte und neugeweckte Sänger wett=
eifern in Aufrufen zum Kampf. Friedrich Bodenstedt weist
wohl nicht mit Unrecht darauf hin, daß die Lieder bisweilen
einer von außen kommenden Aufforderung entsprangen:　　　25

Es kamen die Krieger und sprachen zu mir:
„Auf, sing' uns ein Schlachtlied, wir danken es dir,
Du hast uns gesungen von Liebe und Lust,
Jetzt aber füllt grimmiger Haß unsre Brust."

Karl Simrock verleiht ebenfalls dem Gefühl Ausdruck, daß die　30
alte gemütliche Liebesdichtung nun durch markigere Klänge zum
mindesten unterbrochen sei:

Wir saßen so lang in gemütlicher Ruh
Und reimten nur Liebe auf Triebe;
Dem verlogenen Feinde nun setzen wir zu
Und reimen ihm Hiebe auf Diebe.

5 Überhaupt lagen die Ziele des Kampfes von vornherein merk-
würdig klar; es ist bezeichnend, daß in den Liedern fast nirgends
von bloßer Defensive die Rede ist. Einen gleich nach der
Kriegserklärung oft geäußerten Gedanken spricht Bodenstedt am
Schluß des angeführten Liedes aus:

10   Den alten Verschwörer vom Throne gestürzt,
            Mit dem Schwert nach Paris die Pfade gekürzt!

Bis zum äußersten, höchsten Ziel fliegt bereits im Juli 1870
Felix Dahns Phantasie:

            Laßt sehn, ob nicht zum Vaterlande
15   Das Herz des Elsaß wieder neigt. . . .
            Mit Einem Zeichen nur gewinnen
            Das alte Reichsland könnet ihr;
            Pflanzt auf des freien Straßburg Zinnen
            Des neuen deutschen Reichs Panier!

20 Dem allgemein gehobenen Gefühl über die wunderbare Fügung,
daß durch das bloße Ereignis des fremden Angriffs die lang-
ersehnte Einigung Deutschlands faktisch hergestellt sei, verleiht
unter anderm Emil Rittershaus prägnante Worte:

            Ein einig Deutschland! Ach, wie lang begehrt,
25   Wie oft erfleht in unsrer Träume Dämmern!
            Nun droht der Fremdling deutschem Hof und Herd,
            Und es ist da! Nun muß das Frankenschwert
            Mit einem Schlage uns zusammenhämmern!

Zu den hervorragendsten Schöpfungen aus den ersten Tagen
30 der Begeisterung gehören Gedichte von Freiligrath und Geibel.
Mit einem Bild voll Plastik und Bewegung setzt Freiligrath
ein:

Hurrah, du stolzes, schönes Weib,
Hurrah, Germania!
Wie kühn mit vorgebeugtem Leib
Am Rheine stehst du da!
Im vollen Brand der Juliglut
Wie ziehst du rasch dein Schwert!
Wie trittst du zornig frohgemut
Zum Schutz vor deinen Herd!

Noch tritt aus den Gedichten der Julitage „Das Lied vom
schwarzen Adler" des Geschichtsschreibers Heinrich von Treitschke
vorteilhaft hervor, in markigen Tönen eine bestimmte Hindeu-
tung auf den deutschen Beruf der Hohenzollern mit wirksamer
Betonung ihrer süddeutschen Abstammung:

Aber dann durch Berg' und Forsten
Fliege heim, du Königsaar,
Zu den schwäbischen Felsenhorsten,
Wo einst deine Wiege war.
Denn erfüllet sind die Zeiten,
Wahrheit wird der Dichter Traum;
Deinen Fittich sollst du breiten
Über Deutschlands fernsten Raum.
Nimm der Staufer heil'ge Krone,
Schwing' den Flamberg der Ottone,
Unsres Reiches Zier und Wehr —
Deutschland frei vom Fels zum Meer!

Der Dichter Traum war nichts anderes als des ganzen Volkes
Traum: die Wiederauferstehung Barbarossas aus dem Kyff-
häuser, die Begründung eines neuen deutschen Reiches als
Weltmacht.

Der Kriegserklärung folgte der Ausmarsch der Truppen.
Zahlreiche Lieder spiegeln das Abschiedsweh. Der allgemeine
Bettag richtet die Blicke auch der Sänger nach oben. Noch ein-
mal ertönt das Gelöbnis deutscher Schlichtheit:

Dies ist kein Kampf des falschen Ruhms,
Für Freiheit gilt's und Recht.

Noch einmal regt sich die ängstliche Humanität des Deutschen:

> Verwildre nicht im heil'gen Kampf,
> Bleib' Mensch im Schlachtgewühl;
> Nie schwärze Blei und Pulverdampf
> Dein besseres Gefühl!

Der Kampf beginnt. Zur höchsten Popularität unter den eigentlichen Kriegsgesängen gelangte sofort das derbkomische Kutschkelied:

> Was kraucht dort in dem Busch herum?
> Ich glaub', es ist Napolium.

Atemlos folgt die Muse den deutschen Siegen, mit denen sie kaum Schritt zu halten vermag. Anfeuerung zur Schlacht wird von Siegesjubel abgelöst. Mitten zwischen die gut gemeinte Rhetorik schmettern einige musikalische Klänge wirklich sangbarer Lieder, die sich nicht selten an Melodieen von 1813 anlehnen. Besonders die ersten Schlachten regen an; so in Moritz Wecks Gedicht „Der vierte August":

> Was wettert vom Rheine
> Herüber mit Macht?
> Das ist im Flammenscheine
> Die erste deutsche Schlacht!
> Die erste der Weisen
> Von Sturm und von Sieg,
> Der erste Schlag von Eisen
> Im großen deutschen Krieg.

In den Liedern zur Feier des neuen Kaisertums klingen die Kyffhäusersage und das Märchen vom wiedererweckten Dornröschen besonders oft an. Vorherrschend begegnet das Motiv, das neue Kaiserreich sei eine Fortsetzung des früheren Kaisertums in mittelalterlicher Herrlichkeit. Dazwischen blitzt aber hie und da der Gedanke auf, welch bedeutsame Wendung vom römischen Kaisertum des heiligen römischen Reiches deutscher Nation zum neuen deutschen Kaiserreich geschehen. So erschallt in den „Liedern aus Frankreich" die flehende Bitte:

O nimm, mein Kaiser, die Krone nicht,
Die einst die Römer uns gaben!
Sie hat in Deutschlands Angesicht
Gar bittere Furchen gegraben.
Bedeckt mit fremdem und eigenem Blut,
Laß ruhn sie unter dem Mohne!
Gib uns, was heut uns nötig tut,
Die deutsche Kaiserkrone!

Bei Betrachtung dieser ganzen patriotischen Dichtung waren
Proben heranzuziehen, die für sich selber sprechen; galt es doch 10
ad oculos zu demonstrieren, daß die alte Klage über den Un=
wert der Lyrik von 1870–71 eine unfromme Lüge ist. Über=
wiegt auch in der Fülle der Gelegenheitsstimmen naturgemäß
die Zahl der poetisch bedeutungslosen Stücke und ist uns auch
1870 kein spezifischer Tyrtäos in der Art von Arndt oder Kör= 15
ner erstanden, so bleibt doch an poetisch wertvollen Kriegsliedern
voll von begeisterter Empfindung, erhabenem Schwung oder zu=
versichtlichem Humor kein Mangel. Doch, ganz losgelöst von
ihrem rein künstlerischen Wert, kommt diesen Zeugen unserer
großen Zeit jene höhere kulturgeschichtliche Bedeutung zu, welche 20
immer die unmittelbaren, lebendigen Ausgeburten einer natio=
nalen Epoche über die farb= und leblosen Studien eines einseitig
ästhetisch gestimmten Gemütes stellt.

11.

Nach der Sedanschlacht.

Otto Fürst von Bismarck.*

An den König.

Donchery, 2. September 1870.

Nachdem ich mich gestern Abend auf Ew. Königlichen Maje=
stät Befehl hierher begeben hatte, um an den Verhandlungen 25

* Politische Briefe. Berlin, 1889. Bd. 1. S. 223.

der Kapitulation teilzunehmen, wurden letztere bis etwa 1 Uhr
nachts durch die Bewilligung einer Bedenkzeit unterbrochen,
welche General Wimpffen erbeten, nachdem General von Moltke
bestimmt erklärt hatte, daß keine andere Bedingung als die
5 Waffenstreckung bewilligt werden und das Bombardement um
9 Uhr morgens wieder beginnen würde, wenn bis dahin die
Kapitulation nicht abgeschlossen wäre. Heut früh gegen 6 Uhr
wurde mir der General Reille angemeldet, welcher mir mitteilte,
daß der Kaiser mich zu sehen wünsche und sich bereits auf dem
10 Wege nach Sedan hierher befinde. Der General kehrte sofort
zurück, um Sr. Majestät zu melden, daß ich ihm folgte, und ich
befand mich kurz darauf etwa auf halbem Wege zwischen hier
und Sedan, in der Nähe von Frésnois, dem Kaiser gegenüber.
Se. Majestät befand sich in einem offenen Wagen mit drei höhe=
15 ren Offizieren und ebensovielen zu Pferde daneben. Am Wagen
angekommen, stieg ich vom Pferde, trat an der Seite des Kaisers
an den Schlag und fragte nach den Befehlen Sr. Majestät.

Der Kaiser drückte zunächst den Wunsch aus, Ew. Königliche
Majestät zu sehen, anscheinend in der Meinung, daß Allerhöchst=
20 dieselben sich ebenfalls in Donchery befänden. Nachdem ich er=
widert, daß Ew. Majestät Hauptquartier augenblicklich drei
Meilen entfernt in Vendresse sei, fragte der Kaiser, ob Ew. Ma=
jestät einen Ort bestimmt hätten, wohin er sich zunächst begeben
solle, und eventuell, welches meine Meinung darüber sei. Ich
25 entgegnete ihm, daß ich in vollständigster Dunkelheit hierherge=
kommen und die Gegend mir deshalb unbekannt sei, und stellte
ihm das in Donchery von mir bewohnte Haus zur Verfügung,
welches ich sofort räumen würde. Der Kaiser nahm dies an
und fuhr im Schritt gen Donchery, hielt aber einige hundert
30 Schritte von der in die Stadt führenden Maasbrücke vor einem
einsam gelegenen Arbeiterhause an und fragte mich, ob er nicht
dort absteigen könne. Ich ließ das Haus durch den Legationsrat
Grafen Bismarck-Bohlen, der mir inzwischen gefolgt war, besich=

tigen; nachdem gemeldet, daß seine innere Beschaffenheit sehr
dürftig und eng, das Haus aber von Verwundeten frei sei, stieg
der Kaiser ab und forderte mich auf, ihm in das Innere zu fol=
gen.   Hier hatte ich in einem sehr kleinen, einen Tisch und zwei
Stühle enthaltenden Zimmer eine Unterredung von etwa einer   5
Stunde mit dem Kaiser.   Se. Majestät betonte vorzugsweise
den Wunsch, günstigere Kapitulationsbedingungen für die Armee
zu erhalten.

Ich lehnte von Hause aus ab, hierüber mit Sr. Majestät zu
unterhandeln, indem diese rein militärische Frage zwischen dem 10
General von Moltke und dem General von Wimpffen zu erledi=
gen sei.   Dagegen fragte ich den Kaiser, ob Se. Majestät zu
Friedensverhandlungen geneigt sei.   Der Kaiser erwiderte, daß
er jetzt als Gefangener nicht in der Lage sei, und auf mein wei=
teres Befragen, durch wen seiner Ansicht nach die Staatsgewalt 15
Frankreichs gegenwärtig vertreten werde, verwies mich Se. Ma=
jestät auf das in Paris bestehende Gouvernement.   Nach Auf=
klärung dieses aus dem gestrigen Schreiben des Kaisers an Ew.
Majestät nicht mit Sicherheit zu beurteilenden Punktes erkannte
ich, und verschwieg dies auch dem Kaiser nicht, daß die Situation 20
noch heut wie gestern kein anderes praktisches Moment als das
militärische darbiete, und betonte die daraus für uns hervor=
gehende Notwendigkeit, durch die Kapitulation Sedans vor allen
Dingen ein materielles Pfand für die Befestigung der gewonne=
nen militärischen Resultate in die Hand zu bekommen.   Ich   25
hatte schon gestern Abend mit dem General von Moltke, nach
allen Seiten hin die Frage erwogen: ob es möglich sein würde,
ohne Schädigung der deutschen Interessen dem militärischen
Ehrgefühl einer Armee, die sich gut geschlagen hatte, günstigere
Bedingungen als die festgestellten anzubieten.   Nach pflichtmä= 30
ßiger Erwägung mußten wir beide in der Verneinung dieser
Frage beharren.   Wenn daher der General von Moltke, der in=
zwischen aus der Stadt hinzugekommen war, sich zu Ew. Maje=

stät begab, um Allerhöchstdenselben die Wünsche des Kaisers
vorzulegen, so geschah dies, wie Ew. Majestät bekannt, nicht in
der Absicht, dieselben zu befürworten.

Der Kaiser begab sich demnach ins Freie und lud mich ein,
5 mich vor der Tür des Hauses neben ihn zu setzen. Se. Majestät
stellte mir die Frage, ob es nicht tunlich sei, die französische
Armee über die belgische Grenze gehen zu lassen, damit sie dort
entwaffnet und interniert werde. Ich hatte auch diese Eventua=
lität bereits am Abend zuvor mit General von Moltke besprochen
10 und ging unter Anführung der oben bereits angedeuteten Motive
auch auf die Besprechung dieser Modalität nicht ein. In Be=
rührung der politischen Situation nahm ich meinerseits keine
Initiative, der Kaiser nur insoweit, daß er das Unglück des
Krieges beklagte, und erklärte, daß er selbst den Krieg nicht ge=
15 wollt habe, durch den Druck der öffentlichen Meinung Frankreichs
aber dazu genötigt worden sei.

Durch Erkundigungen in der Stadt und insbesondere durch
Rekognoszierungen der Offiziere vom Generalstabe war inzwi=
schen, etwa zwischen 9 und 10 Uhr, festgestellt worden, daß das
20 Schloß Bellevue bei Frésnois zur Aufnahme des Kaisers geeig=
net und auch noch nicht mit Verwundeten belegt sei. Ich mel=
dete dies Sr. Majestät in der Form, daß ich Frésnois als den
Ort bezeichnete, den ich Ew. Majestät zur Zusammenkunft in
Vorschlag bringen würde, und deshalb dem Kaiser anheimstellte,
25 ob Se. Majestät sich gleich dahin begeben wolle, da der Aufent=
halt innerhalb des kleinen Arbeiterhauses unbequem sei, und der
Kaiser vielleicht einiger Ruhe bedürfen würde. Se. Majestät
ging darauf bereitwillig ein, und ich geleitete den Kaiser, dem
eine Ehren=Eskorte von Ew. Majestät Leib=Kürassier=Regiment
30 voranritt, nach dem Schlosse Bellevue, wo inzwischen das weitere
Gefolge und die Equipagen des Kaisers, deren Ankunft aus der
Stadt bis dahin für unsicher gehalten zu werden schien, von
Sedan eingetroffen waren. Ebenso der General Wimpffen, mit

welchem, in Erwartung der Rückkehr des Generals von Moltke,
die Besprechung der gestern abgebrochenen Kapitulations-Ver=
handlungen durch den General von Podbielski, im Beisein des
Oberst=Leutnants von Verdy und des Stabschefs des Generals
von Wimpffen, welche beiden Offiziere das Protokoll führten,   5
wieder aufgenommen wurde. Ich habe nur an der Einleitung
derselben durch die Darlegung der politischen und rechtlichen
Situation nach Maßgabe der mir vom Kaiser selbst gewordenen
Aufschlüsse teilgenommen, indem ich unmittelbar darauf durch
den Rittmeister Grafen von Nostitz im Auftrage des Generals   10
von Moltke die Meldung erhielt, daß Ew. Majestät den Kaiser
erst nach Abschluß der Kapitulation der Armee sehen wollten, —
eine Meldung, nach welcher gegnerischerseits die Hoffnung,
andere Bedingungen als die abgeschlossenen zu erhalten, aufge=
geben wurde.   15

Ich ritt darauf in der Absicht, Ew. Majestät die Lage der
Dinge zu melden, Allerhöchstdenselben nach Chéhery entgegen;
traf unterwegs den General von Moltke mit dem von Ew. Ma=
jestät genehmigten Texte der Kapitulation, welcher, nachdem wir
mit ihm in Frésnois eingetroffen, nunmehr ohne Widerspruch   20
angenommen und unterzeichnet wurde. Das Verhalten des
Generals von Wimpffen war, ebenso wie das der übrigen franzö=
sischen Generale in der Nacht vorher, ein sehr würdiges, und
konnte dieser tapfere Offizier sich nicht enthalten, mir gegenüber
seinem tiefen Schmerze darüber Ausdruck zu geben, daß gerade 25
er berufen sein müsse, achtundvierzig Stunden nach seiner An=
kunft aus Afrika, und einen halben Tag nach Übernahme des
Kommandos seinen Namen unter eine für die französischen
Waffen so verhängnisvolle Kapitulation zu setzen; indessen der
Mangel an Lebensmitteln und Munition und die absolute Un= 30
möglichkeit jeder weiteren Verteidigung lege ihm als General die
Pflicht auf, seine persönlichen Gefühle schweigen zu lassen, da
weiteres Blutvergießen in der Situation nichts mehr ändern

könne. Die Bewilligung der Entlassung der Offiziere auf ihr
Ehrenwort wurde mit lebhaftem Danke entgegengenommen als
ein Ausdruck der Intentionen Ew. Majestät, den Gefühlen einer
Truppe, welcher sich tapfer geschlagen hatte, nicht über die Linie
5 hinaus zu nahe zu treten, welche durch das Gebot unserer politisch-
militärischen Interessen mit Notwendigkeit gezogen war. Diesem Gefühle hatte der General von Wimpffen auch nachträglich
in einem Schreiben Ausdruck gegeben, in welchem er dem General von Moltke seinen Dank für die rücksichtsvollen Formen aus-
10 drückt, in denen die Verhandlungen von seiten desselben geführt
worden sind.

12.

Die oberrheinische Tiefebene und ihre Bewohner.
Alfred Kirchhoff.*

Der Rhein ist nicht allein der größte, wasserreichste, schiff-
barste Strom Deutschlands, sondern auch der unschätzbare Ver-
mittler zwischen Nord und Süd. Nicht bloß, daß er samt seinen
15 Zuflüssen die Zugangsstraßen öffnete für den fränkischen Einzug auf süddeutschen Boden, nein, Tag für Tag führt er auf
seinem Wasserspiegel, an seinen Ufern Güter und Menschen
Nord- und Süddeutschlands zusammen, so daß z. B. dank dem
wohlfeileren Bezug der Ruhrkohlen die süddeutschen Städte des
20 Rheingebietes ungleich leichter den modernen Aufschwung zu
umfassender Maschinenindustrie erzielen konnten, als Isar- oder
Donaustädte, vor allem aber der feste Zusammenschluß der süd-
norddeutschen Staaten durch die Ausgleichung der wirtschaftlichen Interessen innerhalb des gesamten deutschen Rheinlandes die
25 mächtigste Förderung erfährt. Mehr als dem Russen die Wolga
ist dem Deutschen der Rhein; mit ihm fühlt er sich national
verwachsen, ihm gilt sein volkstümlichstes Schutz- und Trutzlied.

* In Hans Meyers: Das deutsche Volkstum. Leipzig, 1898. S. 70.

Deutschland durfte nicht ruhen, solange ein Fußbreit von sei=
nem Rheinufer Frankreich gehörte.　Wer das eine Gestade des
grünen Rheins besitzt, so lehrt die Geschichte, dem fällt bald auch
das treu verschwisterte Gegengestade in die Hand, und wer uns
den Rhein nimmt, der reißt den Rückgrat aus dem Körper un=　5
seres Reichs.

　Durchwandern wir nun die schönen Rheinlande von Süden
her, so betreten wir zuerst den „Garten Deutschlands," die
fruchtbare Tiefebene am süddeutschen Mittelrhein, die man zum
Unterschied von der niederrheinischen die oberrheinische Tief=　10
ebene genannt hat.　Hier vereinigt sich ein mildes Klima mit
einer fruchtbaren Bodenkrume als natürliche Unterlage für
einen äußerst mannigfaltigen, intensiv gartenartigen Anbau und
somit für eine außerordentliche Volksverdichtung.　Auf einen
Winter, der nur die beiden einrahmenden Gebirge dauernder in　15
das weiße Schneegewand hüllt, folgt eine lange, heiße Sommer=
zeit; nirgends in Deutschland zeigt der Einflug der Schwalben
so früh im Jahr das Erwachen des Lenzes an, nirgends ver=
lassen die Zugvögel den deutschen Boden so spät wie hier.
Nur wo streckenweise magerer Diluvialsand das fette Schwemm=　20
land unterbricht, breiten sich Kieferwaldungen mit Kartoffelfel=
dern aus.　Sonst liegt eine wie in Beete zerstückelte Flur vor
uns, wo die emsige Betriebsamkeit kleiner Besitzer den Feldbau
auf eine hohe Stufe der Ertragsfähigkeit gehoben hat.　Neben
dem prächtigsten Weizen trägt der bündige, tonreiche Boden　25
feinste Gerste, die namentlich in Unterelsaß einer schwunghaften
Bierbrauerei dient.　Die Büschelähren des Maises mit vollen
Körnern beweisen, daß man hier unter oberitalienischer Som=
merglut den Mais nicht, wie sonst fast überall in Deutschland,
bloß als Futtermais der Blätter wegen baut.　Neuerdings hat　30
sich die Zuckerrübe zu den älteren Kulturen von Tabak, Krapp
und Zichorien gesellt, um deren Ausbreitung vor 200 Jahren
die wegen ihres Glaubens verfolgten französischen Flüchtlinge,

als sie hier schützende Aufnahme fanden, sich verdient gemacht
haben. Die beste und massenhafteste Ernte deutschen Tabaks
erbringt alljährlich diese gesegnete Ebene. Landschaftlich hebt
sich ganz besonders der umfangreiche Hopfenbau hervor, sei es,
daß diese Lieblingsschlingpflanze des Deutschen frischgrünen
Laubes am Gestänge rankt, sei es, daß nach dem Pflücken des
Hopfens die hohen, pyramidal zusammengelehnten Hopfenstan-
gen wie Gerüste riesiger Wigwams über den Boden weit hin-
ausschauen. Vornehmlich ist es jedoch die Fülle von Baum-
früchten und von Wein, was diese Ebene auszeichnet. Obst
spielt am Rhein eine ungleich wichtigere Rolle für die Volkser-
nährung als im übrigen Deutschland, und der Wein als Ge-
tränk auch des gemeinen Mannes erzeugt jene Atmosphäre des
Frohsinns, wie sie nach Goethes Ausspruch alle weintrinkenden
Länder verklärt. Hohe Walnußbäume beschatten die Landstra-
ßen, die Edelkastanie reist wie in Frankreich oder in den Mittel-
meerlanden ihre wohlschmeckende Frucht.

Ein liebenswürdiger, fröhlicher und geweckter Volksschlag ist in
der Ebene sowie auf deren Randgebirgen zu Hause. Er gehört
dem schwäbischen Stamm an, überall hört man das schwäbische
„isch" oder „esch" für „ist." In den noch so stattlich erhaltenen
Waldungen treffen wir auch noch das schwäbische Gebirgshaus
in der Bauweise längst verwichener Zeit: ein etwas plumpes
Gebäude vereinigt Wohnraum, Stallung und Scheuer, unter
dem hohen, tief herabreichenden Dach ziehen alpenhafte Galerie-
gänge hin, und breite Fenster schauen wie freundliche Augen
unter mächtigem Wimperschatten hervor; nur das Fundament
ist gemauert, das übrige ist Holzbau unter Stroh- und Schindel-
dach. Höher hinauf in den Schwarzwäldertälern mehren sich
die dunkeläugigen, schwarzbehaarten Gestalten als Spuren vor-
germanischer Siedler, abwärts herrschen deutsche Blauaugen und
Blondhaare vor. Die blaue Bluse der elsässischen Arbeitsleute
erinnert noch an den früheren Staats-, also auch engeren Ver-

kehrsverband. Indessen der Kern des elsässischen Volkes ist, unbeschadet der französischen Brocken, die sich in seine Umgangssprache verirrten, durchaus dentsch geblieben. Das sieht man schon den spitzwinkeligen Giebelhäusern in Stadt und Dorf an. Auf dem platten Lande trägt oft noch der Bauernhof den Namen des Erbauers, der auf den jeweiligen Inhaber auch aus ganz anderer Familie übergeht. Geschnitztes Balkenwerk, Inschriften weiser Sprüche muten uns gar heimatlich an. Unter den überhängenden Dächern des Wohnhauses trocknen Guirlanden von Tabaksblättern und Maisähren, dahinter liegen Stallgebäude, Scheunen, Taubenschläge neben Küchen= und Obstgarten, wo Aprikosen und Pfirsiche gezogen werden, an sonniger Hauswand süße Trauben reisen, am Feierabend alt und jung zu heiterem Beisammensein sich sammelt.

Schon im Mittelalter war die oberrheinische Ebene samt Wasgau und Schwarzwald mit ihrem hehren Wahrzeichen, dem Straßburger Münster, kein bloßes Acker=, Garten= und Waldland. Der mindere Ertrag des Gebirgsbodens bestätigt hier abermals den Satz: „Die Not ist die Mutter der Künste." Von den beiderseitigen Gebirgen steigen gewerbliche Betriebe in die Niederungen, wo stark anwachsende Volkszahl das Leben vom bloßen Bodenertrag allmählich erschwerte; und der rege Durchzugsverkehr der Fremden, wie der Handelsvertrieb der Einheimischen in die Fremde auf der großen nach der Schweiz und bis Holland führenden Rheinstraße, auch auf den recht= winklig sie kreuzenden Straßen, die durch bequeme Gebirgspässe Frankreich mit den Donaulanden verknüpfen, regte vielfältig industriell an. Seit alters verflößt man die Schwarzwaldtannen nach den holzarmen Niederlanden zum Schiffbau. Erst läßt man die Stämme in kleineren Flößen die hurtigen Schwarzwaldbäche hinab in den Rhein schwimmen, dann vereinigt man sie bei Mannheim zu jenen großen Flößen mit einer Bemannung bis zu hundert Köpfen, die sich ihr Obdach samt Küche,

Bäckerei und Viehstall auf dem Floß selbst gründet für die
Fahrt nach Holland. Früh schon reihte sich an die Flößerei die
Holzschnitzerei, aus der sich seit dem Ausgang des 17. Jahr=
hunderts die Fabrikation der berühmten Schwarzwälder Uhren
5 entfaltete. Auch auf Glasblaserei verlegten sich die findigen
Schwarzwälder, und ihre Glashändler brachten aus der Schweiz,
aus Italien die Kunst seiner Strohflechterei mit. Der Not=
stand der fünfziger Jahre, wo alle Gewerbe stockten, brachte die
Strohhut= und Strohtaschenfabrikation kräftig empor, man be=
10 gann nun auch Schmuck gegenstände aus eigenszubereitetem Stroh
und aus getrockneten Palmblättern herzustellen, worin noch heute
das Gebirge unübertroffen dasteht. Fleißige Frauen, schmucke
Mädchen sieht man unter dem schwer belasteten Marktkorb rüstig
die Gebirgspfade daherschreiten, statt des Strickzeuges das
15 Strohgeflecht in Händen, das sie emsig und kunstgerecht bear=
beiten. Besonders weithin sind die europäischen Länder mit
dem Schwarzwald durch den Bürstenhandel verknüpft; mehr
als tausend Arbeiter stellen in der Gegend am Belchen und
Feldberg die verschiedensten Bürstensorten her, und Händler
20 aus ihrer Mitte durchziehen mit der Ware die Fremde, gründen
an den Hauptorten ihres Absatzes ständige Niederlagen und keh=
ren oft nur zu Weihnachten oder zu Pfingsten in ihr Walddorf
zurück.

Am großartigsten aber betätigte sich der Erfindungsgeist der
25 klugen Allemannen des Schwarzwaldes auf dem Gebiete der
Fabrikation musikalischer Instrumente. Sie ging aus der Uh=
renfabrikation hervor und hat noch heute wie diese ihren Haupt=
sitz in dem reizenden Bergkessel des südlichen Schwarzwaldes,
der das friedliche Bergstädtchen Furtwangen umfängt. Da
30 sieht man die rastlosen Arbeiter hinter den zahlreichen breiten
Fenstern, die viel Licht einlassen in das schindelbedeckte Häus=
chen an steiler Halde; vom frühen Morgen bis zum späten
Abend regen sie die kunstfertigen Hände, auch Frau und Kind

helfen gelegentlich mit oder tragen durch Strohflechten das Ihre zum Unterhalt der Familie bei. Man fertigte seit 1768 zunächst Spieluhren mit Glasglöckchen und tanzenden Figuren, führte dann das Glockenspiel ein und verband endlich mit den Glöckchen Klaviersaiten auf einen Resonanzboden gespannt; auch Spielwerke mit orgelartigen Pfeifen ersann man, und schließlich trat ein kunstvolles Tongerät, losgebunden von der Prosa des Stundenweisens, hervor. Das erste dieser größeren Kunstwerke schuf Meister Blessing in Furtwangen Ende der dreißigen Jahre unseres Jahrhunderts, nannte es Orchestrion und verkaufte es für 36,000 Mark nach England; es spielte ganze Symphonieen und Ouvertüren mit feinster Abstufung der Tonstärke und täuschte ein vollbesetztes Orchester mit dem Klang von Flöte, Fagott, Waldhorn und Trommel vor. Hunderte solcher Orchestrions sind schon von Furtwangen und dessen Nachbarorten in die Welt gegangen. Hauptsächlich England, Rußland und Nordamerika sind Abnehmer.

Ganz anders hat sich das gewerbliche Leben des Schwestergebirges, des Wasgaus, entwickelt, denn die beiderseitige Gebirgsbevölkerung trat kaum in wechselseitige Berührung; zumal während der französischen Zeit wurde das Elsaß künstlich abgesperrt gehalten vom badischen Nachbar. Die Ära der naturgemäßen Wiedervereinigung beider Uferseiten des Vaters Rhein seit 1871 leitete sich ein durch schleuniges Erbauen von Rheinbrücken, bei deren Einweihung von links die Humpen mit Elsässer Rotem, von rechts die mit edlem Markgräfler auf der Brücken Mitte zu festlichem Willkommengruß gebracht wurden. Schon im Landschaftsbild am Wasgaufuß mischen sich bezeichnend zahlreiche Fabrikschornsteine in das Obstbaum- und Rebengelände. Gelangen wir aber dann in die Wasgautäler selbst, so hören wir die Sägemühlen knirschen, Räder und Turbinen sausen, getrieben vom Waldbach im eigenen Bett oder in künstlich von ihm abgeleiteten Rinnen. Vorzugsweise stehen diese

Werke im Dienst der Baumwollspinnerei und =Weberei. Nach
Schweizer Vorgang wurde früher für die Wasgauer Textil=
industrie sogar ausschließlich Wassertriebkraft benutzt; gegenwär=
tig jedoch führen Zweige der elsässischen Haupteisenbahn die
5 erwünschten Steinkohlen westwärts in die Gebirgstäler hinein,
reichen also natürlich innerhalb derselben spornartig auch nur so
weit, als Fabrikbedarf vorliegt. Im Hintergrund dieser Was=
gautalungen wird es dann plötzlich naturstill; die Landstraße
windet sich an den nur noch mit Einzelhöfen besetzten Waldleh=
10 nen zum Kamm empor, auf dem wie im Schwarzwald oberhalb
des dunkleren Buchen= und Fichtengrüns auf waldfreien Matten
die Sennhütten stehen und zur Sommerzeit die Rinder weiden.
Auch alle die traulichen Städtchen, die in dichter Reihe am Ge=
birgsfuß liegen, so mittelalterlich sie aussehen in ihrer Spitz=
15 giebelarchitektur, mit ihren Wällen und Tortürmen, oft eine sie
ehedem schirmende Burg auf der benachbarten Berghöhe, grün=
den ihren modernen Wohlstand auf Textilindustrie. Die be=
deutendste Baumwollweberstadt nicht bloß des Elsaß, sondern
ganz Deutschlands treffen wir aber in der offenen Ebene. Es
20 ist Mülhausen mit seiner fast zu zwei Drittel industriell be=
schäftigten Bevölkerung, den großen Fabriken, dem Wald von
dämpfenden Schornsteinen. Bis vor hundert Jahren eine
Stadt der Eidgenossenschaft, hatte Mülhausen gleichzeitig mit
der nordöstlichen Schweiz seine Textilindustrie begründet und
25 sodann, französisch geworden, Nutzen gezogen von der wohlge=
pflegten wirtschaftlichen Einheit, namentlich auch von dem für den
Warenvertrieb so dienlichen Kanalsystem Frankreichs. Aber
erst nach der Heimkehr auf deutschen Boden, zu dem Natur wie
Volksart hinzog, hat Mülhausen im größeren Wirtschaftsverband
30 des deutschen Reiches seine nunmehrige Vorrangstellung erlangt.

13.

Die Sonne.

Hermann von Helmholtz *

Alles Leben und alle Bewegung auf unserer Erde wird mit wenigen Ausnahmen unterhalten durch eine einzige Triebkraft, die der Sonnenstrahlen, welche uns Licht und Wärme bringen. Sie wärmen die Luft der heißen Zone, diese wird leichter und steigt auf, kältere Luft fließt von den Polen nach. So entsteht 5 die große Luftzirkulation der Passatwinde. Lokale Temperatur= unterschiede über Land und Meer, Ebene und Gebirge greifen mannigfaltig abändernd ein in diese große Bewegung und brin= gen uns den launenhaften Wechsel des Windes. Warme Was= serdämpfe steigen mit der warmen Luft auf, verdichten sich als 10 Wolken und fallen in kälteren Zonen und auf die schneeigen Häupter der Berge als Regen, als Schnee. Das Wasser sam= melt sich in Bächen, in Flüssen, tränkt die Ebene und macht Le= ben möglich, zerbröckelt die Steine, schleppt ihre Trümmer mit fort und arbeitet so an dem geologischen Umbau der Erdoberfläche. 15 Nur unter dem Einflusse der Sonnenstrahlen wächst die bunte Pflanzendecke der Erde auf, und während die Pflanzen wachsen, häufen sie in ihrem Körper organische Substanz an, die wiederum dem ganzen Tierreiche als Nahrung, und dem Menschen insbe= sondere noch als Brennmaterial dient. Sogar die Steinkohlen 20 und Braunkohlen, die Kraftquellen unserer Dampfmaschinen, sind Reste urweltlicher Pflanzen, alte Erzeugnisse der Sonnen= strahlen.

Dürfen wir uns wundern, wenn unsere Urväter arischen Stammes in Indien und Persien die Sonne als das geeignetste 25 Symbol der Gottheit ansahen? Sie hatten Recht, wenn sie in ihr die Spenderin alles Lebens, die letzte Quelle alles irdischen Geschehens erblickten.

* Vorträge und Reden. Braunschweig, 1896. Bd. 2. S. 73.

Aber woher kommt der Sonne diese Kraft? Sie strahlt in=
tensiveres Licht aus, als mit irgend welchem irdischen Mittel zu
erzeugen ist. Sie liefert so viel Wärme, als ob in jeder Stunde
1500 Pfund Kohle auf jedem Quadratfuß ihrer Oberfläche ver=
5 brannt würden. Von dieser Wärme, die ihr entströmt, leistet
der kleine Bruchteil, der in unsere Atmosphäre eintritt, eine
große mechanische Arbeit. Daß Wärme im stande sei, eine solche
zu leisten, lehrt uns jede Dampfmaschine. In der Tat treibt
die Sonne hier auf Erden eine Art Dampfmaschine, deren Lei=
10 stungen denen der künstlich konstruierten Maschinen bei weitem
überlegen sind. Die Wasserzirkulation in der Atmosphäre
schafft, wie schon erwähnt, das aus den warmen tropischen Meeren
verdampfende Wasser auf die Höhe der Berge; sie stellt gleich=
sam eine Wasserhebungsmaschine mächtigster Art dar, mit deren
15 Leistungsgröße keine künstliche Maschine sich im entferntesten
messen kann. Ich habe vorher das mechanische Äquivalent der
Wärme angegeben. Danach berechnet, ist die Arbeit, welche die
Sonne durch ihre Wärmeausstrahlung leistet, gleichwertig der
fortdauernden Arbeit von 7000 Pferdekräften für jeden Quadrat=
20 fuß der Sonnenoberfläche.

Längst hatte sich den Technikern die Erfahrung aufgedrängt,
daß aus nichts eine Triebkraft nicht erzeugt werden, daß sie nur
aus dem uns dargebotenen, fest begrenzten und nicht willkürlich
zu vergrößernden Vorrate der Natur entnommen werden kann,
25 sei es vom strömenden Wasser oder vom Winde, sei es aus den
Steinkohlenlagern oder von Menschen und Tieren, die nicht ar=
beiten können, ohne Lebensmittel zu verbrauchen. Diese Erfah=
rungen hat die neuere Physik allgemeingültig zu machen gewußt,
anwendbar für das große Ganze aller Naturprozesse und unab=
30 hängig von den besonderen Interessen der Menschen. Sie sind
verallgemeinert und zusammengefaßt in dem allbeherrschenden
Naturgesetze von der Erhaltung der Kraft. Es ist kein Natur=
prozeß und keine Reihenfolge von Naturprozessen aufzufinden, so

mannigfache Wechselverhältnisse auch zwischen ihnen stattfinden
mögen, durch welchen eine Triebkraft fortdauernd ohne entsprechenden Verbrauch gewonnen werden kann. Wie das Menschen-
geschlecht hier auf Erden nur einen begrenzten Vorrat von arbeits-
fähigen Triebkräften vorfindet, der benutzt aber nicht vermehrt   5
werden kann, so muß es auch im großen Ganzen der Natur sein.
Auch das Weltall hat seinen begrenzten Vorrat an Kraft, der in
ihm arbeitet unter immer wechselnden Formen der Erscheinung,
unzerstörbar, unvermehrbar, ewig und unveränderlich wie die
Materie. Es ist, als hätte Goethe eine Ahnung davon gehabt,   10
wenn er den Erdgeist als den Vertreter der Naturkraft von sich
sagen läßt :

> In Lebensfluten, im Tatensturm
> Wall' ich auf und ab,
> Webe hin und her !   15
> Geburt und Grab,
> Ein ewiges Meer,
> Ein wechselnd Weben,
> Ein glühend Leben,
> So schaff' ich am sausenden Webstuhl der Zeit   20
> Und wirke der Gottheit lebendiges Kleid.

Wenden wir uns zurück zu der besonderen Frage, die uns hier
beschäftigt. Woher hat die Sonne diesen ungeheuren Kraftvor-
rat, den sie ausströmt?

Auf Erden sind die Verbrennungsprozesse die reichlichste Quelle 25
von Wärme. Kann vielleicht die Sonnenwärme durch einen
Verbrennungsprozeß entstehen? Diese Frage kann vollständig
und sicher mit Nein beantwortet werden ; denn wir wissen jetzt,
daß die Sonne die uns bekannten irdischen Elemente enthält.
Wählen wir aus diesen die beiden, welche bei kleinster Masse 30
durch ihre Vereinigung die größte Menge Wärme erzeugen können, nehmen wir an, die Sonne bestände aus Wasserstoff und
Sauerstoff in dem Verhältnisse gemischt, wie diese bei der Ver-

brennung sich zu Wasser vereinigen. Die Masse der Sonne ist
bekannt, ebenso die Wärmemenge, welche durch die Verbindung
bekannter Gewichte von Wasserstoff und Sauerstoff entsteht.
Die Rechnung ergibt, daß die unter der gemachten Voraussetzung
5 durch deren Verbrennung entstehende Wärme hinreichen würde,
die Wärmeausstrahlung der Sonne auf 3021 Jahre zu unter=
halten. Das ist freilich eine lange Zeit; aber schon die Men=
schengeschichte lehrt, daß die Sonne viel länger als 3000 Jahre
geleuchtet und gewärmt hat, und die Geologie läßt keinen Zwei=
10 fel darüber, daß diese Frist auf Millionen von Jahren auszudeh=
nen ist.

Die uns bekannten chemischen Kräfte sind also auch bei den
günstigsten Annahmen gänzlich unzureichend, eine Wärmeerzeu=
gung zu erklären, wie sie in der Sonne stattfindet, so daß wir
15 diese Hypothese gänzlich fallen lassen müssen.

Wir müssen nach Kräften von viel mächtigeren Dimensionen
suchen; und da finden wir nur noch die kosmischen Anziehungs=
kräfte. Es ist bekannt, daß die kleinen Massen der Sternschup=
pen und Meteore, wenn ihre kosmischen Geschwindigkeiten durch
20 unsere Atmosphäre gehemmt werden, ganz außerordentlich große
Wärmemengen erzeugen können. Die Kraft aber, welche diese
großen Geschwindigkeiten erzeugt hat, ist die Gravitation. Wir
kennen diese Kraft schon als eine wirksame Triebkraft an der
Oberfläche unseres Planeten, wo sie als irdische Schwere er=
25 scheint. Wir wissen, daß ein von der Erde abgehobenes Gewicht
unsere Uhren treiben kann, daß ebenso die Schwere des von den
Bergen herabkommenden Wassers unsere Mühlen treibt.

Wenn ein Gewicht von der Höhe herabstürzt und auf den
Boden schlägt, so verliert die Masse desselben allerdings die sicht=
30 bare Bewegung, welche sie als Ganzes hatte; aber in Wahrheit
ist diese Bewegung nicht verloren, sondern sie geht nur auf die
kleinsten elementaren Teilchen der Masse über, und diese unsicht=
bare Vibration der Molekeln ist Wärmebewegung. Die sichtbare
Bewegung wird beim Stoffe in Wärmebewegung verwandelt.

Was in dieser Beziehung für die Schwere gilt, gilt ebenso für
die Gravitation. Eine schwere Masse, welcher Art sie auch sein
möge, die von einer anderen schweren Masse getrennt im Raume
schwebt, stellt eine arbeitsfähige Kraft dar. Denn beide Massen
ziehen sich an, und wenn sie, ungehemmt durch eine Zentrifugal-
kraft, unter Einfluß dieser Anziehung sich einander nähern, so
geschieht dies mit immer wachsender Geschwindigkeit; und wenn
diese Geschwindigkeit schließlich vernichtet wird, sei es plötzlich
durch den Zusammenstoß, sei es allmählich durch Reibung beweg-
licher Teile, so gibt sie entsprechende Mengen von Wärmebewegung, deren Betrag nach dem vorher angegebenen Äquivalentver-
hältnis zwischen Wärme und mechanischer Arbeit zu berechnen
ist.

Wir dürfen nun wohl mit großer Wahrscheinlichkeit annehmen,
daß auf die Sonne sehr viel mehr Meteore fallen als auf die
Erde und mit größerer Geschwindigkeit fallen, also auch mehr
Wärme geben. Die Hypothese indessen, daß der ganze Betrag
der Sonnenwärme fortdauernd der Ausstrahlung entsprechend
durch Meteorfälle erzeugt werde, stößt nach Sir William Thom-
sons Untersuchungen auf Schwierigkeiten. Die Masse der Sonne
müßte nämlich in diesem Falle so schnell zunehmen, daß die Folgen davon sich schon in der beschleunigten Bewegung der Planeten verraten haben würden. Wenigstens kann nicht die ganze
Wärmeausgabe der Sonne auf diese Weise erzeugt werden, höchstens ein Teil, der vielleicht nicht unbedeutend sein mag.

Wenn nun keine gegenwärtige, uns bekannte Kraftleistung aus-
reicht, die Ausgabe der Sonnenwärme zu decken, so muß die
Sonne von alter Zeit her einen Vorrat von Wärme haben, den
sie allmählich ausgibt. Aber woher dieser Vorrat? Wir wissen
schon, nur kosmische Kräfte können ihn erzeugt haben. Da
kommt uns die Hypothese über den Ursprung der Sonne zu
Hilfe. Wenn die Stoffmasse der Sonne einst in den kosmischen
Räumen zerstreut war, sich dann verdichtet hat — das heißt,

unter dem Einfluſſe der himmliſchen Schwere auf einander gefallen iſt, — wenn dann die entſtandene Bewegung durch Reibung und Stoß vernichtet und dabei Wärme erzeugt wurde, ſo
mußten die durch ſolche Verdichtung entſtandenen jungen Welt-
5 körper einen Vorrat von Wärme mitbekommen von nicht bloß
bedeutender, ſondern zum Teil von koloſſaler Größe.

Die Rechnung ergibt, daß bei Annahme der Wärmekapazität
des Waſſers für die Sonne die Temperatur auf 28 Millionen
Grade hätte geſteigert werden können, wenn dieſe ganze Wärme-
10 menge jemals ohne Verluſt in der Sonne zuſammengeweſen
wäre. Das dürfen wir nicht annehmen; denn eine ſolche Tem-
peraturſteigerung wäre das ſtärkſte Hindernis der Verdichtung
geweſen. Es iſt vielmehr wahrſcheinlich, daß ein guter Teil
dieſer Wärme, die durch die Verdichtung erzeugt wurde, noch
15 ehe dieſe vollendet war, anfing, in den Raum hinauszuſtrahlen.
Aber die Wärme, welche die Sonne bisher durch ihre Verdichtung
hat entwickeln können, würde zugereicht haben, um ihre gegenwärtige Wärmeausgabe auf nicht weniger als 22 Millionen
Jahre der Vergangenheit zu decken.

20 Und die Sonne iſt offenbar noch nicht ſo dicht, wie ſie werden
kann. Die Spektralanalyſe zeigt, daß große Eiſenmaſſen und
andere bekannte irdiſche Gebirgsbeſtandteile auf ihr anweſend
ſind. Der Druck, der ihr Inneres zu verdichten ſtrebt, iſt etwa
800 Mal ſo groß, als der Druck im Kern der Erde, und doch be-
25 trägt die Dichtigkeit der Sonne, wahrſcheinlich in Folge ihrer
ungeheuer hohen Temperatur, weniger als ein Viertel von der
mittleren Dichtigkeit der Erde.

Wir dürfen es deshalb wohl für ſehr wahrſcheinlich halten,
daß die Sonne in ihrer Verdichtung noch fortſchreiten wird, und
30 wenn ſie auch nur bis zur Dichtigkeit der Erde gelangt — wahrſcheinlich aber wird ſie wegen des ungeheueren Druckes in ihrem
Innern viel dichter werden — ſo würde dies neue Wärmemengen entwickeln, welche genügen würden, für noch weitere 17 Mil-

lionen Jahre dieselbe Intensität des Sonnenscheins zu unter=
halten, welche jetzt die Quelle alles irdischen Lebens ist.

Diese Frist von 17 Millionen Jahre wird vielleicht noch be=
trächtlich verlängert werden können durch allmählichen Nachlaß
der Strahlung, durch neuen Zuschuß von hineinstürzenden Me=   5
teoren und durch noch weitere Verdichtung. Aber wir kennen
bisher keinen Naturprozeß, der unserer Sonne das Schicksal er=
sparen könnte, welches andere offenbar getroffen hat. Es ist dies
ein Gedanke, dem wir uns nur mit Widerstreben hingeben; er
erscheint uns wie eine Verletzung der wohltätigen Schöpferkraft,   10
die wir sonst in allen, namentlich die lebenden Wesen betreffen=
den Verhältnissen wirksam finden. Aber wir müssen uns in den
Gedanken finden lernen, daß wir, die wir uns gern als den Mit=
telpunkt und Endzweck der Schöpfung betrachten, nur Stäubchen
sind auf der Erde, die selbst ein Stäubchen ist im ungeheuren   15
Weltraume. Ist doch die bisherige Dauer unseres Geschlechtes,
wenn wir sie auch weit über die geschriebene Geschichte zurück
verfolgen bis in die Zeiten der Pfahlbauten oder des Mammuts,
doch nur ein Augenblick, verglichen mit den Urzeiten unseres
Planeten, als lebende Wesen auf ihm hausten, deren Reste uns   20
aus ihren alten Gräbern fremdartig und unheimlich anschauen.
Aber noch viel mehr verschwindet die Dauer der Menschenge=
schichte im Verhältnis zu den ungeheuren Zeiträumen, während
welcher Welten sich gebildet haben, wie sie wohl auch fortfahren
werden, sich zu bilden, wenn unsere Sonne erloschen und unsere   25
Erde in Kälte erstarrt oder mit dem glühenden Zentralkörper
unseres Systems vereinigt ist.

Aber wer weiß zu sagen, ob die ersten lebenden Bewohner des
warmen Meeres auf der jugendlichen Erde, die wir vielleicht als
unsere Stammeseltern verehren müssen, den jetzigen kühleren   30
Zustand nicht mit ebensoviel Grauen betrachten würden, wie wir
eine Welt ohne Sonne? Wer weiß zu sagen, zu welcher Stufe
der Vollendung bei dem wunderbaren Anpassungsvermögen an

die Bedingungen des Lebens, welches allen Organismen zukommt,
unsere Nachkommen nach 17 Millionen Jahre sich ausgebildet
haben werden; ob unsere Knochenreste ihnen nicht dann ebenso
ungeheuerlich vorkommen werden, wie uns jetzt die der Ichthyo=
5 sauren, und ob sie, eingerichtet für ein feineres Gleichgewicht,
die Temperaturextreme, zwischen denen wir uns bewegen, nicht
für ebenso gewaltsam und zerstörend halten werden, wie uns die
der ältesten geologischen Perioden erscheinen? Ja, wenn Erde
und Sonne regungslos erstarren sollten, wer weiß zu sagen,
10 welche neue Welten bereit sein werden, Leben aufzunehmen?
Die Meteorsteine enthalten zuweilen Kohlenwasserstoffverbin=
dungen; das eigene Licht der Kometenköpfe zeigt ein Spektrum,
welches dem des elektrischen Glimmlichtes in kohlenwasserstoff=
haltigen Gasen am ähnlichsten ist. Kohlenstoff aber ist für die
15 organischen Verbindungen, aus denen die lebendigen Körper auf=
gebaut sind, das charakteristische Element. Wer weiß zu sagen,
ob diese Körper, die überall den Weltraum durchschwärmen, nicht
Keime des Lebens ausstreuen, so oft irgendwo ein neuer Welt=
körper fähig geworden ist, organischen Geschöpfen eine Wohnstätte
20 zu gewähren? Und dieses Leben würden wir vielleicht dem un=
serigen im Keime verwandt halten dürfen, in so abweichenden
Formen es sich auch den Zuständen seiner neuen Wohnstätte an=
passen möchte.

14.
Shakespeare als Dramatiker.
Bernhard ten Brink.*

So verschieden auch über Shakespeare geurteilt wird, darin
25 sind so ziemlich alle Beurteiler einig, ihm den ersten Rang
unter den Dramatikern, entweder aller Zeiten überhaupt, oder
doch der Neuzeit im Gegensatz zum klassischen Altertum zuzuer=

* Shakspere. Straßburg, 1893. S. 67.

kennen. Kein neuerer Dramatiker hält auch nur annähernd den
Vergleich mit Shakespeare aus. Man vergegenwärtige sich doch
nur die ungeheuere Fruchtbarkeit dieses Dichters, diese Menge
von dramatischen Erzeugnissen; und in dieser großen Zahl fin=
den sich keine Nullen, auch keine bloßen Nummern, die man 5
Gefahr liefe, in der Erinnerung mit einander zu verwechseln.
Jedes dieser Dramen hat seine ganz bestimmte Gestalt und
Physiognomie, welche sich dem Gedächtnis dauernd einprägt,
jedes stellt für sich eine kleine Welt dar, und in jeder dieser
Welten, welche wimmelnde Fülle von Leben! welche Mannig= 10
faltigkeit der Gestalten! Nichts vermag einem die Schöpfer=
kraft eines Dramatikers so unmittelbar zu vergegenwärtigen, als
wenn man versucht, sich die Charaktere, die ihm ihr Dasein ver=
danken, gleichsam plastisch vor die Seele zu rufen; bei keinem
Dichter wird dies einem so leicht gelingen, wie bei Shakespeare; 15
bei keinem Dichter werden die gerufenen Geister in so großer
Anzahl sich hinzudrängen, und so bestimmte Formen, ja deutliche
Farben an sich tragen.

Jede Kunst hat in jedem einzelnen Fall die Aufgabe, einen
Gegenstand in einem bestimmten Stoff so zu gestalten, daß da= 20
von eine Idee zur Darstellung gelangt oder eine Stimmung er=
regt wird. Der Stoff, bald Stein oder Erz, bald die Farbe,
bald der Ton, bald das Wort, bestimmt die Darstellungsweise
einer Kunst im Unterschied von der anderen. Das Drama hat,
wie alle Poesie, die Sprache zum Stoff, in dem sie zu arbeiten 25
hat, aber es hat überdies die Mimik; die ganze Persönlichkeit
der Schauspieler, der ganze Bühnenapparat gehört mit zum
Darstellungsmaterial der dramatischen Kunst, wobei freilich der
Dichter nicht als der einzige, nur als der oberste, leitende Künst=
ler erscheint, der selber nur in der Sprache arbeitet, aber die 30
Wirkung, welche die theatralische Aufführung mit seinem Werke
erzielen soll, sich bei seiner Arbeit zu vergegenwärtigen hat.

Den Gegenstand bildet für den dramatischen Dichter das,

was man die Fabel nennt. Sie kann von der Geschichte über=
liefert sein oder ein Tagesereignis bilden, sie kann dem Mythus
oder der Sage angehören, sie kann auf freier Erfindung beruhen.
Im letztern Falle kann der Dichter sie selber erfunden haben,
5 doch wird dies nur selten eintreffen; in der Regel wird dem
Dichter seine Fabel überliefert, und gerade die größten Dichter
pflegen sich am wenigsten mit der Erfindung einer neuen Fabel
zu quälen. Der normale Vorgang ist der, daß der Dichter von
irgend einer Begebenheit, die ihm wie immer, im Leben, in der
10 Geschichte, im Gespräch entgegentritt, von dem Inhalt irgend
einer Erzählung so ergriffen wird, daß sie seine schöpferische
Ader anregt.

So erging es Shakespeare. Selten, vielleicht nie hat er sich
seine Fabel selber erfunden, so verschieden auch im einzelnen
15 Fall der Umfang und die Bedeutung dessen ist, was er seiner
Quelle verdankt. Man hat ihn den großen Aneigner genannt,
und mit Recht; aber wer meint, durch solche Bezeichnung dem
Dichter auch nur das kleinste Blatt aus seinem Ruhmeskranz
reißen zu können, der weiß nicht, was poetische Originalität in
20 der Litteraturgeschichte bedeutet. Je prends mon bien où je le
trouve, hat Molière gesagt, und nach dieser Maxime sind alle
großen Eroberer im Reiche des Geistes verfahren. Die we=
sentliche Frage ist nicht, wie viel einer erobert, sondern was er
aus dem eroberten Gebiet macht. Und wer hätte wohl Grund,
25 sich über Shakespeares Verfahren zu beschweren? Die von
ihm benutzten Schriftsteller? Aber hatten diese ihrerseits nicht
ebenso, ja in noch größerem Umfang ihre eigenen Vorgänger be=
nutzt? Und dann, verdanken die meisten von ihnen nicht gerade
Shakespeare ihre Unsterblichkeit? Wer würde ihre Schriften
30 noch lesen, wäre es nicht um Shakespeares willen?

Die ihm überlieferte Fabel hat der Dramatiker nun zur
dramatischen Handlung zu gestalten. Maßgebend ist dabei die
Idee, die er in der Seele trägt, oft nicht wie eine fertige Er=

kenntnis, sondern wie einen dunkeln Trieb, eine treibende
Macht. Wie verfährt nun Shakespeare bei der Gestaltung der
Fabel zur dramatischen Handlung? Äußerlich genommen, be=
merken wir in seinem Verfahren die größte Verschiedenheit, und
vergeblich würde man sich bemühen, aus dem Studium seiner   5
Dramen irgend ein Rezept zu abstrahieren zum Gebrauch für
angehende Dramatiker. Bald sehen wir Shakespeare seiner
Quelle so genau wie möglich folgen und nur in Einzelheiten,
scheinbar in unbedeutenden Dingen von ihr abweichen, bald sehen
wir ihn die Fabel in den wesentlichsten Punkten umgestalten; 10
bald sehen wir ihn bemüht, die Fabel zu vereinfachen, bald sie
durch Verbindung mit sonstigen Erzählungen und Motiven zu
komplizieren. Was ist nun das Gemeinsame, das sich Gleich=
bleibende in dieser so verschiedenen Verfahrungsweise? Man
könnte sagen: Shakespeare pflegt stets seine Handlung drama= 15
tisch zu kondensieren, zusammenzuziehen, die Hauptmomente
kräftig hervortreten zu lassen und über die bloß verbindenden
Mittelglieder leicht hinwegzueilen. Allein' so wahr dies wäre,
der Tatsache gegenüber, daß er oft seine Hauptfabel erweitert,
sie mit anderen Fabeln verflicht, würde die Bemerkung kaum 20
einleuchten. Man könnte andererseits sagen: Shakespeare zeigt
sich stets bemüht, die Glieder seiner Handlung fester an einan=
der zu schließen, indem er die Motive verstärkt, das Verhältnis
von Ursache und Wirkung kräftiger betont, der ganzen Entwick=
lung das Gepräge der Notwendigkeit aufdrückt. Auch dies wäre 25
sehr richtig; allein auch hier ließen sich einzelne Tatsachen an=
führen, die dem Satz scheinbar widersprächen. Wir finden, daß
Shakespeares Motivierung, besonders gegen den Schluß seiner
Dramen hin, gelegentlich etwas locker ist.

Wollten wir des Dichters Verfahren in einer auf alle Fälle 30
passenden Weise charakterisieren, so müßten wir vor allem die
Sicherheit hervorheben, womit er stets den Kernpunkt seiner
Fabel erfaßt und von dort aus das Ganze entwickelt; die Mei=

sterschaft, womit er es so einzurichten weiß, daß aus gewissen
sehr einfachen Voraussetzungen alles sich mit Naturnotwendigkeit
zu ergeben scheint; daß jedes Einzelne vorbereitet wird und
seinerseits auf Folgendes vorbereitet, daß alle Räder in einan=
5 der greifen, jeder, auch der unscheinbarste Zug zur Entwicklung
des Ganzen beiträgt. Dies alles liefe aber nur darauf hinaus,
daß Shakespeare unerreicht ist in der dramatischen Konzeption
eines gegebenen Stoffes, in der Genialität, womit er die Fabel
seiner Idee gemäß gestaltet.

10 Auf die Idee, welche der Dichter in sich trägt, oder die durch
die Fabel in ihm hervorgerufen wird, kommt daher alles an.
Was ist nun bei Shakespeare unter dieser Idee zu verstehen?
Die deutsche Ästhetik hat sich viele Jahre hindurch abgemüht, in
jedem Shakespeare'schen Drama eine sogenannte Grundidee, die
15 sich hinter der Handlung verstecke, nachzuweisen. Insbesondere
in denjenigen Dramen, deren Handlung eine komplizierte, nicht
leicht als Einheit zu fassende war, suchte man um so eifriger die
Einheit in der Idee. In der Regel verstand man darunter
irgend einen allgemeinen Satz oder doch eine abstrakte Formel:
20 z. B. das Verhältnis des Menschen zum Besitz, oder: die Not=
wendigkeit, sich in der Leidenschaft vor Extremen zu hüten;
oder: die Frage nach dem Gleichgewicht zwischen Reflexion und
Tatkraft. Der vielfach künstlichen Deduktion müde, mittelst
deren man zu derartigen, oft recht trivialen Resultaten gelangte,
25 ist man in neuerer Zeit wohl dazu übergegangen, das Kind mit
dem Bade auszuschütten; manche leugnen für das Drama die
Notwendigkeit einer einheitlichen Idee.

Es kommt alles darauf an, was man unter der dramatischen
Idee versteht.

30 Im Grunde bedeutet diese nichts anderes als den Gesichts=
punkt, unter dem der Dichter die Fabel anschaut. Dieser Ge=
sichtspunkt muß ein einheitlicher sein; allein oft wird die daraus
sich ergebende Einheit der Handlung von uns mehr empfunden,

als klar erkannt. Nicht immer sind wir im stande, sie auf einen
einfachen allgemeinen Satz zurückzuführen.

Doch es dürfte besser sein, das Gebiet der Abstraktion zu verlassen und unsere Gedanken an einem konkreten Fall zu verdeut-
lichen. Wählen wir hierzu ein Drama, wo der Dramatiker, 5
rein äußerlich genommen, beinahe alles seiner Quelle zu verdanken scheint: „Romeo und Julia.“

.Die Quellen der Sage sind bekanntlich italienische; Shakespeare aber hat sie wesentlich aus zwei englischen Bearbeitungen
kennen gelernt, die beide durch französische Vermittlung auf die 10
italienische Quelle zurückgehen: die Prosadarstellung von William Paynter, die im Jahre 1567 erschien, und vor allem die
Erzählung in Versen von Arthur Brooke, die bereits 1562
gedruckt ward. Paynters Prosa hält sich genau an ihre französische Vorlage; Brookes Dichtung dagegen zeigt sich in der 15
Darstellung erheblich entwickelt, im Detail vielfach bereichert
und modifiziert. Trotz seines etwas altfränkischen Tons zeugt
dieses Poem von echter Empfindung und entschiedenem Talent,
dem die höchste Anerkennung dadurch ward, daß Shakespeare es
zur eigentlichen Grundlage seines Dramas machte. 20

Der Dichter fand in Brookes Gedicht die Romeo und Julia-
Fabel nicht etwa bloß als Rohstoff, sondern schon in hohem
Grade präpariert vor. Nicht nur die Hauptcharaktere, sondern
beinahe alle Nebenfiguren, alle wichtigeren und eine große Anzahl untergeordneter Motive, den Vorwurf für ganze Szenen, 25
die Idee zu zahlreichen Stellen. Was blieb dem Dichter denn
zu tun übrig, und was hat er seinerseits an diesem Stoff geleistet? Nun, Shakespeare hat aus einer interessanten, rührenden
Novelle eine hinreißende, erschütternde Tragödie, aus einer
Dichtung von ephemerer Bedeutung ein Kunstwerk von unver- 30
gänglichem Wert geschaffen. Dies wäre, denke ich, genug.
Aber wie hat er das getan?

Wer über den Inhalt von Shakespeares Tragödie einerseits,

von Brookes verfifizierter Novelle andrerseits objektiv und ein=
fach sachgemäß berichtet, der wird zwei Erzählungen liefern, die
von einander nur sehr wenig abweichen, ja, die ein oberflächlicher
Leser für geradezu identisch halten würde. Aber welch ein Un=
5 terschied findet statt in der Art, wie sie ihre Fabel anschauen, in
der Idee, die jeder von beiden von seinem Gegenstand hat!
Shakespeare wie Brooke hat sich die Mühe gegeben, den In=
halt seiner Dichtung in einem Sonnett dem Leser kurz anzudeu=
ten. Es ist lehrreich, beide Sonnette mit einander zu vergleichen.
10   Brookes Idee von seinem Gegenstand ist folgende: Die
Liebe hat zwei Herzen beim ersten Anblick entzündet, und beide
gewähren das, was beide verlangen. Sie werden heimlich von
einem Mönch vermählt und genießen eine Zeit lang das höchste
Glück. Durch Tybalds Wut in Zorn entflammt, tötet Romeo
15 diesen und wird jetzt genötigt, in die Verbannung zu fliehen.
Julia soll zu einer neuen Ehe gezwungen werden; dieser zu
entgehen, trinkt sie einen Trank, der den Scheintod zur Folge
hat; sie wird schlafend, doch noch lebendig begraben. Ihr Gatte
erhält die Nachricht von ihrem Tode, er nimmt Gift. Sie
20 aber, als sie erwacht, tötet sich mit Romeos Dolch. Das ist
alles, — kein Wort von dem Streit der beiden Veronefer Häu=
fer, der Montecchi und Capuletti; obwohl das Gedicht selbst
diese Dinge alle erwähnt, so haben sie offenbar für den Dichter
kein eigentliches Interesse, er erblickt keinen tieferen Zusam=
25 menhang zwischen der Familienfehde und dem Geschick seiner
Hauptpersonen. Eine rührende Liebesgeschichte ist sie ihm und
weiter nichts. Und Shakespeare? Ich will das bekannte Son=
nett, das am Anfang seiner Tragödie steht, hier nicht übersetzen.
Seine Idee von der Fabel aber ist diese: Zwei junge Men=
30 schen, von der Natur mit ihren reizvollsten Gaben ausgestattet,
für einander wie geschaffen, entbrennen in reinster, heißer Liebe
für einander. Aber das Geschick hat sie in eine rauhe, feind=
liche Welt gestellt; ihre Leidenschaft keimt und wächst unter den

Kämpfen des glühendsten Partei- und Familienhasses. Eine
ruhige, zum glücklichen Abschluß führende Entwicklung ist hier
nicht möglich. Ganz ihrer Liebe hingegeben, vergessen sie den
Haß, der ihre Familien trennt, genießen auf wenige Augenblicke nur ein Glück, das sie auf die Höhe des menschlichen Da- 5
seins führt. Da werden sie von den feindlichen Mächten aus-
einandergerissen; ein letztes Aufflackern der Hoffnung, ein
verwegener Versuch, das Schicksal nach ihren Wünschen zu lenken, und bald darauf der verhängnisvolle Irrtum, der sie in die
kalte Umarmung des Todes stößt. Aber im Tode werden sie 10
dauernd vereint, ihr glühendes Sehnen ist jetzt auf immer ge-
stillt; und wie sie selbst Ruhe gefunden haben, so löscht ihr
Blut auch die Flammen des Hasses, der ihre Familien ent-
zweite. Über ihren entseelten Leibern reichen sich ihre Väter
die Bruderhand, und ihr Grabmal wird das Symbol der Liebe, 15
welche den Haß bezwang.

So sah Shakespeare seinen Gegenstand an, diese Idee suchte
er in seinem Stoff auszuprägen; aus dieser Auffassung flossen
alle Abweichungen von seiner Vorlage, floß die gesamte Gestaltung seiner Tragödie. 20

15.
Die Erhebung Preußens gegen Napoleon.
Gustav Freytag.*

Es war nicht mehr ein großer Staat, welcher im Frühjahr
1813 zu seinem Kampf um Leben und Tod rüstete. Was von
Preußen noch übrig war, umfaßte nur 4,700,000 Menschen.
Dieses kleine Volk hat im ersten Feldzug ein Heer von 277,000
Mann ins Feld gestellt, von je neunzehn Menschen, Frauen, 25
Kinder, Greise mitgerechnet, je einen. Was das bedeutet, wird
klar, wenn man berechnet, daß eine gleiche Anstrengung des ge-

* Bilder aus der deutschen Vergangenheit. Bd. 4. S. 396.

genwärtigen deutschen Reiches von vierzig Millionen Einwoh-
ner die ungeheuere Zahl von reichlich 2,000,000 Soldaten zur
Feldarmee geben würde. Und diese Summe drückt nur das
Verhältnis der Menschenzahl, nicht des damaligen und gegen-
5 wärtigen Wohlstandes aus.

Denn es war auch ein sehr armes Volk, welches in den Krieg
zog. Kaufleute, Fabrikanten, Handwerker kämpften seit sechs
Jahren fruchtlos gegen die eiserne Zeit; dem Landwirt war
mehr als einmal sein Getreideboden geleert, seine besten Pferde
10 aus dem Stall geführt worden, das verschlechterte Geld, welches
im Lande umrollte, störte den Binnenverkehr mit den nächsten
Nachbarn, die ersparten Taler aus besserer Zeit waren längst
ausgegeben. In den Tälern des Gebirgs hungerte das Volk,
auf der Marschlinie der großen Armee war drückender Mangel an
15 notwendigen Lebensmitteln, Gespanne und Saatkorn hatten
schon seit 1807 dem Landmann gefehlt, im Jahr 1812 trat dieselbe Not ein.

Es ist wahr, heißer Schmerz über den Sturz Preußens, tiefer
Haß gegen den Kaiser Frankreichs arbeiteten in dem Volk. Aber
20 großes Unrecht würde den Preußen tun, wer ihre Erhebung vorzugsweise aus der finstern Gewalt des Ingrimms herleiten
wollte. Mehr als einmal in alter und neuer Zeit hat eine
Stadt, auch ein kleines Volk in Verzweiflung seinen Todeskampf
bis zum äußersten durchgekämpft, mehr als einmal setzt uns der
25 wilde Heldenmut in Erstaunen, welcher den freiwilligen Tod
durch die Flammen des eigenen Hauses oder durch die Geschosse
der Feinde der Ergebung vorzieht. Aber solche hohe Steigerung
des Widerstandes ist sonst nicht frei von einem düsteren Fana-
tismus, der die Seelen bis zur Raserei entflammt. Davon ist
30 in Preußen kaum eine Spur. Im Gegenteil, durch das ganze
Volk geht ein Zug von herzlicher Wärme, ja von einer stillen
Heiterkeit, die uns unter all dem Großen der Zeit am meisten
rührt. Es ist gläubiges Vertrauen zur eigenen Kraft, Zuver-

sicht zu der guten Sache, überall eine unschuldige, jugendliche
Frische des Gefühls.

Beispiellos ist diese Stimmung, schwerlich, so lange es Ge=
schichte gibt, hat ein zivilisiertes Volk das Größte in so reiner Be=
geisterung geleistet. Für den Deutschen aber hat dieses Moment 5
im Leben seiner Nation eine besondere Bedeutung. Seit vielen
hundert Jahren geschah es zum erstenmal, daß die politische Be=
geisterung im Volke zu hellen Flammen aufschlug. Durch
Jahrhunderte hatte der Einzelne in Deutschland unter der Herr=
schaft des fürstlichen Staates gestanden, oft ohne Liebe, Freude 10
und Ehre, immer ohne tätigen Anteil. Jetzt in der höchsten
Not nahm das Volk sein altes unveräußerliches Recht wieder in
Anspruch. Seine ganze Kraft warf es freiwillig und freudig in
einen tötlichen Krieg, um seinen Staat vom Untergange zu
retten. 15

In solcher Stimmung empfing das Volk die großen Erlasse
seines Königs, welche vom 3. Februar, wo die freiwilligen Jä=
ger, bis zum 17. März, wo die Landwehr aufgerufen wurde, die
gesamte Wehrkraft Preußens unter die Waffen stellten. Wie
ein Frühlingssturm, der die Eisdecke bricht, fuhren sie durch die 20
Seele des Volkes. Hoch wogte die Strömung, in Rührung,
Freude, stolzer Hoffnung schlugen die Herzen. Und wieder in
diesen Monaten des höchsten Schwunges dieselbe Einfachheit und
ruhige Fassung. Es wurden nicht viele Worte gemacht, kurz war
der Entschluß. Die Freiwilligen sammelten sich still in den 25
Städten ihrer Landschaft und zogen mit ernstem Gesang aus den
Toren zur Hauptstadt, nach Königsberg, Breslau, Kolberg, bald
auch nach Berlin. Die Geistlichen verkündeten in der Kirche den
Aufruf des Königs; es war das kaum nötig, die Leute wußten
bereits, was sie zu tun hatten. Als ein junger Theologe, der 30
predigend seinen Vater vertrat, die Gemeinde von der Kanzel
ermahnte, ihre Pflicht zu tun, und zufügte, daß er nicht leere
Worte spreche, und sogleich nach dem Gottesdienst selbst als Hu=

far eintreten werde, da stand sofort in der Kirche eine Anzahl
junger Männer auf und erklärte, sie würden dasselbe tun.   Als
ein Bräutigam zögerte, sich von seiner Verlobten zu trennen,
und ihr endlich doch seinen Entschluß verriet, sagte ihm die
5 Braut, sie habe in der Stille getrauert, daß er nicht unter den
ersten aufgebrochen sei.   Es war in der Ordnung, es war nötig,
die Zeit war gekommen, niemand fand etwas Außerordentliches
darin.   Die Söhne eilten zum Heere und schrieben vor dem
Aufbruch ihren Eltern von dem fertigen Entschluß; die Eltern
10 waren damit einverstanden, es war auch ihnen nicht auffallend,
daß der Sohn selbsttätig tat, was er tun mußte.   Wenn ein
Jüngling sich zu einem der Sammelpunkte durchgeschlagen hatte,
fand er wohl seinen Bruder bereits ebendort, der von andrer
Seite zugereist war, sie hatten einander nicht einmal geschrieben.
15   Die akademischen Vorlesungen mußten geschlossen werden, in
Königsberg, Berlin, Breslau.   Auch die Universität Halle, noch
unter westfälischer Herrschaft, hörte auf, die Studenten waren
einzeln oder in kleinen Haufen aus dem Tor nach Breslau gezogen.   Die preußischen Zeitungen meldeten das lakonisch in den
20 zwei Zeilen: „Aus Halle, Jena, Göttingen sind fast alle Studenten in Breslau angekommen, sie wollen den Ruhm teilen,
die deutsche Freiheit zu erkämpfen." Auf den Gymnasien waren
die großen und alten nicht immer für die besten Schüler gehalten
worden, und mit geringer Achtung hatten die Lehrer über die
25 griechische Grammatik nach den hinteren Bänken gesehen, wo die
Recken mißvergnügt saßen; jetzt waren sie die beneideten, der
Stolz der Schule, herzlich drückten die Lehrer ihnen die Hand,
und mit Bewunderung sahen die jüngeren den Scheidenden nach.
Nicht nur die erste blühende Jugend trieb es in den Kampf, auch
30 die Beamten, unentbehrliche Diener des Staats, Richter, Land-
räte, Männer aus jedem Kreise des Zivildienstes.   Schon am
2. März mußte ein königlicher Erlaß diesen Eifer einschränken,
der Ordnung und Verwaltung des Staates ganz aufzuheben

drohte; der Zivildienst dürfe nicht leiden, wer Soldat werden
wolle, bedürfe dazu der Erlaubnis seiner Vorgesetzten, wer die
Verweigerung seiner Bitte nicht tragen könne, müsse den Ent-
scheid des Königs selbst anrufen.   Auch der Landadel, der in den
letzten Jahren grollend den Umsturz alter Privilegien getragen   5
hatte, jetzt fand er sich wieder.   Die Stärkeren traten in allen
Kreisen an die Spitze der Bewegung, auch die Schwachen folgten
endlich dem übermächtigen Impulse.   Wenige Familien, die
nicht ihre Söhne dem Vaterlande darboten, vieler Namen in
gehäufter Zahl in den Listen der Regimenter.   10

Während die Preußen an der Weichsel in dem Drange der
Stunde ihre Rüstungen selbständiger, mit schnell gefundener
Ordnung und unerhörter Hingabe betrieben, wurde Breslau seit
Mitte Februar Sammelpunkt für die Binnenlandschaften.   Zu
allen Toren der alten Stadt zogen die Haufen der Freiwilligen   15
herein.   Unter den ersten waren dreizehn Bergleute aus Wal-
denburg, Kohlengräber, die ärmsten Leute; ihre Mitknappen
arbeiteten so lange umsonst unter der Erde, bis sie zur Ausrüstung für die Kameraden 221 Taler zusammenbrachten; gleich
darauf folgten die oberschlesischen Bergleute mit ähnlichem Eifer. 20
Kaum wollte der König solche Opferfähigkeit des Volkes für
wahr halten; als er von den Fenstern des Regierungsgebäudes
den ersten langen Zug der Wagen und Männer sah, welcher aus
der Mark ihm nachgereist war und die Albrechtstraße füllte, als
er den Zuruf hörte und die allgemeine Freude erkannte, rollten 25
ihm die Tränen über die Wangen, und Scharnhorst durfte fragen, ob er jetzt an den Eifer des Volkes glaube.

Die Einzeln blieben nicht zurück.   Wer nicht selbst ins Feld
zog oder einen seiner Familie ausrüsten half, der suchte durch
Gaben dem Vaterland zu helfen.   Es ist eine holde Arbeit, die   30
langen Verzeichnisse der eingelieferten Spenden zu durchmustern.
Beamte verzichten auf einen Teil ihres Gehaltes, Leute von
mäßigem Wohlstand geben einen Teil ihres Vermögens, Reiche

senden ihr Silbergeschirr, Ärmere bringen ihre silbernen Löffel,
wer kein Geld zu opfern hat, bietet von seinen Habseligkeiten,
seiner Arbeit. Gewöhnlich wird es, daß Gatten ihre goldenen
Trauringe — sicher oft das einzige Gold, das im Hause war —
5 einsenden (sie erhielten dafür zuletzt eiserne mit dem Bild der
Königin Luise zurück), Landleute schenken Pferde, Gutsbesitzer
Getreide, Kinder schütten ihre Sparbüchsen aus. Ein Förster
kann sich nicht entschließen, seine gute Büchse wegzugeben, wie er
in lustiger Gesellschaft versprochen hat, und geht daher lieber
10 selbst ins Feld. Junge Frauen senden ihren Brautschmuck ein,
Bräute die Halsbänder, die sie von den Geliebten erhalten. Ein
Mädchen, der ihr Haar gelobt worden war, schneidet es ab zum
Verkauf an den Friseur, patriotische Spekulation verfertigt daraus Ringe, wofür mehr als 100 Taler gelöst werden. Was
15 das arme Volk aufbringen kann, wird eingesendet, mit der größten Opferfreudigkeit grade von kleinen Leuten.

In manchen Freiwilligen war ein Zug von schwärmerischer
Frömmigkeit, nicht in der Mehrzahl. Aber jeder der Bessern
war voll von dem Gedanken, daß er jetzt eine Pflicht übernehme,
20 vor der jede andere Erdenpflicht nichts sei; darum kam zu der
Freudigkeit, die ihn erfüllte, eine gewisse feierliche Ruhe. In
solchem Sinne tat er emsig, ehrbar, gewissenhaft seinen ernsten
Dienst, übte sich unermüdlich auf der Zimmerecke, die er bewohnte, in Bewegung und Gebrauch der Waffen. Er sang unter
25 Kameraden mit feuriger Empfindung eines der neuen Kriegslie-
der, aber auch diese Lieder erwärmten ihn, weil sie ernst und
feierlich waren, wie er selbst. Er wollte nicht Soldat heißen.
Das Wort war berüchtigt aus der Zeit, in welcher der Stock
herrschte. Er war ein Krieger. Daß er gehorchen müsse, seine
30 Pflicht bis zum äußersten tun, auch den beschwerlichen Mechanis-
mus des Dienstes, davon war er innig überzeugt. Auch daß er
sich musterhaft halten müsse, als Beispiel für die weniger Gebildeten, die neben ihm standen. Er war entschlossen, streng wie

er gegen sich war, auch auf die Ehre seiner Kameraden zu halten.
In dem heiligen Kriege sollte keine Frechheit und keine Rohheit
der alten Soldaten die Sache schänden, für die er focht. Er mit
seinen „Brüdern“ hielt selbst das Ehrengericht und strafte den
Unwürdigen. Aber er wollte nicht beim Heere bleiben. Wenn 5
das Vaterland frei war und der Franzose gebändigt, dann wollte
er zurückkehren zu seinen Vorlesungen, zu den Akten, in die Ar-
beitsstube. Denn dieser Krieg war nicht wie ein anderer. Jetzt
stand er als Gemeiner in Reih und Glied, aber wenn er am
Leben blieb, würde er übers Jahr wieder sein, was er vorher 10
gewesen.

Fast allen, welche die große Zeit kämpfend und opfernd durch-
lebten blieb die Erinnerung daran der größte Besitz ihres spätern
Lebens, vielen umgab sie wie mit einem verklärenden Schein das
Haupt. Und von Tausenden wurde dasselbe empfunden, was 15
der warmherzige Arndt aussprach: „Wir können nun zu jeder
Stunde sterben, wir haben auch in Deutschland das gesehen, wes-
wegen es allein wert ist zu leben, daß Menschen in dem Gefühl
des Ewigen und Unvergänglichen mit der freudigsten Hingebung
alle ihre Zeitlichkeit und ihr Leben darbringen können, als seien 20
sie nichts.“

16.
Jakob Grimm.
Georg Curtius.*

Jene Jahrzehnte, welche in Frankreich die große Revolution
unmittelbar vorbereiteten, haben Deutschland einen reichen
Kranz von Männern gebracht, welche die Wissenschaft in neue
Bahnen lenkten. Zu Ende der sechziger Jahre sind die beiden 25
Humboldts, in den siebziger Niebuhr und Karl Ritter geboren.
Das eine Jahr 1785 brachte drei Gelehrte von weitestem Rufe:

* Kleine Schriften. Leipzig, 1888. Teil 1.

Dahlmann, Böckh und Jakob Grimm. So begründete sich,
während man drüben in gewaltsamen Umgestaltungen sich ver=
suchte, allmählich in Deutschland der friedliche Neubau der deut=
schen Wissenschaft. Von den genannten Namen ist keiner so
5 bekannt wie der Name Grimm. Die „Kinder= und Hausmär=
chen,“ von den Gebrüdern Grimm herausgegeben, sind in alle
deutschen Häuser gedrungen, das deutsche Wörterbuch von Jakob
und Wilhelm Grimm ist für jedermann geschrieben, viel be=
sprochen und hoffentlich manchem bekannt, der sonst nicht gerade
10 in Wörterbüchern zu blättern pflegt. Und wer auch etwa nur
den ersten Band des großen Nationalwerks aufgeschlagen und
einen Blick auf die beiden ernsten und milden Gesichter gewor=
fen hat, die uns dort im Bilde entgegentreten, der bringt, sollte
ich meinen, eine freundliche Stimmung mit für alles, was die=
15 sen Namen angeht, der ja auch in der politischen Geschichte einen
hellen Klang hat. Märchen freilich und ein vielbändiges Wör=
terbuch scheinen auf den ersten Blick wenig mit einander gemein
zu haben. Märchen, eine Zauberwelt für groß und klein er=
schließend, und die Aufzeichnung und Beschreibung unzähliger
20 deutscher Wörter, möchte man meinen, sei etwas sehr Verschie=
denes. Jenes fordere etwas vom Dichter, dies, das Wörter=
buch, alles andere als poetische Auffassung, vielmehr nur klares
Verständnis, scharfe Bestimmtheit, reiche Belesenheit. Wie es
dennoch kommt, daß derselbe Mann beides und noch sehr viel
25 anderes in seinem Geiste trug und gestaltete, wollen wir erwä=
gen und es versuchen, uns annähernd ein Bild jener geistigen
Werkstätte zu machen, in der einer der größten Gelehrten unse=
rer Zeit, ja ein in vielem Betracht unvergleichlicher Forscher
und edler Mann mit festem Sinne lange Jahre hindurch wal=
30 tete.

Die Summe seines wissenschaftlichen Strebens beschreibt uns
Jakob Grimm selbst mit folgenden Worten: „In die rauhen
Wälder unserer Vorfahren suchte ich einzudringen, ihrer edlen

Sprache und reinen Sitte lauschend. Weder die alte Freiheit
des Volkes blieb mir verborgen, noch daß es schon, bevor des
Christentums Segen ihm nahte, sinnigen, herzlichen Glauben
hegte." Es sind damit die Hauptseiten jener Wissenschaft be=
rührt, deren Begründung aus dürftigen Anfängen die große 5
Tat seines Lebens ist, der Wissenschaft vom deutschen Altertum.
Bedeutende wissenschaftliche Schöpfungen, namentlich historisch=
philologische, kommen nur dadurch zu stande, daß zwischen dem
Forschenden und seinem Stoffe eine Art von Verwandtschaft be=
steht. Bei Jakob Grimm war dies in hohem Grade der Fall. 10
Mag er nun deutschen Glauben und deutsche Sagen, oder deut=
sche Sitte und Sprache behandeln, überall ahnen wir, derselbe
Volksgeist, welcher jene Anschauungen und Formen hervor=
brachte, ist auch in dem Darstellenden lebendig, so sehr wie in
irgend einem Sohne der deutschen Erde. Verwandtes wird 15
unablässig zu einander gezogen. So ist Grimm immer von
inniger Freude zu seinem Gegenstand ergriffen, und diese
Freude teilt sich von selber dem Lesenden mit. Eine scheinbar
trockene Untersuchung, ja eine bloße Aufzählung erhält bei ihm
einen eigentümlichen, man kann sagen, poetischen Reiz. Ohne 20
solche nie versiegende Lust, ohne die Heiterkeit der Seele, die
daraus entsprang, wäre doch auch ihm wohl der Fleiß erlahmt,
dessen er bedurfte, um so Gewaltiges auszuführen. Die deutsche
Altertumswissenschaft, zu Ende des vorigen Jahrhunderts nur
eine Liebhaberei weniger Bücherfreunde, steht nach dem Tode 25
der Grimms reich entwickelt und in mehrfacher Hinsicht als
Muster für verwandte Bestrebungen da. Darauf ruht ja eben
der große Zusammenhang der Wissenschaften unter einander,
daß jede bedeutendere Leistung in einer von ihnen auch auf an=
dere vorbildlich einwirkt. Versuchen wir in diesem Sinne, uns 30
klar zu machen, in welcher Verbindung Jakob Grimms ganzes
Streben mit einigen Hauptrichtungen vor und neben ihm steht.
    In der sogenannten Periode der Aufklärung und während des

langen Abschnittes, da die Philosophie die ersten Geister unseres
Volkes mehr als alles beschäftigte, war für das stillere Leben der
Völker in fernen Jahrhunderten wenig Empfänglichkeit. Einer
der ersten, welcher erkannte, daß es auch außerhalb der geschul=
5 ten Gedankengänge der Gelehrten und außer der mehr oder we=
niger kunstvollen Dichtung einzelner hochbegabter Menschen eine
Welt des Denkens und Empfindens gab, war Herder. Bei
ihm finden wir gelegentlich tiefsinnige Worte auch über die Vor=
zeit der deutschen Sprache. „Vieles ist versunken,“ sagt er,
10 „wir müssen es wieder emporheben.“ „In unseren Sprach=
wurzeln ist malende Musik.“ Bei ihm beginnt die Unterschei=
dung von Natur= und Kunstpoesie. Diese Keime gingen auf
bei den sogenannten Romantikern. Jetzt kam die Zeit, da man
das anspruchslose Lied des Schnitters, des Fischers bei seiner
15 Arbeit, der Mutter an der Wiege emsig hervorzog, da man ein
kerniges Sprichwort bewundern, an einem altväterischen Brauch
Gefallen finden lernte, und die, so schien es wenigstens, weniger
gebundene Poesie des Orients wie des Mittelalters der klassi=
schen gegenüberstellte. Diese Bestrebungen haben auf die Brü=
20 der Grimm, die mit einem der kühnsten Romantiker, Achim von
Arnim, eng befreundet waren, wesentlich eingewirkt.

Aber es zeigte sich noch ein ganz anderer Zusammenhang.
Friedrich August Wolf hatte zu Ende des 18. Jahrhunderts der
Philologie zuerst höhere Ziele gesteckt und durch seine tief ein=
25 schneidenden Untersuchungen über Homer gezeigt, wie die geprie=
senste Dichtung des Griechenvolkes etwas ganz Anderes sei, als
das Werk eines einzelnen Genies, mit dem man bis dahin
glaubte auskommen zu können. Wilhelm von Humboldt ward
von da aus zu Untersuchungen über das Wesen der menschlichen
30 Geisteskraft angeregt, die ihn vor allem auf die geheimnisvollste
und unmittelbarste Betätigung dieser Geisteskraft bei den Völ=
kern, die Sprache, führten. Es waren Aufgaben gestellt, deren
Lösung nur begonnen ward. Man forderte eine Wissenschaft,

die das ganze Altertum nach den verschiedensten Seiten und in
allen seinen Äußerungen umspannte. Während man aber bei
dieser Forderung wesentlich nur an die griechische und römische
Welt dachte, erfüllte sie sich ungeahnt auf einem wenig beachte=
ten Gebiete. Das klassische Altertum, das Wolf im Auge hatte, 5
ist so unendlich vielseitig, daß es höchstens durch ein Zusammen=
wirken vieler in jenem großen Maßstabe durchforscht werden
kann, den man nun anlegte. Das deutsche Altertum dagegen,
dem die bildende Kunst und ein entwickeltes politisches Leben
fast ganz abgeht, und dessen Litteratur nicht so massenhaft ist, 10
konnte schon eher von der eminenten Kraft eines Einzelnen um=
spannt werden. Und diese hervorragende Kraft steckte in Jakob
Grimm. Man darf es aussprechen. Er ist gleichsam das Ur=
bild eines Philologen, wie man ihn seit Wolf suchte. Freilich
hatte auch er seine Schranken. Er blieb insofern Romantiker, 15
als ihn die dunkeln Anfänge zu jeder Zeit mehr reizten als die
helle Erfüllung. Aber dennoch hat er sich von einem gewissen
Streben ins Unbestimmte und Regellose, das in seinen früheren
Arbeiten hervortritt, mehr und mehr losgemacht. „Je mehr ich
mich beschränke," schrieb er 1820, „desto größeren Erfolg spüre 20
ich bei mir." Diese Beschränkung war freilich, an dem Ver=
mögen anderer gemessen, riesige Ausdehnung. Denn selbst
über die deutschen Grenzen hinaus zu den Romanen, Slawen,
Finnen zu schweifen, scheute er sich nie. Den Begriff „deutsch"
zog er so weit, daß auch der skandinavische Norden und das 25
Angelsächsische und Englische mit hinein gehörten. Aber er
steckte sich überall deutliche Ziele und verfolgte diese mit jener
nie rastenden Arbeitslust, die ihn nie verließ. Vor allem be=
schäftigte ihn die Sprache, die schon als Mittel zu allem weite=
ren die erste Stelle einnahm. Aber daneben erwuchs ihm die 30
„Deutsche Mythologie." Indem er vereinzelte Notizen über
deutschen Götterdienst sammelte, vor allem aber den Spuren
des deutschen Heidentums in Sagen und Märchen nachging,

deckte er hier eine unendliche Fülle auf. Die Sitte unserer
Vorfahren verfolgte er besonders in alten Rechtsgebräuchen, die
Poesie vorzugsweise in der Gattung, die am wenigsten von einzelnen Menschen gemacht werden kann, im Epos, über dessen
wahres Wesen er die tiefsinnigsten und treffendsten Aufschlüsse
brachte. Dies alles konnte nur gelingen durch eine Hingebung
an den Stoff, wie sie wohl nie größer da gewesen ist und kaum
ohne jenes lebendige Nationalgefühl, das Grimms gesamte
Forschung beseelt, erreichbar war. Die vielseitigste Rezeptivi-
tät war bei ihm mit der höchsten Produktivität verbunden. „Wo
Sie das alles herhaben, weiß Gott," schrieb ihm einmal sein
Freund Lachmann. Allerdings lag in dieser Art zu schaffen
auch manche Gefahr. Jakob Grimm arbeitete rasch und ohne
zu feilen. So bedurfte sein Schaffen dringend des Korrektivs
kritischer Geister, unter denen eben Lachmann hervorragt. Auch
traf es sich glücklich, daß Wilhelm Grimm, weniger kühn und
umfassend, aber auf beschränkteren Feldern fein und sorgfältig,
dem verwegeneren Jakob zur Seite stand.

Jakob Grimm ist offenbar da am meisten an seinem Platze,
wo das unbewußte Geistesleben unseres Volkes in Betracht
kommt. Vielleicht verführte ihn das, diesem unbewußten Geistesleben hie und da einen weiteren Spielraum anzuweisen, als
ihm gebührte. Aber ein Gebiet des Volkslebens gibt es, das
so gut wie ganz dieser Sphäre des Unabsichtlichen und Unbewußten anheimfällt. Zur Sprache, die er redet, trägt der Einzelne
durch bewußtes Schaffen so gut wie gar nichts hinzu. Die
Sprache empfängt vielmehr der Einzelne von seinem Volke als
eine ihn wesentlich bindende und bestimmende Macht. Sie ist
in aller Stille von ungezählten Generationen geschaffen. Hier
also, auf dem Gebiete der Sprache, konnte Jakob Grimm jene
seine Hauptrichtung am besten bewähren. Hier hat er in der
Tat das Höchste geleistet. Wie er die deutsche Sprache im
innigsten Zusammenhange mit dem Leben und der Art unseres

Volkes auffaßte, so hat niemand auch nur annähernd irgend
eine Sprache zu ergründen gewußt. Darum bleibt seine
„Deutsche Grammatik," obwohl nicht ganz zu Ende geführt, un-
bestritten das bedeutendste seiner Werke, ein Werk, von dem
man sagen kann, daß fünfzig Jahre nach seinem ersten Erschei- 5
nen zwar vieles darin Enthaltene von der unaufhaltsam fortschreitenden Wissenschaft überflügelt ist, daß aber auch wesentliche darin gegebene Anregungen, die weit über die deutsche
Sprache hinausgingen, noch jetzt nicht völlig ausgebrütet sind.

Wie gelingt es dem Menschen, wie gelingt es unserem Volke, 10
die unendlich mannigfaltige Welt der Dinge durch jene tönenden
Zeichen auszudrücken, die wir Wörter nennen? Alle Kräfte
der Seele haben dazu mitgewirkt, aber keine so wesentlich wie
die Einbildungskraft. Die Sprache ist durch und durch bildlich.
Das Leibhaftige und mit den Sinnen Wahrnehmbare dient als 15
Bild des Geistigen und Begrifflichen. Auch das dichterische
Schaffen besteht im Hinstellen und Gestalten bedeutungsvoller
Bilder. Insofern kann man sagen, daß in der Bildlichkeit der
Sprache die Poesie der Sprache enthalten ist. Es ist eine
Poesie vor aller wirklichen Poesie, ein Dichten im Worte, noch 20
nicht mit dem Worte. Zum Verständnis dieser Bilder gehört
eine besondere Begabung, so wie unsere Märchen von Menschen
erzählen, welche die Stimme der Vögel verstehen. Und hier ist
Jakob Grimm der Begabtesten einer. Wenn nach anderen
Richtungen hin andere Sprachforscher ihm ebenbürtig sind, so 25
steht Grimm im Erlauschen dieser in der Sprache verborgenen
Volkspoesie unübertroffen da.

Der Dichter weiß, auch die unbelebte Welt zu beseelen, die
Fabel läßt nicht nur Tiere, sondern auch Blumen und Bäche
reden. So personifizieren viele Sprachen, darunter auch die 30
unsrige, die natürlichen und geistigen Vorstellungen, indem jedes
Wort sein Geschlecht erhält. Gott schuf, heißt es in der Genesis, den Menschen nach seinem Bilde. So gestaltet der Mensch

die Dinge nach dem seinigen. „Das grammatische Geschlecht,"
sagt Jakob Grimm, „ist eine in der Phantasie der menschlichen
Sprache entsprungene Ausdehnung des natürlichen auf alle
Gegenstände. Durch diese wunderbare Operation haben eine
5 Menge von Ausdrücken, die sonst tote und abgezogene Begriffe
enthalten, gleichsam Leben und Empfindung empfangen." Offen=
bar sind die natürlichen und geistigen Eigentümlichkeiten des
männlichen wie des weiblichen Geschlechts der Grund, warum
man dies Wort männlich, jenes weiblich faßte, und bietet um=
10 gekehrt das Fehlen jeder Vergleichbarkeit mit dem einen oder
dem anderen die Erklärung dafür, daß andere Wörter, gleichsam
als unentwickelte Kinder oder unbelebte Schattenwesen, ge=
schlechtslos aufgefaßt werden. Nicht zufällig ist der kraftige
Fluß oder Strom männlich, die liebliche Quelle und die beweg=
15 liche Welle weiblich, der nasse Stoff aber, das Wasser, ge=
schlechtslos. Dem festen Baum steht die Gesicht und Geruch
erfreuende Blume und Blüte zur Seite, während das Holz so
wenig wie das Eisen, das Silber, das Gold einer Personifizie=
rung wert geachtet wird, wohl aber der vernichtende Stahl.
20 Von einer Notwendigkeit kann hier nirgends die Rede sein, da
die Phantasie eine bewegliche und in verschiedenstem Sinne er=
regbare ist. Aber eben so wenig herrscht in diesen Dingen Will=
kür. Gewisse durchgreifende Analogieen hat Jakob Grimm mit
feinem Sinn herauszutasten gewußt, und meisterhaft versteht er
25 es, die Bedeutung der ganzen Erscheinung in helles Licht zu
stellen. Die Geschlechtsbezeichnung steht in enger Beziehung
zum Götterglauben. Denn auch der Götterglaube beruht auf
der Personifizität des Natürlichen. Wenn die Griechen die
Flüsse als Götter verehrten, die Quellen als Nymphen, so ge=
30 schah das offenbar aus demselben Grunde, aus dem sie die be=
treffenden Wörter einerseits männlich, andererseits weiblich
gebrauchten. Himmel und Erde als ein Paar zu betrachten,
aus dessen Ehebund die übrige Welt entsteht, ist eine uralte An=

schauung. Aber eigentümlich deutsch ist es, daß wir der Mond
und die Sonne sagen, und auch dies in der Sprache wie in der
Sage, wo der Mond und die Sonne als Bruder und Schwester
erscheinen. So läßt uns die Geschlechtsbezeichnung Blicke auch
in die dem einzelnen Volke besondere Anschauung tun.   5

Gerade in diesen Dingen, die man das Klein= und Stillleben
der Sprache nennen kann, zeigt sich Grimm am größten, hier
entfaltet er am meisten jene ihm in hohem Grade zukommende
Eigenschaft, die wir mit dem in fremde Sprachen unübersetzba=
ren Wort „finnig" bezeichnen. Denn von allem, was der un=   10
vergleichliche Mann gesagt und geschrieben hat, empfangen wir
den Eindruck, daß die Gedanken aus der eigensten Art seines
Geistes und Gemütes hervorgewachsen sind. Wenn wir von
ihm in seiner „Geschichte der deutschen Sprache" durch Betrach=
tungen über Wörter und ihre Bedeutung in das frühe Leben der   15
Hirten, der Ackerbauer, der Jäger eingeführt werden, wenn uns
das Wörterbuch den mannigfaltigen Sinn eines deutschen Worts
— das wir kannten, und doch so nicht kannten — an fein gewähl=
ten Beispielen aufweist, überall spüren wir den Atemzug des
frischesten Geisteslebens, überall prägt sich jene innige Freude,   20
ja man könnte sagen, Weihe aus, mit der Jakob Grimm arbeits=
voll, doch mühelos den Gängen der Sprache nachspürt.

17.

Wilhelm Grimm.
Jakob Grimm.*

Ich soll hier vom Bruder reden, den nun schon ein halbes
Jahr lang meine Augen nicht mehr erblicken, der doch nachts im
Traum, ohne alle Ahnung seines Abscheidens, immer noch neben   25
mir ist. Ihm zum Andenken niedergelegt sei denn ein Gebund

* Kleinere Schriften. Berlin, 1864. Bd. 1. S. 163.

Erinnerungen, die sich aber, wie man in diesem Kreise erwarten
wird, fast nur auf seine wissenschaftliche Tätigkeit erstrecken.

Unter Sippen und Blutsverwandten dauert ja die lebendigste,
vollste Kunde, und ihnen stehen von Natur geheime Zugänge
5 offen, die sich vor den andern schließen. Nicht allein liebliche
Eigenheiten und Züge haben sich einzelnen Gliedern eines Geschlechts eingeprägt und zucken in wunderbarer Mischung nach,
sondern dasselbe tut auch die geistige Besonderheit, daß man oft
darüber staunt; da hält ein Kind den Kopf oder dreht die Achsel,
10 genau wie es der Vater oder Großvater getan hatte, und aus
seiner Kehle erschallen bestimmte Laute mit derselben Modula-
tion, die jenen geläufig war; die leisesten Anlagen, Fähigkeiten
und Eindrücke der Seele, warum sollten nicht auch sie sich wiederholen? Menschlicher Freiheit geschieht dadurch kein Eintrag,
15 denn neben solchen Einstimmungen und Ähnlichkeiten entfaltet
sich zugleich auch die entschiedenste Selbständigkeit jedes Einzelnen; weder dem Leib noch dem Geiste nach find sich je, so lange
die Welt besteht, zwei Menschen vollkommen einander gleich gewesen, nur neben, mitten der die Regel bildenden menschlichen
20 Individualität brechen strichweise, wie aus dem Hintergrund,
jene Ausnahmen vor, die das Band unsrer Abstammung nicht
verleugnen und ihm Rechnung tragen.

Mir erscheint nun, daß dieser edle, die Menschheit festigende
und bestätigende Hintergrund seine größte Kraft hat zwischen
25 Geschwistern, stärkere sogar als zwischen Eltern und Kindern.
Geschlechter haben sich zu Stämmen, Stämme zu Völkern erhoben nicht sowohl dadurch, daß auf den Vater Söhne und Enkel in
unabsehbarer Reihe folgten, als dadurch, daß Brüder und Bru-
derskinder auf der Seite fest zu dem Stamm hielten. Nicht die
30 Deszendenten, erst die Kollateralen sind es, die einen Stamm
gründen, nicht auf Sohnschaft sowohl als auf Brüderschaft beruht ein Volk in seiner Breite.

Ich laufe Gefahr mich in eine politische Anwendung zu ver-

lieren und will lieber den einfachen Grund angeben, warum
Brüder sich besser verstehen und erkennen als Vater und Sohn.
Eltern und Kinder leben nur ein halbes Leben miteinander,
Geschwister ein ganzes. Der Sohn hat seines Vaters Kindheit
und Jugend nie gesehen, der Vater nicht mehr seinen Sohn als　5
reisen Mann und Greis erlebt. Eltern und Kinder sind sich
also nicht volle Zeitgenossen, das Leben der Eltern sinkt vorn in
die Vergangenheit, das der Kinder steht hinten in der Zukunft;
aber Geschwister, wenn ihr Lebensfaden nicht zu früh abgeschnit=
ten wurde, haben zusammen als Kinder gespielt, gehandelt als　10
Männer und nebeneinander gesessen bis ins Alter. Niemand
weiß folglich bessern Bescheid zu geben als vom Bruder der
Bruder, und diesem natürlichen Verhalt hinzu tritt noch ein sitt=
licher. Der Vater, vom Sohne redend, wird sich seiner Gewalt
über ihn stets bewußt bleiben, der Sohn, Zeugnis vom Vater　15
ablegend, der gewohnten Ehrfurcht nie vergessen. Geschwister
aber stehen nebeneinander, ihrer wechselseitigen Liebe zum Trotz,
frei und unabhängig, so daß ihr Urteil kein Blatt vor den Mund
nimmt. Und dazu nun die leibliche Geschwisterähnlichkeit, also
insgeheim auch die geistige; dem Vater gleicht der Sohn nur　20
mehr oder weniger als halb, weil er auch Mutterzüge in sich auf=
nimmt, hingegen Brüder teilen sich in des Vaters und der Mut=
ter Gesicht und besitzen von jedem irgend etwas; wenn Brüder
sich in der Kindheit noch so unähnlich erscheinen, im Alter, wenn
ihre Wangen einfallen, gleichen sie einander durch die Bank.　25

Wilhelm, ein blühender, froher Knabe, hatte die Kinderjahre
ohne Gefahr durchlaufen, und alle Krankheiten waren an ihm
vorübergegangen, während mich Masern und Blattern hart er=
griffen und meinem Gesicht eine Fülle von Narben eindrückten,
deren Spur lange nicht schwinden wollte; er blieb unversehrt　30
davon. Als wir vollwachsen waren, ragte er daumenbreit über
mich hinaus. An des Jünglings Gesundheit begann aber, wie
am rotwangigen Apfel, innerst ein Wurm zu nagen, dessen Sitz

die Ärzte jahrelang nicht konnten ausfindig machen; bald war
dem Siechenden sein Atem beklommen, daß er nur mühsame
Schritte tat, bald das Herz beschwert; es fing plötzlich heftiger
zu klopfen an und ließ nicht nach, bis durch einen harten Schlag,
5 wie man einen Kasten zuwirft, das Gleichgewicht der Pulse hergestellt wurde. Diese steten, in der frischesten Lebenszeit sich
erneuernden Ängste und Drohungen eines Übels, das er nie
vollends überwand, obschon die Gefahr nach Stufen zurückwich,
mußten auf seine ganze Gemütsart und Empfindungsweise einen
10 tiefen Eindruck hinterlassen. Den einzelnen Anfällen war jedesmal Abspannung, dann wohltätige Erholung gefolgt, der Kopf
zum Glück immer frei geblieben, und von da aus senkte sich bald
auch neuer Mut in die abgemattete Brust. Unmittelbar in der
Schwächung des Leibs fühlte sich sein Geist gekräftigt, und früher
15 als gewöhnlich reifend, Geduld und Gleichmut fachten seine
Lebenshoffnung unausgesetzt an, gaben seinen Gedanken Schwung
und flößten ihm Feinheit des Nachsinnens, Takt der Beobachtungen ein. Was er damals dachte oder niederschrieb, würde
er auch später noch ebenso gedacht und geschrieben haben, seiner
20 Ausbildung war aller Sprung benommen und ein förderndes
Ebenmaß verliehen. Um diese Zeit las er nicht allein zur Schonung und Erheiterung, sondern aus innerem Trieb unsere großen
Dichter und war gleich entschieden Goethe zugewandt, während
ich, der weniger anhaltend im Zusammenhang lesen konnte, erst
25 mehr von Schiller eingenommen, nach und nach auch von jenem
ergriffen wurde.

So nahm uns denn in den langsam schleichenden Schuljahren
ein Bett auf und ein Stübchen, da saßen wir an einem und demselben Tisch arbeitend, hernach in der Studentenzeit standen zwei
30 Bette und zwei Tische in derselben Stube, im späteren Leben
noch immer zwei Arbeitstische in dem nämlichen Zimmer, endlich
bis zuletzt in zwei Zimmern nebeneinander, immer unter einem
Dach in gänzlicher unangefochten und ungestört beibehaltener

Gemeinschaft unsrer Habe und Bücher, mit Ausnahme weniger, die jedem gleich zur Hand liegen mußten und darum doppelt gekauft wurden. Auch unsere letzten Bette, hat es allen An= schein, werden wieder dicht nebeneinander gemacht sein; erwäge man, ob wir zusammengehören und ob, von ihm redend, ich es 5 vermeiden kann, meiner dabei zu erwähnen.

Wir hatten, eine lange schon genährte Neigung ausbildend, unser Ziel auf Erforschung der einheimischen Sprache und Dicht= kunst gestellt, welchen man doch die lebhafteste Anziehungskraft für junge Gemüter beilegen muß. Die Denkmäler und Über= 10 reste unserer Vorzeit rücken einem unbefangenen Sinn näher als alle ausländischen, scheinen unleugbar größere Sicherheit der Erkenntnis anzubieten und in alle Beziehungen des Vaterlandes einzugreifen. Der Mensch würde sich selbst geringschätzen, wenn er das, was seine Ureltern, nicht in eitlem, vorübergehendem 15 Drang, vielmehr nach bewährter Sitte, lange Zeiten hindurch hervorgebracht haben, verachten wollte. Auf die kräftige Speise und auf alle Leckerbissen der klassischen Litteratur mundet auch die einfachere, derbe Hausmannskost. Gerade daß uns so viel Zerbröckeltes, Unvollendetes und lückenhaft Aufbewahrtes vor 20 Augen geführt wird, regt die Einbildungskraft an, und Bruch= stücke flößen uns ein Mitleid ein, das sie zu betrachten und zu ergänzen auffordert. Offenen Blicken konnte sich nicht bergen, daß hier ein frisches, fast unbebautes Feld vorliege, dem günstige Erträge abzugewinnen seien. 25

Es war uns, mir erst nach anderweit eingelenkten schweren Versuchen, zuletzt gelungen, wieder zusammen an der nämlichen Bibliothek eine Stellung zu finden, die unsere Pläne und Vor= sätze begünstigte. Nun galt es stille, ruhige Arbeit und Samm= lung, die sich Jahre lang nur selbst genügen konnten und unser 30 Wissen langsam, doch unablässig gedeihen ließen. Es waren die glücklichsten Jahre unseres Lebens, in solcher Ruhe, wenn ich hier die Worte eines alten Dichters gebrauchen darf, „ergrünte

unfer Herz wie auf einer Aue." Von allen Seiten her, nach
allen Seiten hin war gefammelt und geforfcht worden, endlich
erwachte auch das Verlangen, einiges von unfern Ergebniffen
vorzulegen und mitzuteilen.

5   In einem und demfelben Jahre traten wir zuerft jedweder
befonders mit fehr verfchiedenen Büchern auf, welchen doch beiden
deutliche Gunft widerfuhr.   Ich fuchte darzutun, daß was man
als Minnefang und Meifterfang zu unterfcheiden pflegte, gerade
in einer ihnen gemeinfamen, wefentlichen Form dasfelbe fein
10   müffe, ihre Abweichung nur als Herabfinken einer Kraft in
Unkraft anzufehen fei, wie alte Gebräuche überall abfterben und
verkümmern, fo daß doch immer noch bedeutende Ähnlichkeiten
davon zurückbleiben.   Bedeutenderen Eindruck machte aber Wil=
helms Überfetzung der dänifchen Heldenlieder, wobei es auch
15   fchon an einleuchtenden Unterfuchungen über die deutfche Helden=
fage nicht gebrach.   Ich entfinne mich, daß damals Niebuhr,
dem die dänifchen Dichtungen geläufig waren, die gelungene
Farbung diefer Verdeutfchung rühmte, und ganz vor kurzem erft
ift mir ein Urteil kund geworden, das Hebel darüber gefällt hat
20   und ich mich hier vorzutragen nicht enthalte. Welche Freude
würde es meinem Bruder bereitet haben, wenn die Worte diefes
gefeierten, mit dem Volkston des Liedes vertrauteften Dichters
jemals noch zu feinem Ohr gedrungen wären.   „Wenn dir,"
fchreibt Hebel einem Freunde, „in der Poefie wie in der Natur
25   frifcher, lebendiger Morgenhauch, gekühlt über den Waffern und
·in den Bergen und gewürzt im Tannenwald, beffer behagt als
die drückende Schwüle oder gar der Anhauch aus einem Blas=
balg, fo lies Grimms ,Altdänifche Heldenlieder, Balladen und
Märchen.' "

30   Nach diefen gemeinfchaftlichen, mit aller Luft gepflognen Ar=
beiten trat aber eine Wendung ein, die nun wieder getrennte
und von einander abweichende Schritte forderte.   Daß jeder
feine Eigentümlichkeit wahren und walten laffen follte, hatte fich

immer von selbst verstanden; wir glaubten, solche Besonderhei=
ten würden sich zusammenfügen und ein Ganzes bilden können.
Von Kindesbeinen an hatte ich etwas von eisernem Fleiße in
mir, den ihm schon seine geschwächte Gesundheit verbot; seine
Arbeiten waren durchschlungen von Silberblicken, die mir nicht 5
zustanden. Seine ganze Art war weniger gestellt auf Erfinden
als auf ruhiges, sicheres in sich Ausbilden. Alles, soviel in den
Gang seiner eignen Forschungen einschlug, beobachtete er reinlich
und strebte, es zu bestätigen; das übrige blieb ihm zur Seite.
Fünde sind jedoch bedingt dadurch, daß nahe und fern gesucht 10
werde, häufig ohne Vorherbestimmung der Stelle, wo sie zu he=
ben stehen, ein ganzer Stoff will gleichsam als neutral bewältigt
sein, aus dem dann die Ergebnisse tauchen. Kühnen und Wagen=
den steht ungesehen das Glück bei, plötzlich ist etwas geraten;
Wilhelm mochte nicht aufs Geratewohl ausgehen. Ich weiß, 15
den Ulfilas, Otfried, Notker und andere Hauptquellen vom ersten
bis zum letzten Buchstaben genau zu lesen, hat er nie unternom=
men noch vollführt, wie ich es oft tat und immer wiedertue, nie=
mals ohne zu entdecken. Ihm genügte, Stellen aufzuschlagen,
die er im besondern Fall zu vergleichen hatte. An der gramma= 20
tischen Regel lag ihm jedesmal nur so weit, als sie in seine vor=
habende Untersuchung zu gehören schien, und dann suchte er sie
festzuhalten. Wie hätte er darauf ausgehen wollen, die Regeln
selbst zu finden, zu überbieten und zu erhöhen? Ihm gewährte
Freude und Beruhigung, sich in der Arbeit gehen, umschauend 25
von ihr erheitern zu lassen; meine Freude und Heiterkeit bestand
eben in der Arbeit selbst. Wie manchen Abend bis in die späte
Nacht habe ich in seliger Einsamkeit über den Büchern zugebracht,
die ihm in froher Gesellschaft, wo ihn jedermann gern sah und
seiner anmutigen Erzählungsgabe lauschte, vergingen; auch 30
Musik zu hören, machte ihm große, mir nur eingeschränkte Lust.

Bisher sprach ich von den Unterschieden zwischen uns Brüdern,
was ich hinzuzufügen habe, sind lauter Einklänge.

Wir haben noch zuletzt gegen unseres Lebens Neige ein Werk
von unermeßlichem Umfang auf die Schultern genommen; besser, daß es früher geschehen wäre, doch waren lange Vorberei-
tungen und Zurüstungen unvermeidlich; nun hängt dieses
5 deutsche Wörterbuch über mir allein. Ein doppeltes Ziel schwebte
uns vor. Die heutige Spracherklärung hatte, wo nicht aller,
doch der meisten Vorteile teilhaftig zu werden, die aus erhöhter
Forschung hervorgegangen sind. Dann aber sollten reiche An-
führungen alle einzelnen Wörter beleben und bestätigen; es kam
10 darauf an, selbst gleich oder ganz ähnliche Beispiele zu häufen,
weil sie die Gangbarkeit des Ausdrucks, die sparsam beigebrachten
dessen Seltenheit bezeugen mußten. Dann aber unterließen wir
jede Beschränkung auf den heutigen Sprachstand und trugen auch
die Wörter der vergangnen, uns zunächst stehenden Jahrhunderte
15 ein. Der heutigen Sprache ist fast jeder mächtig, ohne daß er
viel nachschlage; seitdem aber angefangen ist, die Schriften der
vier letzten Jahrhunderte zu sammeln und neu herauszugeben,
wie hätte ein dafür notwendiges Hilfsmittel gebrechen dürfen?
Alle Leser werden die schöne Ausführlichkeit loben, die mein
20 Bruder den einzelnen Wortbedeutungen gab, und gern die oft
ungleiche Behandlung der Ableitungen oder Wurzeln dulden,
ohne daß hiermit ein Tadel des einen oder des andern Verfah-
rens ausgesprochen sein soll. Mag seit des treuen Mitarbeiters
Abgang die Aussicht auf Vollendung des Werkes durch dessen
25 Urheber selbst noch zweifelhafter geworden sein, als sie menschlichen Voraussetzungen nach gleich anfangs war, so tröstet mich die
begründete Hoffnung, daß, je mehr mir noch selbst auszuarbeiten
gelingt, die ganze Einrichtung, Art und Weise des Unternehmens
fest ermittelt sein und auch bewährten Nachfolgern erreichbar
30 bleiben werde.

18.
Die deutsche Universität.
Friedrich Paulsen.*

Der englische Typus der Hochschule, wie ihn die beiden alt-
ehrwürdigen Universitäten Oxford und Cambridge darstellen, ist
der älteste; in ihm ist die ursprüngliche Form der mittelalterlichen Universität am meisten erhalten, wie denn England überhaupt das konservativste, altes Herkommen am treuesten bewah- 5
rende Land in Europa ist. Von hier ist er nach Nordamerika
übergegangen. Die Universität ist in diesen Ländern eine auto-
nome Körperschaft; sie regiert sich selbst und unterhält sich aus
eigenem, auf Stiftung beruhendem Vermögen; die Staatsregie-
rung hat mit der regelmäßigen Verwaltung nichts zu tun. Die 10
Lebensordnungen sind in den Grundzügen die der mittelalterlichen Universität, Lehrer und Scholaren wohnen in den colleges
und halls in einer Art klösterlicher Gemeinschaft beisammen.
Auch der Unterricht gleicht nach Inhalt und Form dem Unterricht der alten Universität und ihrer Hauptfakultät, der facultas 15
artium. Sein Ziel ist wesentlich eine erweiterte und vertiefte
allgemeine Bildung, wie sie für einen gentleman sich schickt;
die eigentlich wissenschaftliche Forschung liegt, ebenso wie die
fachwissenschaftliche Vorbildung für den praktischen Beruf, außerhalb der regelmäßigen Aufgabe. Unterrichtsgegenstände sind 20
vor allem die allgemein bildenden Wissenschaften: Sprachen,
Geschichte, Mathematik, Naturwissenschaften, Philosophie. Die
Form des Unterrichts ist schulmäßig, vielfach reiner Privatunter-
richt.

Der deutsche Typus, wie er in Deutschland und den über- 25
wiegend unter deutschem Einfluß stehenden Nachbarländern ein-
heimisch ist, hat den Forderungen der Neuzeit mehr nachgegeben.

* Die deutschen Universitäten und das Universitätsstudium. Berlin,
1902. S. 1.

Die deutsche Universität ist Staatsanstalt, sie wird vom Staat
errichtet und unterhalten und steht unter der Staatsverwaltung.
Doch hat sie nicht unwichtige Stücke der alten korporativen Ver=
fassung sich erhalten; sie besitzt ein gewisses Maß von Selbst=
5 verwaltung; sie wählt ihre Behörden, Rektor, Senat und De=
kane selbst; sie übt endlich einen bedeutenden Einfluß auf die
Besetzung der Lehrstühle, zunächst indem sie durch die Doktor=
prüfung und die Zulassung der Privatdozenten den Kreis, aus
dem der Lehrkörper vorzugsweise ergänzt wird, bestimmt; so=
10 dann indem sie für die Besetzung der einzelnen Lehrstühle der
Regierung Vorschläge einreicht. In der Gesamtverfassung als
Lehranstalt hat die deutsche Universität die ursprüngliche Form
sogar am reinsten bewahrt; die vier Fakultäten sind hier als
wirksame Lehranstalten erhalten, während in England der Unter=
15 richt und das Leben sich zum großen Teil in die colleges zurück=
gezogen haben.

Faßt man das innere Wesen der deutschen Universität ins
Auge, so tritt als ihr besonderer Charakter hervor, daß sie zu=
gleich Werkstätte der wissenschaftlichen Forschung und Anstalt für
20 den höchsten wissenschaftlichen Unterricht, und zwar sowohl für den
allgemein=wissenschaftlichen als den fachwissenschaftlichen und be=
ruflichen Unterricht ist. Wie die englischen Universitäten, bietet
sie einen erweiterten und vertieften allgemein=wissenschaftlichen
Unterricht; er ist besonders Aufgabe der philosophischen Fakultät.
25 Auch bietet sie den fachwissenschaftlichen Unterricht für die ge=
lehrten Berufe, nämlich des Geistlichen, des Richters und des
höheren Verwaltungsbeamten, des Arztes und des Gymnasial=
lehrers. Sodann aber ist sie, was die englischen nicht sind, der
vornehmste Sitz der wissenschaftlichen Arbeit in Deutschland und
30 zugleich die Pflanzschule der wissenschaftlichen Forschung. Nach
deutscher Auffassung ist der Universitätsprofessor zugleich Lehrer
und wissenschaftlicher Forscher, und zwar steht letzteres in erster
Linie, so daß man eigentlich sagen muß: in Deutschland sind die

wissenschaftlichen Forscher zugleich die Lehrer der akademischen
Jugend; womit denn gegeben ist, daß auch der akademische Un=
terricht in erster Linie ein rein wissenschaftlicher ist; nicht die
Vorbildung für den praktischen Beruf, sondern die Einführung
in die wissenschaftliche Erkenntnis und Forschung steht vorne an. 5

In dieser Einheit von Forschung und Lehre besteht nun der
eigentümliche Charakter der deutschen Universität. In Oxford
und Cambridge gibt es vortreffliche Gelehrte, aber niemand wird
die englischen Universitäten die Träger der wissenschaftlichen
Arbeit des Landes nennen. Viele der berühmtesten Gelehrten 10
Englands, Männer wie Darwin, H. Spencer, Grote, die beiden
Mill, Carlyle, Macaulay, Gibbon, Bentham, Ricardo, Hume,
Locke, Shaftesbury, Hobbes, Bacon standen außerhalb der Uni=
versitäten, und von manchem unter ihnen wird man sagen dür=
fen, daß er auf einer englischen Universität unmöglich war. 15
Aber auch die Universitätsgelehrten sind nicht in dem Sinne wie
in Deutschland die Lehrer der akademischen Jugend; sie halten
wissenschaftliche Vorträge, aber der eigentliche Unterricht liegt in
den Händen der fellows und tutors.

Dem gegenüber gilt in Deutschland die Voraussetzung: alle 20
Universitätslehrer sind wissenschaftliche Forscher oder eigentliche
Gelehrte; und umgekehrt: alle eigentlichen Gelehrten sind Uni=
versitätsprofessoren. Es gibt natürlich Ausnahmen; es gibt
sehr hervorragende Gelehrte, die nicht Universitätsprofessoren
waren, es genügt an Wilhelm und Alexander von Humboldt zu 25
erinnern; und auch unter den deutschen Gymnasiallehrern ist
von je her mancher Gelehrtenname von gutem Klang gewesen.
So gibt es natürlich auch umgekehrt unter den Universitätspro=
fessoren nicht nur einzelne, die als Gelehrte nichts Bedeutendes
leisten, sondern auch solche, die vor allem Lehrer sein wollen. 30
Aber die Regel ist das nicht, die Regel ist das Zusammenfallen
des Gelehrten mit dem Professor. Ist in Deutschland von
einem Gelehrten die Rede, so wird alsbald gefragt: An welcher

Universität ist er? Und ist er an keiner, so darf man voraus-
setzen, daß er es als eine Zurücksetzung empfindet. Und umgekehrt, wo von einem Professor die Rede ist, wird bald gefragt:
Was hat er geschrieben, was hat er wissenschaftlich geleistet?

5 Die Folgen dieses Verhältnisses für die Gestaltung unseres
geistigen und wissenschaftlichen Lebens sind höchst bedeutend.

Der deutsche Gelehrte ist zugleich akademischer Lehrer; darauf beruht seine Stellung im Leben unseres Volks. Unsere
Denker und Forscher sind unserem Volk nicht bloß als Schrift-
10 steller vom Papier her, sondern als persönliche Lehrer von Angesicht zu Angesicht bekannt. Männer wie Fichte, Schelling,
Hegel, Schleiermacher haben auf ihre Zeit vor allem als akademische Lehrer gewirkt; ihr Einfluß als Schriftsteller war nicht
so gar groß; ein großer Teil ihrer Schriften ist erst nach ihrem
15 Tode, nach Aufzeichnungen für Vorlesungen oder aus Nach-
schriften ihrer Schüler, veröffentlicht. Ebenso waren Kant und
Christian Wolff Universitätsprofessoren. Und dasselbe gilt von
den großen Philologen, von Heyne, F. A. Wolf, G. Hermann,
Böckh, sie haben vor allen Dingen durch ihre persönliche Lehr-
20 tätigkeit gewirkt, ihre Schüler trugen als Lehrer an den Gelehr-
tenschulen Geist und Art dieser Männer in die Jugend des
Volkes. Oder man denke an die Wirksamkeit, die Historiker wie
Ranke und Waitz durch ihr Seminar geübt haben. Oder an
unsere Naturforscher und Mathematiker, an Gauß, Liebig, Helm-
25 holtz, Kirchhoff, Weierstraß. Man wird sagen dürfen: wenn in
einer Geschichte der Wissenschaften in Deutschland alles gestri-
chen würde, was von Universitätslehrern geleistet worden ist,
dann wäre der verbleibende Rest nicht gar groß. Auch das verdient bemerkt zu werden, daß unter den hervorragenden Dich-
30 tern unseres Volkes mehr als einer zugleich Universitätslehrer
war, so Uhland und Rückert, Bürger und Schiller, Gellert und
Haller. Auch der Einfluß, der von Universitätslehrern auf die
politische Entwickelung und die Gestaltung des Rechts ausgeübt

worden iſt, iſt höchſt bedeutend; ich erinnere an die Namen
Pufendorf und Thomaſius, Savigny und Feuerbach, Niebuhr
und Treitſchke. Und was iſt nicht mit der einen Tatſache ge-
ſagt, daß Luther und Melancthon Univerſitätsprofeſſoren waren!

Ohne Zweifel iſt das ein für beide Teile höchſt fruchtbares 5
Verhältnis. Die deutſche Jugend, die auf der Univerſität mit
den geiſtigen Führern des Volks in unmittelbare Berührung
kommt, empfängt hier tiefſte und nachhaltigſte Anregungen.
In deutſchen Lebensbeſchreibungen pflegen die Univerſitätsjahre
eine hervorragende Rolle zu ſpielen, nicht ſelten erſcheint der 10
Unterricht eines akademiſchen Lehrers als beſtimmend für die
eigene geiſtige Richtung. Auf der anderen Seite iſt das Verhältnis auch für unſere Gelehrten und Forſcher ein erfreuliches
und fruchtbares; ſie bleiben jung im Verkehr mit der Jugend.
Die perſönliche Gedankenmitteilung hat durch die ſtille und doch 15
verſtändliche Gegenwirkung der Hörer etwas Erregendes und
Belebendes, was dem einſamen Schriftſteller fehlt. Die Gegenwart der Hörer richtet den Blick des Lehrers beſtändig auf das
Weſentliche und das Allgemeine. Die Neigung zum Philoſo-
phieren, die Richtung auf allgemeine Ideen, die dem deutſchen 20
Denken nachgeſagt wird, hängt doch wohl mit der Tatſache zuſammen, daß das Wiſſen hier mehr als anderswo für die lebendige Mitteilung im mündlichen Unterricht erzeugt wird.

Natürlich hat auch dieſe Sache ihre Kehrſeite. Mit dem uni-
verſitätsmäßigen Zuſchnitt des Wiſſenſchaftsbetriebes ſtehen 25
einerſeits gewiſſe minder erfreuliche Seiten unſeres wiſſenſchaftlichen Lebens in leicht erkennbarem Zuſammenhang, ſo eine Neigung zur litterariſchen Überproduktion, zum Schul- und Sekten-
weſen, zur Geringſchätzung der draußen Stehenden, die dann
von dieſen mit Erbitterung empfunden und mit Heftigkeit den 30
„zünftigen“ Gelehrten vorgerückt wird. Gewiß iſt, daß es in
Deutſchland für einen Gelehrten, der außerhalb der Univerſi-
tätskreiſe ſteht, ſchwerer iſt durchzudringen, als in England oder

Frankreich; gewiß auch, daß es ein nützliches Korrektiv für
unsere Universitätsgelehrsamkeit sein könnte, wenn neben ihr die
nicht inkorporierte wissenschaftliche Arbeit mehr gediehe, sie
möchte für manche Dinge einen unbefangeneren Blick und einen
5 zuverlässigeren Maßstabe des Urteils mitbringen.   Andererseits
erwachsen auch dem Universitätsstudium aus jenem Verhältnis
gewisse Schwierigkeiten, vor allem die Ausbildung für den praktischen Beruf kommt nicht selten über dem rein theoretischen Zu-
schnitt des Unterrichts, der allein das Interesse der Forschung
10 im Auge hat, etwas zu kurz.

Dennoch wird das deutsche Volk im ganzen keine Ursache
haben, mit dem hier geschichtlich gegebenen Verhältnis unzufrie-
den zu sein.   Wenn in Deutschland die Wissenschaft dem Herzen des Volkes näher steht, als bei anderen Völkern, so wird das
15 gewiß auch dem glücklichen Umstand verdankt, daß hier von je
her die großen Männer der Wissenschaft auch die persönlichen
Lehrer der akademischen Jugend waren.   Und auf jeden Fall
müssen die Universitäten die Fortdauer des Verhältnisses wünschen.   Das Geheimnis ihrer Kraft beruht darauf, daß sie die
20 führenden Geister an sich zu ziehen und festzuhalten vermögen;
so lange ihnen dies bleibt, werden sie auch die Stellung, die sie
im Leben unseres Volkes gewonnen haben, sich zu bewahren im
stande sein.   Und immer, ist zu hoffen, wird die deutsche Universität den Ruhm bewahren, die Hauptträgerin der deutschen
25 Wissenschaft zu sein.   Sicher ist ihr dieser Ruhm, so lange sie
als Erbe der Vergangenheit bewahrt jenen Geist der Innerlichkeit: die stille Freude an der Sache, die Treue der Arbeit und
die Liebe zur Wahrheit, die über alle Absichten und Rücksichten
hinweghebt.

30 Einstweilen darf sie der Anerkennung sich freuen, die ihr auch
vom Ausland gespendet wird, zuerst darin, daß Jünger der
Wissenschaft aus allen Ländern auf die deutschen Universitäten
ziehen, wie einst die Deutschen nach Paris und Italien pilger-

ten; dann auch darin, daß man in der Fremde ihre Formen
nachzubilden bemüht ist. Am erfolgreichsten waren bisher viel=
leicht einige der hervorragendsten amerikanischen Universitäten
in dem Streben, die deutsche Einheit von wissenschaftlicher Ar=
beit und wissenschaftlichem Unterricht durchzuführen, wie denn 5
auch die Zahl der amerikanischen Gelehrten, die in Deutschland
ihre Studien gemacht und den Doktor erworben haben, beson=
ders groß ist. Nicht zum kleinsten Teil hierauf beruht das Ge=
fühl der Verwandtschaft, wodurch das große jugendkräftige Volk
jenseits des Ozeans mit dem deutschen Volk verbunden ist. 10
Der amerikanische Botschafter, Andrew White, er selbst als
junger Mann Schüler einer deutschen, dann ein hervorragender
Lehrer einer amerikanischen Universität, hat einmal in einer
öffentlichen Rede den deutschen Universitäten einen großen An=
teil an der Geltung, deren der deutsche Name in Amerika sich 15
erfreut, beigemessen: sie hätten den Hauptteil daran, daß
Deutschland in Amerika als ein zweites Mutterland angesehen
werde.

19.

Die Einwirkung fremder Sprachen auf das Deutsche.
Otto Behaghel.*

In der Sprache eines Volkes spiegelt sich nicht nur die tief=
innerliche Entwicklung seines Geistes, sondern auch ein gutes 20
Teil von seinem Kulturleben, von seiner äußeren Geschichte.
An der Hand der Sprache läßt sich vor allen Dingen verfolgen,
in welche Berührungen ein Volk mit anderen Völkern gekommen,
welchen Einfluß es selbst ausgeübt hat, welche Einwirkungen es
von außen erlitten. Denn es gibt wohl kaum eine Sprache, die 25
nicht fremde Bestandteile in sich aufgenommen hat. Und wie es
dem deutschen Volke weniger als anderen vergönnt gewesen ist,

* Die deutsche Sprache. Leipzig, 1886. S. 116.

sich lediglich aus sich heraus frei nach seiner Eigenart zu entwickeln, so hat auch das Deutsche in besonders hohem Maße den
Einfluß fremder Sprachen erfahren müssen.

Die Berührung zweier Sprachen findet nicht immer und überall auf die gleiche Weise statt. Sie kann herbeigeführt werden
durch unmittelbaren periodischen Verkehr ihrer Vertreter, sei es,
daß zwei Völker grenznachbarlich bei einander wohnen, sei es daß
die Angehörigen eines Stammes sich auf dem Gebiete eines andern
angesiedelt haben oder auch nur gelegentlich in Kriegsfahrten das
fremde Gebiet überziehen. In diesen Fällen ist die Aneignung
der fremden Sprache nur eine durchaus unvollkommene, bruch-
stückhafte ; sie geschieht nicht mit bewußter Absicht, sondern mehr
zufällig oder im Drange des Bedürfnisses. So beschränkt sich
denn hier der Einfluß der fremden Sprache·auf die Mitteilung
von einzelnen Wörtern, und zwar werden hier fremde Wörter
fast nur dann entlehnt, wenn auch die Anschauungen, denen sie
gelten, bisher fremd gewesen. Die so aus der Fremde einge-
führten Wörter gehören in weit überwiegender Masse der Klasse
der Substantiva an, nur in geringer dem Gebiet der Verba oder
Adjektiva. Denn es wird natürlich viel häufiger der Fall sein,
daß ein Volk bei einem andern Volke neue Dinge, neue Begriffe
vorfindet, als daß es durch dasselbe neue Eigenschaften der Dinge,
neue Arten von Tätigkeiten kennen lernt.

Die deutsche Sprache hat fremde Bestandteile in sich aufgenommen von der frühesten Zeit an, wo sie in den Gesichtskreis
unserer Forschung eintritt. Freilich, je weiter wir in der Zeit
hinaufgehen, desto geringer wird die Sicherheit, mit der wir einzelne Entlehnungen nachweisen können, besonders deshalb, weil
oft nicht mehr entschieden werden kann, wer der Gebende, wer
der Nehmende gewesen.

Unsere ältesten Leihwörter sind unter den Bezeichnungen für
Metalle und für Kulturpflanzen zu suchen. Nun vermögen wir
zwar von Wörtern wie Silber und Hanf mit ziemlicher Be-

stimmtheit zu sagen, daß sie nicht ursprüngliche Bestandteile der
germanischen Sprache gewesen sind, aber welche Völker es nun
waren, die uns diese Ausdrücke vermittelt haben, darüber sind
wir kaum im stande, auch nur Vermutungen zu wagen. Jeden=
falls liegt die Zeit der Entlehnung weit hinter der Spaltung des
Germanischen in einzelne Zweige zurück.

Innig und andauernd waren die Beziehungen, welche zwischen
Germanen und Kelten bestanden; es war ja geradezu altkeltischer
Boden, auf dem die südlichen und westlichen Stämme der Deut=
schen sich angesiedelt haben. Dieser alte keltische Hintergrund
blickt besonders in Eigennamen durch, in Namen von Flüssen,
Bergen und Ortschaften; Namen wie **Rhein**, **Main** und
Donau, **Melibokus** und **Vogesen**, **Mainz** und **Worms**
sind keltisches Sprachgut. Einer der merkwürdigsten Belege
für keltischen Einfluß in unserem Sprachschatze ist das scheinbar
echt deutsche Wort **reich**. Dasselbe bedeutet ursprünglich nicht
wie heute **mit Glücksgütern gesegnet**, sondern **mächtig**;
eine Spur dieser Bedeutung liegt ja noch im Substantiv **das
Reich** vor. Das Wort ist verwandt mit lateinisch rex, kann
aber aus lautlichen Gründen nur aus dem Keltischen in das
Deutsche eingedrungen sein, legt also den Gedanken nahe, daß
auch in Bezug auf staatliche Dinge die Germanen nicht ganz frei
von keltischem Einfluß gewesen.

Ebenfalls noch in vorhistorischer Zeit beginnt der Einfluß des
Lateinischen; seine Anfänge lassen sich zurückverfolgen bis gegen
den Anfang unserer Zeitrechnung, sein Ende ist noch heute nicht
gekommen. Freilich ist er zu verschiedenen Zeiten sehr verschie=
den gewesen, und es läßt sich auch nicht immer deutlich erkennen,
wie weit wir es mit wirklich lateinischem Sprachgute zu tun ha=
ben, und wie weit etwa romanische Wortformen zu Grunde lie=
gen. Die frühesten Entlehnungen sind rein volkstümlicher Art;
sie sind eine Folge teils alten Verkehrs, der zwischen Germanien
und Italien gepflegt wurde, teils der römischen Ansiedelungen

im Süden und Westen des deutschen Gebietes. Durch die Ver-
mittelung der Römer haben die Germanen eine Anzahl von
Naturerzeugnissen neu kennen lernen: von Tieren den Elephan-
ten, den Pfau und den fabelhaften Drachen; von Pflanzen
5 Birne, Feige, Kirsche, Kohl, Kürbis, Lilie, Man-
del, Maulbeere, Pfeffer, Rettich, Rose, u. s. w.—
auch die allgemeinen Bezeichnungen Pflanze und Frucht
stammen aus dem Lateinischen; aus dem Mineralreich den
Marmor. Die höhere römische Kultur hat hauptsächlich auf
10 drei Gebieten das germanische Leben beeinflußt. Erstens und
besonders stark, in der Baukunst; daher sehr zahlreiche Entlehnungen: Kalk, Pflaster und Straße, Platz, Mauer
und Pfosten, Pforte, Kerker und Keller, Turm und
Pfalz, tünchen, Ziegel und Schindel. Zweitens haben
15 die Germanen Weinbau und Gartenbau durch die Römer kennen
lernen; daher die Wörter Wein und Most, Winzer, Kel-
ter, keltern (lat. calcitrare, mit Füßen treten), pfropfen
(lat. propago), impfen (lat. putare, schneiden), pelzen.
Drittens hat die Kunst der Speisebereitung und was dazu ge-
20 hört, durch die Berührung mit den Römern Fortschritte gemacht;
kochen ist lateinisch coquere, Speise vulgärlat. spêsa,
lat. expensa; ferner stammen aus dem Lateinischen die Benennungen von Butter, Essig (acetum), Käse, Öl, Sem-
mel, Senf; Weiher als Behälter für lebendige Fische ist
25 das lateinische vivarium. Auch für mancherlei Gerätschaften
sind die lateinischen Bezeichnungen ins Deutsch aufgenommen
worden: Anker und Kette, Becher, Kopf, Schüssel,
Kiste, Sack und Tisch (lat. discus). Auffallend gering an
Zahl sind die Entlehnungen auf dem Gebiete von Schmuck und
30 Kleidung; es gehören hierher die Wörter Krone, Purpur,
Spiegel. Dem Kreise des politischen Lebens gehört nur das
Wort Kaiser an. Daß in Bezug auf Kampf und Krieg die
Germanen nicht das Bedürfnis empfanden, bei den Römern eine

Anleihe zu erheben, ist begreiflich; es sind hier fast nur die
Wörter Kampf (campus) und Pfeil (pilum) zu nennen.
Dagegen für den friedlichen Verkehr, für Handel und Wandel
haben die Deutschen wieder bei den Römern gelernt; lateinisch
sind Markt (mercatus), Münze (moneta), Meile, Pfund, 5
Zins und Zoll (telonium).

Die Fertigkeit des Schreibens ist von Rom her bei den Germanen gefördert worden; Beweis, das Wort schreiben selbst
aus lat. scribere, Brief (breve), Siegel (sigillum). Kunst und
Wissenschaft des römischen Volkes haben begreiflicherweise bei 10
jener frühsten, volkstümlichen Berührung nur geringen Einfluß
auf unsere Vorfahren üben können; nur das überlegene ärztliche
Können ihrer Nachbarn hat schon früh auf die Germanen Eindruck gemacht; daher die Wörter Arzt (archiater), Büchse,
Pflaster. 15

Es bedurfte einer gewaltigeren Macht, als es die weltliche
Kultur des Römerreiches war, um auf das Geistesleben der
Germanen Einfluß zu gewinnen. Diese erstand im Christentum. Von drei Seiten her ist den Germanen der neue Glaube
gepredigt worden; die östlichen Stämme verdanken ihn der grie- 20
chischen Kirche; irische und römische Glaubensboten haben den
westlichen Stämmen und dem innern Deutschland das Evange-
lium gebracht. Das irische Christentum scheint keinerlei Einfluß
auf die deutsche Sprache gewonnen zu haben; mit Byzanz waren
hauptsächlich die Goten in Berührung getreten, und diese sind 25
frühe untergegangen. Aber sie haben den übrigen deutschen
Völkern eines der wichtigsten Wörter vermittelt, das Wort
Kirche (κυριακόν). Auch Pfaffe, Pfingsten, Teufel
dürfte durch die Goten zu uns aus dem Griechischen gekommen,
dagegen Papst erst später zur Zeit der mit Byzanz in vielfachen 30
Beziehungen stehenden Ottonen eingewandert sein (aus πάππας).
Alles, was später der griechischen Sprache entnommen, stammt
nicht mehr aus unmittelbarer Berührung.

Am stärksten war natürlich der Einfluß des römischen Kirchen=
tums; mit den Belegen für diesen kommen wir auf den Boden
geschichtlicher Zeiten der deutschen Sprache; wir betreten das
Gebiet des Althochdeutschen. Lateinisch sind die meisten Bezeich=
5 nungen für kirchliche Baulichkeiten und Gerätschaften: Klause,
Kloster, Münster, Schule; Altar, Kanzel, Krenz,
Oblate, Orgel; für kirchliche Ämter und Würden: Abt,
Küster, Meßner, Mönch, Nonne, Priester (presbyter),
Probst (propositus); für kirchliche Gebräuche und Verrichtungen:
10 Feier, Mette (matutina), Vesper; Messe und Segen
(signum), Almosen (griech. lat. eleemosyne) und Spende;
opfern und predigen; auch für einzelne Vorstellungen der
christlichen Religion: Engel, Marter, Pein (poena),
Plage, verdammen.

15 Ein ganz neues Element tritt in der mittelhochdeutschen Zeit
in unseren Gesichtskreis ein. Die Kreuzzüge reißen die Deut=
schen aus ihrer Vereinzelung hinein in den großen Strom des
europäischen Lebens; es kommt vor allen Dingen zur engern
Berührung mit unsern welschen Nachbarn; die überlegene Kul=
20 tur, der Glanz und die Verfeinerung des französischen Lebens
wirken blendend auf den deutschen Geist. So tritt französische
Sprache und französische Litteratur für die Gebildeten des Volkes
in den Mittelpunkt ihrer geistigen Bestrebungen. Die mittel=
hochdeutsche Lyrik erhält neuen kräftigen Anstoß durch franzö=
25 sische Vorbilder; unsere höfischen epischen Dichtungen sind im
ganzen nur mehr oder weniger freie Umarbeitungen von Erzäh=
lungen französischer Meister. So beginnt denn mit dem letzten
Drittel des 12. Jahrhunderts ein breiter Strom französischer
Wörter über die deutsche Sprache hereinzubrechen. Turnier und
30 Jagd, Spiel und Tanz, Musik und Poetik entlehnen ihre Be=
nennungen der Nachbarsprache; mit einer Fülle von Gegenstän=
den des Luxus ziehen auch die fremden Benennungen ein und
manch andere Bezeichnung für Dinge des feinen höfischen An=

standes. Sehr viele von diesen Wörtern haben nur ein kurzes
Leben in der Sprache geführt; sie sind wieder untergegangen
mit dem Verfall der ritterlichen Sitte. Andere sind bis auf den
heutigen Tag lebendig geblieben, wie A b e n t e u e r (aventure),
B a n n e r, b l o n d, f e h l e n (faillir), f e i n, M a n i e r, P a =   5
l a s t, P r e i s, t u r n i e r e n.

Der lateinische Einfluß dauert daneben noch fort in der mit=
telhochdeutschen Zeit, ohne jedoch den französischen an Stärke zu
erreichen. Je näher wir aber der Renaissance, den Tagen des
Humanismus kommen, um so mehr tritt auch das Lateinische   10
wieder in den Vordergrund. Mit der zweiten Hälfte des 15.
Jahrhunderts beginnt eine lebhafte Übersetzungstätigkeit; im
16. Jahrhundert schreiben und sprechen die Gebildeten mit Vor=
liebe die Sprache des alten Roms; die heimische Sprache wird
verachtet, und wir stehen in einer Zeit, wo der Kaiser des heili=   15
gen römischen Reiches nur mit seinem Pferde dentsch reden
mochte. Jener Einfluß des Humanismus reicht bis in unsere
Tage; noch immer suchen die Gelehrten, speziell die Philologen,
die heimische Sprache mit lateinischem Sprachgute zu bereichern,
und auch das Griechische tritt durch sie aufs neue in Beziehung   20
zu der deutschen Sprache.

Im 17. und 18. Jahrhundert wird das Lateinische als Mode=
sprache wieder verdrängt durch das Französische, nicht zum min=
desten durch die Verschuldung des Humanismus, der die Deut=
schen an die Verachtung der eigenen Sprache gewöhnt hatte.   25
Der Fülle französischen Sprachmaterials, das jetzt wieder das
Deutsche überflutet, tritt, wenn auch in viel geringerem Maße,
die Entlehnung aus dem Italienischen zur Seite, die sich beson=
ders in Bezeichnungen für musikalische Dinge und in Ausdrücken
des Handels bemerkbar macht. Im 19. Jahrhundert endlich   30
erwächst uns eine recht beträchtliche Einwanderung fremder Wör=
ter aus dem Englischen, zumal von Ausdrücken aus dem Gebiete
des politischen und gesellschaftlichen Lebens, vor allen Dingen

aber des Sports. Einzelne Beiträge zu unserm Sprachschatz
haben während der neuhochdeutschen Periode auch unsere östlichen
Nachbarn, die Slawen, geliefert; hierher gehören Ausdrücke wie
Dolch, Droschke, Hallunke, Kutsche, Peitsche, Pet=
5 schaft, Zobel. Was die übrigen Nachbarvölker, wie Hol=
länder, Dänen, Schweden, beigesteuert haben, ist von verschwin=
bender Bedeutung.

20.

Die Anfänge Luthers.

Leopold von Ranke.*

„Ich bin eines Bauern Sohn," sagt Luther selbst, „mein
Vater, mein Großvater sind rechte Bauern gewesen; darauf ist
10 mein Vater gen Mansfeld gezogen und ein Berghauer gewor=
den; daher bin ich." Das Geschlecht, dem Luther angehört, ist
in Möhra zu Hause, einem Dorfe unmittelbar an der Höhe des
Thüringer Waldgebirges, unfern der Gegend, an die sich das
Andenken der ersten Verkündigungen des Christentums durch
15 Bonifazius knüpft; da mögen die Vorfahren Luthers Jahrhun=
derte lang auf ihrer Hofstätte gesessen haben, wie diese Thürin=
ger Bauern pflegen, von denen immer ein Bruder das Gut
behält, während die anderen ihr Fortkommen auf andere Weise
suchen. Von diesem Lose, sich irgendwo auf eigene Hand Hei=
20 mat und Herd erwerben zu müssen, betroffen, wandte sich Hans
Luther nach dem Bergwerk zu Mansfeld, wo er im Schweiß
seines Angesichts sein Brot verdiente mit seiner Frau Margret,
die gar oft das Holz auf ihrem Rücken hereinholte. Von diesen
Eltern stammte Martin Luther. Er kam in Eisleben auf die
25 Welt, wohin, wie eine alte Sage ist, seine rüstige Mutter eben

*Deutsche Geschichte im Zeitalter der Reformation. Leipzig, 1881.
Bd. 1. S. 195.

gewandert war, um Einkäufe zu machen. Er wuchs auf in der
Mansfelder Gebirgsluft.

Wie nun Leben und Sitte jener Zeit überhaupt streng und
rauh, so war es auch die Erziehung. Luther erzählt, daß ihn
die Mutter einst um einer armseligen Nuß willen blutig ge= 5
stäupt, der Vater ihn so scharf gezüchtigt habe, daß er sein Kind
nur mit Mühe wieder an sich gewöhnen können; in einer
Schule ist er eines Vormittags fünfzehnmal hintereinander mit
Schlägen gestraft worden. Sein Brot mußte er dann mit
Singen vor den Türen, mit Neujahrsingen auf den Dörfern 10
verdienen. Sonderbar, daß man die Jugend glücklich preist
und beneidet, auf welche doch aus der Dunkelheit der kommen=
den Jahre nur die strengen Notwendigkeiten des Lebens ein=
wirken, in der das Dasein von fremder Hilfe abhängig ist und
der Wille eines anderen mit eisernem Gebot Tag und Stunde 15
beherrscht. Für Luther war diese Zeit schreckenvoll.

Von seinem fünfzehnten Jahre an ging es ihm etwas besser.
In Eisenach, wo er eine höhere Schule besuchte, fand er Auf=
nahme bei den Verwandten seiner Mutter; in Erfurt, wohin
er zur Universität ging, ließ ihm sein Vater, der indessen durch 20
Arbeitsamkeit, Sparsamkeit und Gedeihen in bessere Umstände
gekommen, freigebige Unterstützung zufließen; er dachte, sein
Sohn solle ein Rechtsgelehrter werden, sich anständig verhei=
raten und ihm Ehre machen.

Auf die Beschränkungen der Kindheit aber folgen in dem 25
mühseligen Leben der Menschen bald andere Bedrängnisse.
Der Geist fühlt sich frei von den Banden der Schule; er ist
noch zerstreut durch die Bedürfnisse und Sorgen des täglichen
Lebens; mutvoll wendet er sich den höchsten Problemen zu,
den Fragen über das Verhältnis des Menschen zu Gott, Gottes 30
zur Welt; indem er ihre Lösung gewaltsam zu erstürmen sucht,
ergreifen ihn leicht die unseligsten Zweifel. Es scheint fast, als
sei der ewige Ursprung alles Lebens dem jungen Luther nur als

der strenge Richter und Rächer erschienen, der die Sündhaftig=
keit, von der ihm ein großartig lebendiges Gefühl von Natur
beiwohnte, mit der Qual der Höllenstrafe heimsuche, und den
man nur durch Buße, Abtötung und schweren Dienst versöhnen
5 könne.   Als er einst, im Juli 1505, von dem väterlichen Hause
zu Mansfeld wieder nach Erfurt ging, ereilte ihn auf dem Felde
eines jener furchtbaren Gewitter, wie sie sich nicht selten hier
am Gebirge lange ansammeln und endlich plötzlich über den
ganzen Horizont hin entladen. Luther war schon ohnedies
10 durch den unerwarteten Tod eines vertrauten Freundes er=
schüttert.   Wer kennt die Momente nicht, in denen das stür=
mische, verzagte Herz durch irgend ein überwältigendes Ereig=
nis, wäre es auch nur der Natur, vollends zu Boden gedrückt
wird?   In dem Ungewitter erblickte Luther in seiner Einsam=
15 keit auf dem Feldwege den Gott des Zornes und der Rache;
ein Blitz schlug neben ihm ein; in diesem Schrecken gelobte er
der heiligen Anna, wenn er gerettet werde, in ein Kloster zu
gehen.

Noch einmal ergötzte er sich mit seinen Freunden eines
20 Abends bei Wein, Saitenspiel und Gesang; es war das letzte
Vergnügen, das er sich zugedacht; hierauf eilte er, sein Gelübde
zu vollziehen, und tat Profeß in dem Augustinerkloster zu
Erfurt.

Wie hätte er aber hier Ruhe finden sollen, in alle der auf=
25 strebenden Kraft jugendlicher Jahre hinter die enge Kloster=
pforte verwiesen, in eine niedrige Zelle mit der Aussicht auf
ein paar Fuß Gartenland, zwischen Kreuzgängen, und zunächst
nur zu den niedrigsten Diensten verwendet! Anfangs widmete
er sich den Pflichten eines angehenden Klosterbruders mit der
30 Hingebung eines entschlossenen Willens. „Ist je ein Mönch
in Himmel gekommen," sagt er selbst, „durch Möncherei, so
wollte auch ich hineingekommen sein." Aber dem schweren
Dienste des Gehorsams zum Trotz ward er bald von peinvoller

Unruhe ergriffen.   Zuweilen studierte er Tag und Nacht und
versäumte darüber seine kanonischen Horen; dann holte er diese
mit reuigem Eifer nach, ebenfalls ganze Nächte lang.   Zuweilen ging er, nicht ohne sein Mittagsbrot mitzunehmen, auf ein
Dorf hinaus, predigte den Hirten und Bauern und erquickte   5
sich dafür an ihrer ländlichen Musik; dann kam er wieder und
schloß sich Tage lang in seine Zelle ein, ohne jemand sehen zu
wollen.   Alle früheren Zweifel und inneren Bedrängnisse kehrten von Zeit zu Zeit mit doppelter Stärke zurück.

Wenn er die Schrift studierte, so stieß er auf Sprüche, die   10
ihm ein Granen erregten, z. B.: „Errette mich in deiner Gerechtigkeit, deiner Wahrheit." „Ich gedachte," sagt er, „Gerechtigkeit wäre der grimmige Zorn Gottes, womit er die Sünder
straft." In den Briefen Pauli traten ihm Stellen entgegen,
die ihn Tage lang verfolgten.   Wohl blieben ihm die Lehren   15
von der Gnade nicht unbekannt; allein die Behauptung, daß
durch dieselbe die Sünde auf einmal hinweggenommen werde,
brachte auf ihn, der sich seiner Sünde nur allzuwohl bewußt
blieb, eher einen abstoßenden, persönlich niederbeugenden Eindruck hervor.   Sie machte ihm, wie er sagt, das Herz bluten,   20
ihn an Gott verzweifeln.   Es war die Sehnsucht der Kreatur
nach der Reinheit ihres Schöpfers, der sie sich in dem Grunde
ihres Daseins verwandt, von der sie sich doch wieder durch eine
unermeßliche Kluft entfernt fühlt, ein Gefühl, das Luther durch
unablässiges einsames Grübeln nährte, und das ihn um so tiefer   25
und schmerzhafter durchdrang, da es durch keine Bußübung be-
schwichtigt, von keiner Lehre innerlich und wirksam berührt
wurde, kein Beichtvater darum wissen wollte.   Es kamen Momente — damals oder später — wo die angstvolle Schwermut
sich aus den geheimen Tiefen der Seele gewaltig über ihn erhob,   30
ihre dunklen Fittige um sein Haupt schwang, ihn ganz danieder-
warf.   Als er sich einst wieder ein paar Tage unsichtbar gemacht
hatte, erbrachen einige Freunde seine Zelle und fanden ihn ohn-

mächtig, ohne Besinnung ausgestreckt. Sie erkannten ihren
Freund; mit schonungsvoller Einsicht schlugen sie das Saiten=
spiel an, das sie mitgebracht; unter der wohlbekannten Weise
stellte die mit sich selber hadernde Seele die Harmonie ihrer
5 inneren Triebe wieder her und erwachte zu gesundem Bewußt=
sein.

Liegt es aber nicht in den Gesetzen der ewigen Weltordnung,
daß ein so wahres Bedürfnis der gottsuchenden Seele dann
auch wieder durch die Fülle der Überzeugung befriedigt wird?

10 Der erste, der Luthern in seinem verzweiflungsvollen Zu=
stande, man kann nicht sagen, Trost gab, aber einen Lichtstrahl
in seine Nacht fallen ließ, war ein alter Augustinerbruder, der
ihn in väterlichem Zuspruch auf die einfachste erste Wahrheit
des Christentums hinwies, auf die Lehre Pauli, daß der Mensch
15 gerecht werde ohne des Gesetzes Werke, allein durch den Glau=
ben. Diese Lehren, die er wohl auch früher gehört haben
mochte, die er aber in ihrer Verdunkelung durch Schulmeinun=
gen und Zeremoniendienst nie recht verstanden, machten erst
jetzt auf ihn einen vollen, durchgreifenden Eindruck. Er sann
20 hauptsächlich dem Spruche nach: „Der Gerechte lebet seines
Glaubens"; er las die Erklärung Augustins darüber. „Da
ward ich froh," sagt er, „denn ich lernte und sah, daß Gottes
Gerechtigkeit ist seine Barmherzigkeit, durch welche er uns ge=
recht achtet und hält; da reimte ich Gerechtigkeit und Gerecht=
25 sein zusammen und ward meiner Sache gewiß." Eben das war
die Überzeugung, deren seine Seele bedurfte; er ward inne, daß
die ewige Gnade selbst, von welcher der Ursprung des Menschen
stammt, die irrende Seele erbarmungsvoll wieder an sich zieht
und sie mit der Fülle ihres Lichtes verklärt, daß uns davon in
30 dem historischen Christus Vorbild und unwidersprechliche Ge=
wißheit gegeben worden; er ward allmählich von dem Begriff
der finsteren, nur durch Werke rauher Buße zu versöhnenden
Gerechtigkeit frei. Er war wie ein Mensch, der nach langem

Irren endlich den rechten Pfad gefunden hat und bei jedem
Schritte sich mehr davon überzeugt; getrost schreitet er weiter.

In der merkwürdigsten Stimmung finden wir ihn auf einer
Reise, die er ein paar Jahre darauf in Sachen seines Ordens
nach Rom machte. Als er der Türme von Rom aus der Ferne 5
ansichtig wurde, fiel er auf die Erde, hob seine Hände auf und
sprach: „Sei mir gegrüßt, du heiliges Rom!" Hierauf war
keine Übung der Pilgerfrömmigkeit, die er nicht mit Hingebung
langsam und andächtig vollzogen hätte; er ließ sich darin nicht
durch die Leichtfertigkeiten anderer Priester stören; er sagt, er 10
hätte beinahe wünschen mögen, daß seine Eltern schon gestorben
wären, um sie hier durch diese bevorrechteten Gottesdienste sicher
aus dem Fegefeuer erlösen zu können; aber dabei empfand er
doch auch in jedem Augenblick, wie wenig alles das mit der
tröstlichen Lehre übereinstimme, die er in dem Briefe an die 15
Römer und bei Augustin gefunden. Indem er die Scala santa
auf den Knieen zurücklegte, um den hohen Ablaß zu erlangen,
der an diese mühevolle Andacht geknüpft war, hörte er eine
widersprechende Stimme unaufhörlich in seinem Innern rufen:
„Der Gerechte lebet seines Glaubens." 20

Es ist sehr bemerkenswert, daß Luther das Heil der Welt bei
weitem weniger von einer Verbesserung des Lebens erwartet,
die nun erst einen zweiten Gesichtspunkt ausmacht, als von einer
Wiederherstellung der Lehre. Von keiner anderen Lehre aber
zeigt er sich so vollkommen durchdrungen und erfüllt, wie von 25
der Rechtfertigung durch den Glauben. Er dringt unaufhörlich
darauf, daß man sich selber verleugnen und unter die Fittige
Christi fliehen müsse; er wiederholt bei jeder Gelegenheit den
Spruch Augustins: Was das Gesetz verlange, das erlange der
Glaube. Man sieht, noch war Luther nicht ganz mit sich einig, 30
noch hegte er Meinungen, die einander im Grunde widerspra-
chen; allein in allen seinen Schriften atmet doch zugleich ein
gewaltiger Geist, ein noch durch Bescheidenheit und Ehrfurcht

zurückgehaltener, aber die Schranken schon überall durchbrechen=
der Jugendmut, ein auf das Wesentliche dringender, die Fesseln
des Systems zerreißender, auf neuen Pfaden, die er sich bahnt,
vordringender Genius.

Zweiter Teil

Zweiter Teil

21.

Lessings „Minna von Barnhelm.“
Heinrich Bulthaupt.*

Lessing war ein begeisterter Verehrer Shakespeares, aber seine
„Minna“ weist nichts von der phantastischen Überfülle und Bunt=
heit des Materials auf, die sich in sämtlichen Lustspielen des
großen englischen Magiers oft zum Schaden des Ganzen gel=
5 tend macht. Er war kein Freund der Franzosen, aber was die
klassischen Poeten unseres Nachbarvolkes vor allem auszeichnet,
die stilvolle Einfachheit der Komposition, das besaß er trotz
ihnen, nur nicht bis zu jenem Grade, auf welchem die Befol=
gung der aristotelischen Einheitsregeln zur Pedanterie wird.
10 Mit geringem Apparat, aus einer bis zur Dürftigkeit simplen
Fabel schuf er, von seinen Lebenserfahrungen und der bewun=
derungswürdigen Schärfe seines Geistes sicher geleitet, ein
Drama, das im besten Sinne eine Charakterkomödie wurde,
deren Figuren sich um eine nie aufdringlich hervortretende Idee
15 prächtig gruppieren. Aus dem Zusammentreffen der Charak=
tere resultiert bei ihm die Handlung. Mit peinlicher Sorgfalt
ist der Zufall fern gehalten, Konfusion und Irrtum möglichst
vermieden, der bloßen Situationskomik nirgends eine Stelle
gegönnt. Ernst und schwer scheint der Konflikt zu werden, aber
20 niemals belastet er uns; das reizende Spiel der Liebe gegen
den zugespitzten Ehrbegriff, der in seiner Übertriebenheit einen
feinen Beigeschmack von Komik gewinnt, ist ebenso erheiternd,
wie psychologisch geistvoll berechnet und ein glänzendes Muster
dafür, wie auf dem Gebiete des Lustspiels alle Kämpfe des
25 Herzens und der Leidenschaften mit den spielend gehabten Waf=

* Dramaturgie des Schauspiels. Leipzig, 1898. Bd. 1. S. 16.

sen des Verstandes gelöst, alle aufziehenden Wolken durch ein
heiteres Sonnenlächeln verscheucht werden.

Das leidenschaftslose, kühle Gebiet des Verstandes kennt keine
versengenden Sonnenstrahlen, keine tragischen Untiefen. Wie
das Leben selbst über tausend geknickte Hoffnungen leichten 5
Schrittes hinwegeilt, führt uns hier ein leichtes Wort auch an
brechenden Herzen vorüber, und die Grazie ist es, die den
Schmerz zurückscheucht und uns genießen läßt, weil wir keine
Zeit haben, Mitleid zu empfinden. Fast ein jeder künstlerische
Genuß ist, mit der Wirklichkeit verglichen, ungemischt. Das 10
Leben denkt nicht daran, sich so ausschließlich ernst zu geben, wie
wir es in der Tragödie, so ausgelassen, wie wir es im Lustspiel
sehen. Die Kunst aber darf sich aus dem launischen Reich der
Zufälle in das Reich des schönen Gesetzes retten und aus dem
Mannigfaltigen, das sie im Stoffe findet, ausscheiden, was ihren 15
läuternden Zwecken nicht taugt. Aber einige der Allergrößten
dürfen uns die seltsame Mischung des Lebens kredenzen, ohne
uns abzustoßen oder uns zu verwirren, können uns in der Tra=
gödie lachen, im Lustspiel weinen machen, — ein Lachen der
Rührung, eine Träne aus freudigem Auge. Shakespeare hat 20
es wie keiner vermocht, und Lessing hat sich ihm nahe gestellt
durch die Einführung der Dame in Trauer, deren ernste Er=
scheinung gleichwohl mit den komischesten Treffern in den Sze=
nen des Werner in engem Zusammenhange steht. Und das ist
es nicht allein. Auch die lustigsten Farben erblühen hier dem 25
ernstesten Grunde, und wiederum sieht man auch durch die dun=
keln Tiefen hindurch auf einen so klaren und reinen Grund, daß
uns über die Fülle des Echten und Guten, das wir hier gewah=
ren, und das sich so ganz, so offen mit all seinen Fehlern gibt,
das innerste Herz vor Freuden bewegt wird. Diese geniale 30
Fähigkeit, dies wunderbare Himmelsgeschenk Humor ist es, das
Lessing hoch über alle französischen und deutschen Lustspieldichter
erhebt, und das seine „Minna" einzig macht.

Der Unverstand hat sich dieserhalb denn auch gewundert, daß
„Minna von Barnhelm" ein Lustspiel genannt wird. Freilich
spekuliert Lessing nicht auf das dröhnende Lachen, aber was
müßte das für ein Tor sein, der die köstliche Laune verkennte,
5 die hier trotz aller in die Handlung fallenden Schatten die Herrschaft führt. Die feine Art, wie jede Figur in das Gebiet der
Schwächen und Torheiten, das eigentliche Revier des Lustspiels,
hinüberspielt, ist ja nicht genug zu bewundern. Das Allzuviel
der Freiheit, die das muntere adlige Mädchen sich erlauben zu
10 können glaubt, Tellheims Ängstlichkeit in Geldsachen, sobald es
sich um ihn selbst handelt, seine fast leichtsinnige Sorglosigkeit,
wenn es gilt, für andere zu sorgen, die deutsche Grobheit des
Just und die französische Geschmeidigkeit des Elegants in Lumpen sind ebenso köstliches Material für das Lustspiel wie die
15 martialischen Begierden Werners und Franziskas kecke Zunge,
die von dem alten Bedienten so derb abgestraft wird.

Mit jener scheinbar außerhalb dieses Kreises stehenden Erscheinung aber, der trauernden Witwe des Rittmeisters Marloff,
die die Erinnerung an das ganze Elend des Krieges in einer
20 wundervollen Szene wach ruft, verknüpft sich eng das nationale
Element des Stückes. Die Leute, die vor unseren Augen reden
und handeln, sind nur ein kleiner Teil des Ganzen, hinter ihnen
öffnet sich der Blick in die großen Ereignisse, die eben die Ge-
schicke der Völker bewegen. Im engen Anschluß an das Gege-
25 bene, im richtigen Gefühl, daß das Lustspiel sich zu einer unvergleichlichen Wirkung zu erheben vermag, wenn es mit seiner
Zeit und seiner Umgebung die engste Fühlung unterhält und als
der Spiegel und die abgekürzte Chronik des Zeitalters das Vor-
handene porträtiert und künstlerisch erhebt, bringt Lessing selbst
30 die für alle Deutschen populäre Persönlichkeit Friedrichs des
Großen in die Aktion und führt einen Teil der Lösung durch
denjenigen herbei, der seinen Gerechtigkeitssinn oft sogar auf
Kosten der Justiz bekundet und gewiß nicht daran gedacht hat,

daß er auch einmal in die Lage kommen würde, poetische Gerech=
tigkeit zu üben.   Dies ist bei Lessing, dessen politische Ansichten
die weitesten waren, doppelt bemerkenswert.   Preußen war und
ist nicht Deutschland, und die Vaterlandsliebe war für den Dich=
ter, wie wir wissen, keine sonderliche Tugend.   Auch haben an   5
sich ja Patriotismus und Politik nichts mit dem Künstlerischen
zu tun — und dennoch hat er das Richtige getroffen, als er zum
ersten Male eine große historische Bewegung dramatisch verwer=
tete, als er nicht bloß Menschen, sondern Kinder einer bestimm=
ten Zeit, seiner Zeit, und in diesem Sinne eine neue historische   10
Komödie schuf.

Hamburg und Wien gingen mit der Aufführung voran.
Berlin folgte, und wie dort, so war auch hier der Erfolg ein
glänzender, fast unerhörter.   Das deutsche Drama hielt mit
ihm seinen siegreichen Einzug in die preußische Hauptstadt und   15
damit in ganz Deutschland.   Nach dem Abgang der schwarzge=
kleideten Witwe, des lebendigen Wahrzeichens der Schrecknisse
des Krieges, entlud sich der bis dahin zurückgehaltene Beifall
des Publikums in lautem Jubel und stillen Tränen.   Neun=
zehnmal in sechs Wochen konnte man das neue „Zugstück"   20
geben.   Neunzehnmal in sechs Wochen!   Man erwäge, was
das in jener Zeit bedeuten will.   Mit stolzer Genugtuung, wie
sie das Schicksal nicht oft gewährt, konnte die Muse auf diesen
seltenen Triumph blicken.   Ein gutes Werk fand allgemeine
Gunst, das neidische Glück lohnte einmal dem Verdienten, dem   25
Würdigen.   Wohl schreibt Brachvogel in seiner Geschichte des
Berliner Theaters mit Recht einen Teil der ersten Wirkung
dem patriotischen Gefühl zu.   „Wie viele solcher Damen in
Trauer gab es damals nicht in Berlin!   Wie viele solcher
wackerer Tellheims zählte nicht die Garnison der Residenz, die   30
in dieser Figur Lessings das Vorbild preußischer Offiziersehre
und soldatisch ritterlicher Tugend erblickten."   Der Grund aber,
daß das Stück auch jetzt noch eben so stark wirkt, liegt doch einzig

darin, daß das Politische und Patriotische nie mit wohlfeilen
Phrasen in den Vordergrund gerückt und zur Hauptsache ge=
macht wird, daß es immer nur der Hintergrund bleibt, auf
welchem die Handlung sich abspielt und die Personen sich be=
5 wegen.

Es charakterisiert den Unterschied in der Art zu empfinden in
unserem Jahrhundert und dem vorigen, daß selbst bei dem männ=
lichen, ehernen Lessing alle seine Menschen das Gefühl, die
Rührung, die Tränen so offen, so unverhohlen zur Schau tragen.
10 Nicht nur die Witwe, nein, auch die Männer, Soldaten, und
gerade sie, sind bei aller Straffheit und Kernigkeit doch auch von
einer Weichmütigkeit des Empfindens, die heutzutage kaum mehr
als gesund, nicht einmal als anständig gelten dürfte. Es steckt
darin weit mehr als der sentimentale Zug des vorigen Säku=
15 lums; es sind Zeugnisse jener echt menschlichen Ehrlichkeit, die
auf die Indianertugenden in der äußerlichen Besiegung aller
Anfechtungen der Seele und des Leibes keinen Wert legt, son=
dern die sich zeigt, wie sie ist, offen, ungeschminkt. Wer möchte
auch darauf verfallen, den streitbaren, scharfen, spottliebenden,
20 oft grausam=ironischen Lessing sentimental oder weichlich zu
schelten? Niemand. Und niemand, der offene Augen hat,
wird in den Augenblicken der Rührung, die die Männer in der
„Minna" überkommt, etwas anderes als ein starkes und gesun=
des Gefühl erblicken. Tellheim erwidert der Rittmeisterin, die
25 ihn mit ihrem Unglück bekannt macht: „Hören Sie auf, Ma=
dame, weinen wollte ich mit Ihnen gern, aber ich habe heute
keine Tränen." Just kehrt mit verweinten Augen aus der
Küche zurück, und selbst der gute Paul Werner muß sich, nach=
dem der Major sich ihn versöhnt, allein mit der Franziska die
30 Augen wischen.

Beachtet man aber diesen weichmütigen Zug, bemerkt man,
mit wie feiner Schonung Tellheim die Rittmeisterin behandelt,
und wie sympathisch diese Schonung anmutet, dann stellt sich

die Vergällung dieser edlen und im schönsten Sinne mannhaften
Natur nur als ein vorübergehendes seelisches Leiden dar, das
den Kern seines Wesens nicht ergriffen hat, und das, wenn es
soeben noch beängstigend hervorgebrochen, im nächsten Augen=
blick schon vergessen ist und einer hellen Fröhlichkeit weichen 5
kann. Im vierten Akt erschreckt er seine Verlobte durch das
verzweifelte „Lachen des Menschenhasses"; sobald ihm aber das
Märchen von Flucht und Enterbung aufgebunden wird, bekommt
seine „ganze Seele neue Triebfedern," er wird frei und heiter.
Auf die bloße Nachricht, „das Fräulein von Barnhelm habe den 10
Ring, welchen Just bei dem Wirte versetzt, zu sich genommen,"
bricht er los und gebärdet sich wie ein fertiger Misanthrop, aber
schon bei der Ankunft des Grafen (der sich in seiner vornehmen
Ruhe von der ganzen aufgeregten Gesellschaft so prächtig ab=
hebt), ist er verwandelt, um bei der Einsicht in sein Unrecht als= 15
bald wieder leicht und überglücklich zu werden. Es ist eine
wesentliche Eigenschaft seines Charakters, in seinen Stimmun=
gen rasch zu wechseln und jäh vom Glück zur Verzweiflung zu
springen. Er nennt sich einen Bettler, einen Krüppel, nur weil
er einen Ring versetzen muß und den Arm in der Binde trägt. 20
Eine „militärische" Natur ist er im Grunde trotz seiner Mann=
haftigkeit nicht. Er hat wohl die knappen und exakten Formen
seines Standes, aber der Soldat schaut bei ihm nicht überall
hervor, geschweige denn beherrscht er ihn. Rauh und hart ist er
nur gegen solche, die eine bessere Behandlung nicht verdienen, 25
gegen den Wirt besonders, dem Just bekanntlich noch etwas
anderes als nur harte Worte wünscht.

An die Seite dieses trefflichen Mannes tritt nun die liebens=
würdige Gestalt der Minna, die fast in allem sein Gegenteil
und die wohltuendste Ergänzung seines Wesens ist. Nimmt er 30
die Dinge schwer und ernst, so sieht sie alles im rosigstem Lichte.
Er ist ein wenig pedantisch, sie fröhlich und ausgelassen. Wenn
ihn die Ehre ungalant und treubrüchig macht, so treibt sie die

Liebe über alle gewöhnlichen Grenzen der Sitte hinaus; ſie
macht ſich nichts daraus, im ſicheren Gefühl ihrer Reinheit, die
Werbende zu ſein und ſich dem geliebten Mann einfach an den
Kopf zu werfen.   Ihre Liebe zu Tellheim iſt ihr Stolz, ihr
5 Glück, um das ſie kein Zufall, kein Ehrbegriff bringen ſoll.
Und ſcheint es wirklich, als ſollte ſie ſeiner verluſtig gehen, da
hilft ihr ſeiner Geiſt und ſchafft Rat; in einem allerdings bis
hart an die Grenze des Zuläſſigen gehenden tecken Spiele, für
das die Strafe nicht ausbleibt (Franziska findet das mit ihrem:
10 „Nun mag ſie es haben" ganz in der Ordnung), entlockt ſie dem
Tellheim das kräftigſte, wärmſte Geſtändnis ſeiner Liebe in
Wort und Tat und erreicht endlich, was nicht nur ſie, was ja
auch Tellheim, was das Schickſal will.   Denn dieſe beiden
edlen Menſchen ſind wirklich für einander beſtimmt.   Wenn je
15 die gegenſeitige Ergänzung der Eigenſchaften des Herzens und
des Kopfes eine glückliche Ehe verbürgt, ſo iſt es gewiß hier der
Fall.

Wie freundlich wirkt es nun, daß auch bei dem Paare, das
dem Helden und der Heldin am nächſten ſteht, ein ähnliches
20 Verhältnis ſtattfindet, bei Franziska und Werner.   Franziska
hat einen hellen Verſtand und einen praktiſchen Sinn.   Sie
bleibt Herrin in jeder Lage, einerlei ob ſie mitzuſpielen oder nur
zu beobachten hat.   Sie durchſchaut Menſchen und Dinge ſchnell
und richtig und führt, was ſie will, kurz und entſchloſſen aus.
25 Dabei iſt ſie wortgewandt und witzig, oft vorlaut, einmal ſo
ſehr, daß ihre Herrin und Geſpielin ſie ſehr ungütig in ihre
Schranken weiſen muß („Ohne dich in unſer Spiel zu mengen,
Franziska, wenn ich bitten darf"), bisweilen auch ein wenig
obenhin.   Sie hat ihre Freude am äußerlich Imponierenden
30 und Gewandten, ſie ſetzt die Ehrlichkeit zu tief herab und findet
— einen Mann, der die Ehrlichkeit ſelbſt iſt, der mit der einzi=
gen Lüge, die er dem Major aufzuſchwatzen verſucht, ein rühren=
des Fiasko macht.   Ihr gutes Herz im Bunde mit der Sicher=

heit ihres Urteils macht sie zur verläßlichen Ratgeberin ihres
Fräuleins. Sie ist es, die sofort ausrechnet, daß Tellheim sich
in einer üblen Lage befinden muß, den Riccaut hat sie alsbald
weg, und als Minna einsieht, mit dem Ringspiel zu weit gegan=
gen zu sein, gesteht diese der Franziska offen: „Ich hätte dir 5
folgen sollen." Paul Werner hat von dieser überlegenen Klug=
heit kein Tröpfchen. Irgend jemand hat ihm vom Prinzen
Heraklius vorgefabelt, gleich ist er auch mit vollen Segeln dabei
und plant einen Feldzug nach Persien. Er hat sogar einen
kleinen Anflug vom miles gloriosus. Franziska ist zuverlässig 10
eine gute Wirtschafterin. Das Geldgeschenk, das ihr Minna in
der Freude des Herzens aufzwingt, will sie bescheiden zurück=
weisen, und über den Beutezug des Riccaut ist sie so außer sich,
daß sie ihm sogar das Geld wieder abnehmen will. Eine solche
Frau tut dem Herrn Wachtmeister not, der auf den Fall des 15
Prinzen Heraklius hin sein schönes Schulzengericht zum Ver=
druß des Majors und zu Justs großer Verwunderung zu Gelde
gemacht hat. So ergänzt sich auch hier alles. Und damit die
Parallele in der Hauptsache nicht fehle, ist auch bei diesen beiden
die Frau diejenige, die wirbt: „Herr Wachtmeister, braucht Er 20
keine Frau Wachtmeisterin?" Es ist eine Gruppierung, wie sie
dem größten Maler nicht glücklicher hätte gelingen können.

22.

Der Turnvater Jahn.

Heinrich von Treitschke.*

Zu allen Zeiten hat die Jugend radikaler gedacht als der
Alter, weil sie mehr in der Zukunft als in der Gegenwart lebt,
und die Mächte des Beharrens in der historischen Welt noch 25
wenig zu würdigen weiß. Es bleibt aber immer ein Zeichen

* Deutsche Geschichte im neunzehnten Jahrhundert. Leipzig, 1893. Bd.
2. S. 383.

krankhafter Zustände, wenn die Kluft zwischen den Gedanken
der Alten und der Jungen sich allzusehr erweitert und die
schwärmende Begeisterung der Jünglinge mit der nüchternen
Tätigkeit der Männer gar nichts mehr gemein hat. Ein solcher
5 innerer Zwiespalt begann sich nach dem Frieden in Norddeutsch=
land zu zeigen. Die jungen Männer, die im Waffenschmucke
den Anbruch ihres eigenen bewußten Lebens und den An=
bruch ihres Vaterlandes zugleich genossen oder auf der Schul=
bank klopfenden Herzens die Kunde von den Wundern des
10 heiligen Krieges vernommen hatten, waren noch trunken von den
Erinnerungen jener einzigen Tage; sie führten den Kampf gegen
das Welschtum und die Zwingherrschaft im Geiste weiter und
fühlten sich wie verraten und verkauft, da nun die Prosa der
stillen Friedensarbeit von neuem begann. Wie sollten sie ver=
15 stehen, welche quälenden wirtschaftlichen Sorgen den Älteren die
Seele belasteten? In alten Zeiten — so etwa lautete die sum=
marische Geschichtsphilosophie des jungen Volks — in den Tagen
der Völkerwanderungen und des Kaisertums war Deutschland
das Herrenland der Erde gewesen; dann waren die langen
20 Jahrhunderte der Ohnmacht und der Knechtschaft, der Verbil=
dung und Verwelschung hereingebrochen, bis endlich Lützows
wilde verwegene Jagd durch die germanischen Wälder brauste
und die heiligen Scharen der streitbaren Jugend das deutsche
Volk sich selber zurückgaben. Und was war der Dank? Statt
25 der Einheit des Vaterlandes entstand „das deutsche Bunt," wie
Vater Jahn zu sagen pflegte; die Alten aber, denen der Helden=
mut der Jungen das fremde Joch vom Nacken genommen, ver=
sanken wieder in das Philistertum, saßen am Schreibtisch und in
der Werkstatt, als sei nichts geschehen.
30   Hatte Fichte nicht recht gesehen, als er einst weissagte, dies
in Selbstsucht verkommene alte Geschlecht müsse erst verschwin=
den bis auf den letzten Mann, ehe die Zeit der Freiheit und der
Klarheit den Deutschen tagen könne? Und war es nicht an der

Jugend, den erschlafften Alten ein Vorbild wahrer Deutschheit und damit aller echten menschlichen Tugend zu geben? Sie allein besaß ja schon „das durchaus neue Selbst," das der Philosoph seinem Volke erwecken wollte, und verstand den Sinn seines stolzen Ausspruchs: „Charakter haben und deutsch sein, ist ohne Zweifel gleichbedeutend." Nicht umsonst hatte der Redner an die deutsche Nation gelehrt: „Die Jugend soll nicht lachen und scherzen, sie soll ernsthaft und erhaben sein." Stolz wie er selber, mit erhobenem Nacken und trotzig gekräuselten Lippen schritt dies kriegerische junge Geschlecht einher, durchglüht von dem Bewußtsein einer großen Bestimmung, gleich dem Meister entschlossen, nicht sich der Welt anzupassen, sondern die anderen für sich zurechtzulegen. Seine Sehnsucht war die Tat, die aus freier Selbstbestimmung entsprießende Tat, wie sie Fichte gepriesen, und jeder Blick der strafenden Augen schien zu sagen: „Was kommen soll, muß von uns kommen!" Niemals vielleicht ist ein so warmes religiöses Gefühl, so viel sittlicher Ernst und vaterländische Begeisterung in der deutschen Jugend lebendig gewesen; aber mit diesem lauteren Idealismus verband sich von Haus aus eine grenzenlose Überhebung, ein unjugendlicher altkluger Tugendstolz, der alle Stille, alle Schönheit und Anmut aus dem deutschen Leben zu verdrängen drohte. Die rauhen Sitten des jungen Geschlechts erinnerten nur zu lebhaft an den Ausspruch des Meisters: „Eine Liebenswürdigkeitslehre ist vom Teufel." Wenn diese Spartaner auf Abwege gerieten, dann konnten die Verirrungen des überspannten sittlichen Selbstgefühls leicht verderblicher wirken als die holde Torheit des gedankenlosen jugendlichen Leichtsinns.

Wer darf sagen, ob Fichte bei längerem Leben versucht haben würde, diese tatendurstige Jugend in den Schranken der Bescheidenheit zu halten oder ob die Enttäuschungen der Friedenszeit den radikalen Idealisten selber verbittert hätten. Er starb schon im Januar 1814, vom Lazarettfieber dahingerafft, ein

Opfer des Krieges, dessen Sinn und Ziele er so groß und rein
verstanden hatte; und nun geriet die Jugend, die immer nach
einer Führung verlangt, unter den Einfluß anderer Lehrer, von
denen keiner hoch genug stand, um den Übermut des jungen
5 Geschlechts zu mäßigen.   Unter den Lützow'schen Jägern hatte
der Turnvater Jahn wenig gegolten, der unbändige Polterer
paßte nicht in die strenge Ordnung des militärischen Dienstes.
Erst während der Friedensverhandlungen machte er wieder von
sich reden, als er zum Entzücken der Gassenbuben in den Stra=
10 ßen von Paris umherzog, den Knotenstock in der Hand, beständ=
big scheltend und wetternd gegen die geilen Welschen.   Das
lange Haar, das dem treuen Mann einst nach der Jenaer
Schlacht in einem Tage ergraut war, hing ungekämmt auf die
Schultern hernieder; der Hals war entblößt, denn das knech=
15 tische Halstuch ziemte dem freien Deutschen so wenig wie die
weichliche Weste; ein breiter Hemdkragen überdeckte den nie=
deren Stehkragen des schmutzigen Rocks.   Und diesen frag=
würdigen Anzug pries er wohlgefällig als die wahre altdeutsche
Tracht.   Welch ein Fest, als die Österreicher eines Tages die
20 ehernen Rosse des Lysippos von dem Triumphbogen des Car=
rouselplatzes herabnahmen, um sie nach Venedig zurückzuführen;
mit einem Male stand der riesige Recke neben dem Erzbilde der
Viktoria droben auf dem Bogen, hielt den deutschen Soldaten
eine donnernde Rede und schlug der Siegesgöttin mit wuchtigen
25 Fäusten auf ihren verlogenen Mund und ihre prahlerische Trom=
pete.   Seitdem kannte ihn die ganze Stadt; das Herz lachte
ihm im Leibe, so oft ihn die Pariser mit feindseligen Blicken
maßen und einander zuflüsterten: "Le voilà!   Celui-ci!"

Nach der Heimkehr eröffnete er wieder seine Turnschule;
30 „Frisch, frei, fröhlich, fromm ist der Turngemein Willkomm!"
In hellen Haufen eilte die Berliner Jugend auf den Turn=
platz.   Von den Studenten kam freilich nur ein Teil, den mei=
sten ging es wider die Ehre, daß unter den Turnern vollkom=

mene Gleichheit herrſchen und man ſich mit den Knoten buzen
ſollte; auch bei den niederen Klaſſen fand die neue Kunſt zu=
nächſt wenig Anklang, denn wer beſtändig mit dem Körper ar=
beitet, glaubt der Schulung des Leibes nicht erſt zu bedürfen.
Um ſo eifriger beteiligte ſich das kleine Volk aus den Gymnaſien   5
und den anderen Schulen der höheren Stände.   Dieſe jungen
Teutonen hatten dem heiligen Kriege fern bleiben müſſen und
brannte vor Begier, jetzt das Verſäumte nachzuholen, durch
trotzigen Mut und rüſtige Fäuſte ihre Deutſchheit zu erweiſen;
ihre Augen leuchteten, wenn ihnen Jahn in ſeinen wunderlichen   10
Stabreimen das Bild des echten Turners ſchilderte: „Tugend=
ſam und tüchtig, keuſch und kühn, rein und ringfertig, wehrhaft
und wahrhaft!“   Und wie lebte und webte es auf dem Turn=
platze, wenn die Jungen, alleſamt in grauen Jacken von un=
gebleichter Leinwand, mit nacktem Halſe und langem Haar   15
gleich dem Meiſter, ihre unerhörten Künſte übten.   Entzückt
rühmte das Turnlied:

> Als der Turnermeiſter, der alte Jahn,
> Für des Volks urheilige Rechte
> Vortrat zu der Freiheit Rennlaufbahn,
> Da folgt’ ihm ein wehrlich Geſchlechte.
> Hei, wie ſchwungen ſich die Jungen
> Friſch, froh, fromm, frei!
> Hei, wie ſungen da die Jungen: Juchhei!

Wenn die Ferienzeit nahte, dann nahm Jahn gern ſeine Axt   25
auf die Schulter und brach mit einer kleinen Schar von Getreuen
zu einer weiten Turnfahrt auf; über Stock und Stein ging es
dann vorwärts bei Wind und Wetter in gewaltigen Märſchen
bis nach Rügen oder ins ſchleſiſche Gebirge.   Nachts lagerten
ſich die Graujacken gern beim Wachtfeuer unter freiem Himmel,   30
alles zur Mehrung der frommen Deutſchheit, und ſtolz erklang
das Turnwanderlied:

> Stubenwacht, Ofenpacht
> Hat die Herzen weich gemacht.

Wanderfahrt, Turnerart
Macht sie frank und hart.

Zur Nahrung diente oft nur trockenes Brot, und selten ward
anderes als Milch oder Wasser getrunken; denn auch die Mäßig=
5 keit rechnete der Turnvater zu den eigentümlichen Tugenden der
Deutschen, was vor ihm noch nie ein Sterblicher behauptet
hatte. Langsame Köpfe durften nicht murren, wenn ihnen der
jähzornige Meister durch Verabreichung einer „Dachtel" die Ge=
dankenarbeit beschleunigte; das war keine gemeine Ohrfeige,
10 sondern hing nach Jahns Etymologie mit „Denken" zusammen.
Verging sich aber einer gar zu gröblich gegen die Grundsätze des
Deutschtums oder begegnete der weiblichen Schar sonst etwas
Anstößiges, etwa eine französische Inschrift oder ein geputzter
Modegeck, dann kauerten sich die jungen Unholde im Kreise um
15 den Gegenstand des Entsetzens, reckten die Zeigefinger vor und
brüllten: „Äh, äh!"

In tapferen Völkern müssen alle schulmäßigen Leibesübun=
gen kriegerischen Zwecken dienen, wenn sie nicht zu läppischer
Spielerei ausarten sollen. Eingefügt in den regelmäßigen
20 Schulunterricht konnte das Turnen der überfeinerten Bildung
der Zeit ein heilsames Gegengewicht bieten und die Durch=
führung der allgemeinen Wehrpflicht erleichtern. In diesem
Sinne hatte Gneisenau schon vor Jahren die kriegerische Aus=
bildung der gesamten Jugend empfohlen. Jener wunderliche
25 Heilige aber, der sich schon bei Lebzeiten durch seine Eulenspie=
geleien zu einer sagenhaften Person erhoben sah, konnte auch
das Vernünftige nur auf närrische Weise betreiben. Die Turn=
plätze wurden die fruchtbaren Heimstätten jener Parteilegen=
den, welche dem Volke die Geschichte seines Befreiungskriegs ver=
30 fälschten. Nicht die Künste der Männer des Korporalstocks,
sondern die Begeisterung der Landwehr, des Landsturmes und
vornehmlich der Freischaren hatte den Sieg errungen. Alle die
Großtaten, welche Jahn mit seinen Lützowern vorgehabt aber

leider nicht zu stande gebracht hatte, vollendeten sich jetzt nachträglich in den prahlerischen Gesprächen seiner Turngenossen.
Wer diesen Kraftmenschen glaubte, mußte die Überzeugung
gewinnen, daß beim nächsten Einfall der Franzosen die deutsche
Turnerschaft nur eine einzige ungeheure Bauchwelle zu schlagen 5
brauchte, um den Feind zu zermalmen. „Wir Sturmerprob-
ten," versicherte das Turnlied, „wir zittern vor Söldnerschlach-
ten nicht," und wieder:

> Sold mag hinaus senden zum Strauß
> Buntes Gewürme ; Türme und Stürme
> Sind wir, die Zügel und Flügel im Strauß !

23.

Die dramatische Charakterbildung bei den Romanen und bei den Germanen.

Gustav Freytag.*

Die Art und Weise der dramatischen Charakterbildung durch
die Dichter zeigt die größte Mannigfaltigkeit. Sie ist zunächst
nach Zeiten und Völkern verschieden. Sehr verschieden bei Romanen und Germanen. Das Behagen an charakterisierenden 15
Einzelheiten ist von je bei den Germanen größer gewesen, bei
den Romanen größer die Freude an der zweckvollen Gebunden-
heit der dargestellten Menschen durch eine kunstvoll verschlungene
Handlung. Tiefer faßt der Deutsche seine Kunstgebilde, ein
reicheres inneres Leben sucht er an ihnen zur Darstellung zu 20
bringen, das Eigentümliche, ja Absonderliche hat für ihn großen
Reiz. Der Romane aber empfindet das Beschränkte des Einzelnen vorzugsweise vom Standtpunkt der Konvenienz und
Zweckmäßigkeit ; er macht die Gesellschaft, nicht wie der Deutsche
das innere Leben des Helden, zum Mittelpunkt ; ihn freut es, 25

* Technik des Dramas. Leipzig, 1894. S. 218.

fertige Personen, oft nur mit flüchtigem Umriß der Charaktere, einander gegenüber zu stellen. Auch da, wo genaue Darstellung eines Charakters, wie bei Molière, die besondere Aufgabe ist, und wo die Einzelheiten der Charakteristik hohe Bewunderung abnötigen, sind diese Charaktere — der Geizige, der Heuchler — meist innerlich fertig; sie stellen sich mit einer zuletzt ermüdenden Eintönigkeit in verschiedenen gesellschaftlichen Beziehungen vor; sie werden trotz der Vortrefflichkeit der Zeichnung unserer Bühne immer fremder werden, weil ihnen das höchste dramatische Leben fehlt, das W e r d e n des Charakters. Wir wollen auf der Bühne lieber erkennen, wie einer geizig wird, als wie er es ist.

Was also dem Germanen die Seele füllt, einen Stoff wert macht und zu schöpferischer Tätigkeit reizt, ist vorzugsweise die eigenartige Charakterbewegung der Hauptfiguren; ihm gehen in schaffender Seele leicht zuerst die Charaktere auf, zu diesen erfindet er die Handlung, aus ihnen strahlt Farbe, Licht und Wärme auf die Nebenfiguren; den Romanen lockt stärker die fesselnde Verbindung der Handlung, die Unterordnung des Einzelwesens unter den Zwang des Ganzen, die Spannung, die Intrigue. Dieser Gegensatz ist alt, er dauert noch in der Gegenwart. Dem Deutschen wird es schwerer, zu den tief empfundenen Charakteren die Handlung aufzubauen, dem Romanen verschlingen sich leicht und anmutig die Fäden derselben zu einem kunstvollen Gewebe. Diese Eigentümlichkeit bedingt auch einen Unterschied in der Fruchtbarkeit und in dem Werte der Dramen. Die Litteratur der Romanen hat wenig, was sie den höchsten Leistungen des germanischen Geistes an die Seite setzen kann; aber den schwächeren Talenten unseres Volkes gedeiht bei ihrer Anlage häufig kein brauchbares Theaterstück. Einzelne Szenen, einzelne Personen erwärmen und fesseln, dem Ganzen fehlt die saubere, spannende Ausführung. Den Fremden gelingt das Mittelgut besser; auch da, wo weder die dichterische Idee noch die Charaktere Anspruch auf dichterischen Wert haben, unterhält

noch die kluge Erfindung der Intrigue, die kunstvolle Verbindung
der Personen zu bewegtem Leben.

Ferner aber ist bei jedem einzelnen Dichter die Art des Cha=
rakterisierens eine verschiedene, sehr verschieden der Reichtum an
Gestalten, ebenso die Sorgfalt und Deutlichkeit, womit ihr We= 5
sen dem Zuhörer dargelegt wird. Auch hier ist Shakespeare der
reichste und tiefste der Schaffenden, nicht ohne eine Eigentümlich=
keit, welche uns zuweilen in Verwunderung setzt. Wir sind
geneigt anzunehmen und wissen aus vielen Nachrichten, daß sein
Publikum nicht vorzugsweise aus dem Scharfsinnigen und Ge= 10
bildeten Altenglands bestand; wir sind also berechtigt voraus=
zusetzen, daß er seinen Charakteren ein einfaches Gewebe geben
und ihre Stellung zu der Idee des Dramas nach allen Seiten
hin genau darlegen werde. Das geschieht nicht immer. Zwar
bleibt der Hörer bei den Haupthelden Shakespeares nie über 15
wichtige Motive ihres Handelns in Ungewißheit, ja die volle
Kraft seiner Dichtergröße kommt gerade dadurch zur Erscheinung,
daß er in den Hauptcharakteren die Vorgänge der Seele von der
ersten aufsteigenden Empfindung bis zum Höhepunkte der Lei=
denschaft mit gewaltig packender Kraft und Wahrheit auszudrük= 20
ken weiß, wie kein anderer. Und wohl darf man sagen, daß die
Charaktere Shakespeares, deren Leidenschaft doch die höchsten
Wellen schlägt, zugleich mehr als das Gebilde irgend eines an=
deren Dichters gestatten, tief hinab in ihr Inneres zu blicken.
Aber diese Tiefe ist für die Augen des darstellenden Künstlers 25
wie für die Hörer zuweilen unergründlich, und seine Charaktere
sind in ihrem letzten Grunde durchaus nicht immer so durchsichtig
und einfach, wie sie flüchtigen Augen erscheinen, ja mehrere von
ihnen haben etwas besonders Rätselhaftes und schwer Verständ=
liches, welches ewig zur Deutung lockt und doch niemals ganz 30
erfaßt werden kann.

Denn Shakespeares Art der Charakterbildung stellt in unge=
wöhnlicher Größe und Vollkommenheit dar, was dem Schaffen

der Germanen überhaupt eigen ist gegenüber der alten Welt und
gegenüber den Kulturvölkern, welche nicht mit deutschem Leben
durchsetzt sind. Dies Germanische aber ist die Fülle und liebevolle Wärme, welche jede einzelne Gestalt zwar genau nach den
5 Bedürfnissen des einzelnen Kunstwerks formt, aber auch das
ganze außerhalb des Stückes liegende Leben derselben überdenkt
und in seiner Besonderheit zu erfassen sucht. Während der
Deutsche behaglich die Bilder der Wirklichkeit mit den bunten
Fäden der spinnenden Phantasie überzieht, empfindet er die wirk-
10 lichen Grundlagen seiner Charaktere, das tatsächliche Gegenbild
mit menschenfreundlicher Achtung und mit dem möglichst genauen
Verständnis seines gesamten Inhalts. Dieser Tiefsinn, die
liebevolle Hingabe an das Individuelle und wieder die hohe
Freiheit, welche mit dem Bilde wie mit einem werten Freunde
15 zweckvoll verkehrt, haben seit alter Zeit den gelungenen Gestalten der deutschen Kunst einen besonders reichen Inhalt gegeben;
darum ist in ihnen ein Reichtum von Einzelzügen, ein gemütlicher Reiz und eine Vielseitigkeit, durch welche die Geschlossenheit,
wie sie dramatischen Charakteren notwendig ist, nicht aufgehoben,
20 sondern in ihren Wirkungen höchlich gesteigert wird.

Bei Schiller ist die Art und Weise der Charakterschilderung in
der Jugend sehr anders, als in den Jahren seiner Reife. Durch
mehr als ein halbes Jahrhundert hat Pracht und Adel seiner
Charaktere die deutsche Bühne beherrscht, und lange haben die
25 schwachen Nachahmer seines Stils nicht verstanden, daß die
Fülle seiner Diktion nur deshalb so große Wirkungen hervor-
brachte, weil unter ihr ein Reichtum von dramatischen Leben wie
unter einer Vergoldung bedeckt liegt. Dies kräftige Leben der
Personen ist bereits in seinen ersten Stücken sehr auffallend, ja
30 es hat in „Kabale und Liebe" so bedeutenden Ausdruck gewonnen,
daß nach dieser Richtung in den späteren Werken nicht immer ein
Fortschritt sichtbar wird. Dem Verse und höheren Stil hat er
wenigstens die markige Kürze, den bühnengemäßen Ausdruck der

Leidenschaft, manche Rücksicht auf die Darsteller nachgesetzt. Immer voller und beredter wurde ihm der Ausdruck der Empfindungen durch die Sprache.

Auch seine Charaktere — am meisten die reichlich ausgeführten — haben jene besondere Eigenschaft seiner Zeit, ihr Denken und Empfinden dem Hörer in vielen Momenten der Handlung eindringlich zu berichten. Und sie tun es in der Weise hochgebildeter und beschaulicher Menschen, denn an die leidenschaftliche Empfindung hängt sich ihnen sofort ein schönes, oft ausgeführtes Bild, und der Stimmung, welche so aus ihrem Innern heraustönt, folgt eine Betrachtung — wie wir alle wissen, oft von hoher Schönheit — durch welche die sittlichen Grundlagen des aufgeregten Gefühls klar gemacht werden, und die Befangenheit der Situation durch eine Erhebung auf höheren Standpunkt wenigstens für Augenblicke aufgehoben erscheint. Es ist offenbar, daß solche Methode des dramatischen Schaffens der Darstellung starker Leidenschaften im allgemeinen nicht günstig ist, und sie wird sicher in irgend einer Zukunft unseren Nachkommen seltsam erscheinen; aber ebenso sicher ist, daß sie die Art zu empfinden, welche den gebildeten Deutschen am Ende des achtzehnten Jahrhunderts eigentümlich war, so vollständig wiedergibt, wie keine andere Dichtweise, und daß gerade darauf ein Teil der großen Wirkung beruht, welche Schillers Dramen noch jetzt auf das Volk ausüben. Allerdings nur ein Teil, denn die Größe des Dichters liegt gerade darin, daß er, welcher seinen Charakteren auch in bewegten Momenten so viele Ruhepunkte zumutet, dieselben doch in höchster Spannung zu erhalten weiß; fast alle haben ein starkes, begeistertes inneres Leben, einen Inhalt, mit welchem sie der Außenwelt sicher gegenüber stehen. Deshalb ist die leidenschaftliche Bewegung der Hauptcharaktere Schillers nicht immer dramatisch, aber diese Unvollkommenheit wird oft verdeckt durch das reiche Detail und die schöne Charakteristik, mit welcher gerade er die helfenden Nebenfiguren ausstattet. End-

lich iſt der größte Fortſchritt, welchen die deutſche Kunſt durch
ihn gemacht, daß er in gewaltigen tragiſchen Stoffen ſeine Per=
ſonen zu Teilnehmern einer Handlung macht, welche nicht mehr
die Beziehungen des Privatlebens, ſondern die höchſten Inte=
5 reſſen der Menſchen, Staat, Glauben, zum Hintergrunde hat.
Für junge Dichter und Darſteller freilich wird ſeine Schönheit
und Kraft immer gefährlich ſein, weil das innere Leben ſeiner
Charaktere überreichlich in der Rede ausſtrömt; er tut darin ſo
viel, daß dem Schauſpieler manchmal wenig zu ſchaffen übrig
10 bleibt, ſeine Dramen bedürfen weniger der Bühne als die eines
anderen Dichters.

24.

Die Idee der Rettung in Goethes „Fauſt."
Kuno Fiſcher.*

Mit den ſiebziger Jahren des 18. Jahrhunderts kam, wohl
vorbereitet, nach einer Entwickelung, die von den dürftigſten
Anfängen mühſam aufwärts geſtiegen, durch Klopſtock geflügelt,
15 durch Leſſing geführt und zu dem Gefühle ihrer Eigenmacht er=
ſtarkt war, in die deutſche Empfindungs= und Gedankenwelt jene
gewaltige Gährung, woraus die Epoche unſerer genialen Dich=
tung hervorging, die größte der vaterländiſchen Litteratur ſeit
Luther. Aus dem Sturm und Drange jener Jahre ſtammen
20 die Anfänge des Goethe'ſchen „Fauſt." Mancherlei Größen
rühmt der Tag, die flüchtig ſind, wie die Geſchlechter und In=
tereſſen des Tages. Was ſich im Laufe der Jahrhunderte er=
hält, fortlebend und fortwirkend in den Gemütern, erhebt ſich
auf die Höhe der Zeit und wächſt mit den Zeiten. Solche
25 Größen ſind in der Landſchaft unſerer geiſtigen Welt wie die
Gebirge, zu deren ragenden Gipfeln wir emporſchauen. Einer
dieſer Gipfel iſt das Gedicht, von dem wir reden; es iſt der

* Goethes Fauſt. Stuttgart, 1887. S. 1, 358.

höchſte und gehaltvollſte Ausdruck eines Menſchenlebens, eines
der lichtvollſten und reichſten, weche die Welt ſah, eines Volkes,
eines Zeitalters. In dem Umfange unſerer geſamten Litteratur
wird kein zweites Gedicht zu nennen ſein, von dem man wie von
dieſem ſagen kann, daß ſein Name und Ruhm ſo weit reicht als 5
die äußerſten Grenzen der Kunde deutſcher Dichtung; kein
zweites, in welchem der Genius unſeres Volkes ſo ſehr eine Ur=
kunde ſeiner innerſten Eigentümlichkeit erkennt, das er wie das
Buch ſeines Geheimniſſes betrachtet und darum mit einer Liebe
ergriffen hat, die keine Kritik je wegzureden oder zu erſchüttern 10
vermag. Wird doch jeder Deutſche, der einmal die Zauber die=
ſes Gedichtes empfunden hat, davon gefeſſelt und immer von
neuem gelockt, ſich in den Genuß und die Betrachtung desſelben
zu vertiefen, als ob nach neuen, reiſeren Lebenserfahrungen
nun erſt der Zeitpunkt gekommen ſei, es wirklich zu verſtehen 15
und zu ergründen.

In der geſamten europäiſchen Litteratur gibt es wohl nur ein
poetiſches Werk, das in der Wirkung auf Volk und Welt ſich mit
Goethes „Fauſt" vergleichen ließe: Dantes Gedicht von der
Hölle, dem Fegefeuer und dem Paradieſe. Aus dem Genius 20
des italieniſchen Volkes geboren, iſt dieſes Gedicht weit hinaus
über die nationalen Grenzen eine Offenbarung für die Menſch=
heit geworden; in ihm erkennen wir die Weltanſchauung, die
noch von den Ideen des Mittelalters erfüllt und ſchon von dem
Zuge zur Wiederbelebung des Altertums ergriffen iſt. Wie ſich 25
die göttliche Komödie zu dem Geiſte des italieniſchen Volkes und
zu dem Anfange der Renaiſſance verhält, ähnlich verhält ſich
Goethes „Fauſt" zu dem Geiſte des deutſchen Volkes und der
neuen Zeit. Beide Werke haben ein Thema von ewigem In=
halt: das vom Fall und der Läuterung des Menſchen. Darum 30
nenne ich das Goethe'ſche Gedicht unſere divina commedia; es
iſt nicht als ſoche entſtanden, aber dazu geworden, und es mußte
ſich zu dieſem grandioſen Charakter entwickeln, denn der Keim
dazu lag in ſeiner Herkunft.

Schon in dem Magus unſerer Volksſage war ein erhabener
Zug ſichtbar, den das älteſte Fauſtbuch, Marlowes Tragödie und
das deutſche Volksſchauspiel hervorgehoben hatten: der Drang
nach höchſter Erkenntnis, das Trachten nach Zauberkräften aus un-
5 befriedigtem Wiſſensdurſt. „Er nahm Adlerflügel an ſich und
wollte alle Gründe im Himmel und auf Erden erforſchen." Je
heller die Zeiten werden, um ſo mehr erleuchtet ſich in dem Sa-
gengebilde des Fauſt dieſer Zug, dieſe angeborene Höhenrichtung
ſeines Geiſtes, ſie erſcheint als das eigentlich Fauſtiſche. Wiſ-
10 ſensdurſt iſt auch Weltdurſt. Eine ſolche Natur muß die Welt
erleben und geht den Weg der Leidenſchaften, der, mit Dante
zu reden, durch den Wald der Verirrungen führt; ſie wird von
den Verſuchungen der Welt erfaßt und tief in Schuld verſtrickt
werden, ſie kann fallen, aber vermöge ihrer Höhenrichtung nicht
15 ſinken, ſondern muß mitten in den Verdunkelungen des Lebens
dem Licht und der Läuterung zuſtreben. Eine aufwärts gerich-
tete und emporſtrebende Menſchennatur iſt gut.

> Ein guter Menſch in ſeinem dunkeln Drange
> Iſt ſich des rechten Weges wohl bewußt.

20 Das Prometheiſche iſt nicht diaboliſch, ſondern göttlich; das
Fauſtiſche iſt unzerſtörbar, unverderblich. Wenn jener Kom-
paß, den die Natur zu ſeiner Mitgift gemacht hat, die ur-
ſprüngliche Richtung verliert, wenn das hohe Streben vernichtet
und das Heer der niederen Begierden in ihm zur Herrſchaft ge-
25 bracht werden kann, dann iſt Fauſt verloren und das Böſe hat
geſiegt.

Daß es nicht ſiegt und Fauſt die Rettung erringt, deren
Bürgſchaft er in ſich trägt, will nun Goethes Dichtung zeigen,
ſie muß daher ihrem Fauſt mit dem Verſucher verkehren und
30 eine Art Pakt ſchließen laſſen; in dieſem Punkte macht die neue
Fabel noch gemeinſame Sache mit der alten. Nur kann der
Vertrag beider nicht mehr auf eine beſtimmte Friſt lauten, nach
deren Ablauf Fauſt rettungslos dem Teufel gehört und der

Hölle verfällt; in diesem Punkte verläßt die neue Dichtung
ganz den Weg und die Richtung der Sage. Faust ist nur in
einem Falle verloren: wenn er sich selbst verliert, wenn er auf=
hört, zu ringen und zu streben, wenn seine Kraft im Genusse der
Welt verschüttet, begraben, erstickt wird, wenn er im Genusse 5
(jeder ist beschränkt) beharrt und sich der Lust (jede ist momentan)
verknechtet, wenn mit einem Wort an die Stelle des Strebens
das Behagen an sich und die Selbstzufriedenheit tritt. Das
aber läßt sich nicht ausmachen durch einen Pakt, sondern nur
durch eine Probe, durch eine so che, die das ganze Leben umfaßt: 10
die Lebensprobe. Es kommt darauf an, ob er diese Probe be=
steht; darum allein handelt es sich in dem Vertrage zwischen ihm
und dem Satan. Die Entscheidung liegt in keinem Termin,
sondern in einer zunächst ungewissen Zukunft; daher ist die
Form des Vertrages die Wette: 15

> Werd' ich beruhigt je mich auf ein Faulbett legen,
> So sei es gleich um mich getan;
> Kannst du mich schmeichelnd je belügen,
> Daß ich mir selbst gefallen mag,
> Kannst du mich mit Genuß betrügen, 20
> Das sei für mich der letzte Tag!
> Die Wette biet' ich!
> Werd' ich zum Augenblicke sagen:
> Verweile doch, du bist so schön!
> Dann magst du mich in Fesseln schlagen, 25
> Dann will ich gern zu Grunde gehn!
> Dann mag die Totenglocke schallen,
> Dann bist du deines Dienstes frei,
> Die Uhr mag stehen, der Zeiger fallen,
> Es sei die Zeit für mich vorbei. 30

Der Termin ist das Lebensziel, bedingt nicht durch eine Frist,
sondern durch den Verlust der Wette. So erscheint Fausts
Schicksal zunächst ungewiß und problematisch, keineswegs aus=
gemacht wie in der Volkssage. Diese ist völlig verlassen.

Man wolle mir nicht entgegnen, daß ja auch bei Goethe auf
die Wette ein ſchriftlicher, mit Blut unterzeichneter Pakt folgt.
Weit entfernt, die Volksſage in dieſem Zuge nachzuahmen,
wollte der Dichter vielmehr den Unterſchied zwiſchen einer ſolchen
5 Wette und einem ſolchen Pakt grell dadurch erleuchten. Hier
iſt der Pakt nicht furchtbar, ſondern abſurd und lächerlich.
„Auch was Geſchriebnes forderſt du, Pedant?"

> Wenn dies dir völlig G'nüge tut,
> So mag es bei der Frage bleiben.

10 Wenn Fauſt die Wette aber verliert, ſo hat er ſich verloren, und
alles iſt entſchieden.

> Wie ich beharre, bin ich Knecht,
> Ob dein, was frag' ich, oder weſſen.

Es iſt vollkommen lächerlich, einen Schein aufzuſtellen und mit
15 Brief und Siegel zu verſprechen, daß etwas geſchehen ſoll,
was geſchehen iſt.

Eben deshalb, weil der Gegenſtand dieſer Wette Fauſt ſelbſt
iſt, ſein eigenſtes, innerſtes Weſen, kann ihr Ausgang nicht
zweifelhaft ſein. Entweder der Augenblick, der ihn befriedigt,
20 kommt nie, ſo hat er die Wette auch dem Wortlaute nach gewonnen; oder er kommt, dieſer Augenblick der Befriedigung,
wie er kommen muß, im Wege echter Läuterung, wie er kommen
muß, um das Ziel des Lebens und der Handlung zu erfüllen
und die Wette zum Austrage zu bringen, ſo wird Fauſt die
25 letztere ſcheinbar verloren, in Wahrheit gewonnen haben. Was
ihn jetzt befriedigt, liegt nicht im Gewühle der Weltzerſtreuung
und der Weltgenüſſe, ſondern iſt ein ſo geläutertes und durch
eigene Kraft erhöhtes Daſein, daß der Teufel erſt recht ſein
Spiel verloren hat. Sein Genuß iſt die Frucht ſeiner Arbeit,
30 iſt der Blick auf den großen, ſegensreichen Wirkungskreis, den
er geſchaffen, auf das Land, das er den Elementen abgerungen,
bebaut und in eine Menſchenwelt verwandelt hat, in einen
Schauplatz ſtrebender Geſchlechter nach ſeinem Bilde. Was

ihn beglückt, ist die Saat, die er ausstreut und andere ernten
sollen: das Vorgefühl dieser Ernte, die nach ihm kommt. Es
gibt nichts Größeres. Ein so erfülltes Lebensziel, eine so be=
standene Lebensprobe ist ein Wohlgefallen für Götter, keine
Triumph für den Teufel, und wenn er noch so viele Scheine   5
hätte. Ein erhabener Greis, am äußersten Ziele der Tage, in
der Tatkraft des Herrschers, sich vergessend in seinem Werke,
bekennt er in seinen letzten Worten:

> Ja! diesem Sinne bin ich ganz ergeben,
> Das ist der Weisheit letzter Schluß: 10
> Nur der verdient sich Freiheit wie das Leben,
> Der täglich sie erobern muß.
> Und so verbringt, umrungen von Gefahr,
> Hier Kindheit, Mann und Greis sein tüchtig Jahr.
> Solch ein Gewimmel möcht' ich sehn,   15
> Auf freiem Grund mit freiem Volke stehn.
> Zum Augenblicke dürft' ich sagen:
> Verweile doch! du bist so schön!
> Es kann die Spur von meinen Erdentagen
> Nicht in Äonen untergehn!
> Im Vorgefühl von solchem hohen Glück
> Genieß' ich jetzt den höchsten Augenblick.

Er hat sich die Unsterblichkeit errungen als die Frucht seines
Strebens, Engel tragen den unsterblichen Faust empor unter
Triumphgesang: 25

> Gerettet ist das edle Glied
> Der Geisterwelt vom Bösen;
> Wer immer strebend sich bemüht,
> Den können wir erlösen!
> Und hat an ihm die Liebe gar   30
> Von oben teilgenommen,
> Begegnet ihm die selige Schar
> Mit herzlichem Willkommen.

„In diesen Versen," sagte Goethe selbst, „ist der Schlüssel zu
Fausts Rettung enthalten."   35

In dem Schickſale des Fauſt, das einen Augenblick wie ſchwe=
bend erſcheint zwiſchen dem Herrn und dem Satan, handelt es
ſich um die Lebensfrage der Menſchheit. Wenn ein ſolcher
Streben, aus eigenſter Kraft entſprungen und auf das Höchſte
5 gerichtet, zu nichts gemacht und erſtickt werden kann, wenn ſich
in dieſem Menſchen das Wort des Mephiſtopheles wirklich be=
währt:

>   Staub ſoll er freſſen und mit Luſt,
>   Wie meine Muhme, die berühmte Schlange,

10 ſo gibt es überhaupt in der Menſchenwelt nichts wahrhaft Er=
habenes, ſo iſt das Menſchengetriebe ein leeres Poſſenſpiel, ſo
iſt alles menſchliche Streben erfolglos, kein Emporſteigen, ſon=
dern ein beſtändiges Fallen, und der Menſch iſt, wie Mephiſto=
pheles dem Herrn ins Angeſicht die Art des Menſchen ver=
15 ſpottet:

>   Er ſcheint mir, mit Verlaub von Euer Gnaden,
>   Wie eine der langbeinigen Zikaden,
>   Die immer fliegt und fliegend ſpringt
>   Und gleich im Gras ihr altes Liedchen ſingt.
20   Und läg' er nur noch immer in dem Graſe!
>   In jedem Quark begräbt er ſeine Naſe.

Dann iſt das höchſte Streben das erfolgloſeſte, unter den
menſchlichen Torheiten die größte, unter den Narrheiten die
Tollheit! Daß es ſich nicht ſo verhält, daß die Menſchheit zur
25 Loſung einer göttlichen Weltaufgabe berufen iſt, daß dieſer Be=
ruf ſich in ihrem Streben offenbart, bezeugt der Herr mit einem
Beiſpiel, indem er hinweiſt auf den Fauſt. Er nennt ihn ſei=
nen Knecht. So gilt Fauſt dem Herrn wie dem Satan als
Repräſentant oder Typus der Menſchheit. In dieſem Sinn
30 nimmt ihn Goethes Dichtung; eben darin beſteht die philoſo=
phiſche Faſſung des Fauſtmythus. Das Weſen und Beſtim=
mung der Menſchheit liegt in ihrer fortſchreitenden Läuterung.

Jetzt iſt die Grundidee, welche den Plan der Dichtung aus=

macht, vollständig klar. Ihr Thema von ewigem Inhalt, der
Fall und die Läuterung des Menschen, erhebt den „Faust"
Goethes zu unserer divina commedia und rechtfertigt die Ver=
gleichung mit Dante. Die Wette, welche Mephistopheles dem
Herrn anbietet und welche der Herr nicht als Wette annimmt,
sondern als Faustprobe dem Versucher zugleich gewährt und auf=
gibt, motiviert die Wette zwischen Faust und Mephistopheles
und mit dieser den Schluß und die Lösung. So gewinnen wir
vom Prologe aus einen freien Blick über die Goethe'sche Faust=
tragödie in ihrem ganzen Verlauf, vom Anfang im Himmel
durch das große Welt= und Lebensproblem, das sich in jenem
Bündnis zwischen Faust und Mephistopheles darstellt, bis zur
bestandene Probe, dem Schlusse des zweiten Teils, der Voll=
endung des Ganzen.

25.
Moralische Vorurteile.
Friedrich Nietzsche.*

1. Zwecke? Willen?

Wir haben uns gewöhnt, an zwei Reiche zu glauben: an das
Reich der Zwecke und des Willens, und an das Reich der Zu=
fälle; in letzterem geht es sinnlos zu, es geht, steht und fällt
darin, ohne daß jemand sagen könnte, weshalb, wozu. Wir
fürchten uns vor diesem mächtigen Reiche der großen kosmischen
Dummheit, denn wir lernen es meistens so kennen, daß es in
die andere Welt, in die der Zwecke und Absichten, hineinfällt
wie ein Ziegelstein vom Dache und uns irgend einen schönen
Zweck totschlägt. Dieser Glaube an die zwei Reiche ist eine
uralte Romanti und Fabel. Wir klugen Zwerge mit unserem
Willen und unseren Zwecken werden durch die dummen, erz=
dummen Riesen, die Zufälle, belästigt, über den Haufen ge=

rannt, oft totgetreten, — aber troß alledem möchten wir nicht
ohne die schauerliche Poesie dieser Nachbarschaft sein; denn Un=
tiere kommen oft, wenn uns das Leben im Spinnenneße der
Zwecke zu langweilig oder zu ängstlich geworden ist, und geben
5 eine erhabene Diversion dadurch, daß ihre Hand einmal das
ganze Neß zerreißt. Nicht daß sie es gewollt hätten, diese Un=
vernünftigen! Nicht daß sie es nur merkten! Aber ihre gro=
ben Knochenhände greifen durch unser Neß hindurch, als ob es
Luft wäre.

10 Die Griechen nannten dies Reich des Unberechenbaren und
der erhabenen ewigen Borniertheit „Moira" und stellten es als
den Horizont um ihre Götter, über den sie weder hinauswirken
noch =sehen können; mit jenem heimlichen Troß gegen die Göt=
ter, welcher bei mehreren Völkern sich vorfindet in der Gestalt,
15 daß man sie zwar anbetet, aber einen leßten Trumpf gegen sie
in der Hand behält; zum Beispiel, wenn man als Inder oder
Perser sie sich abhängig vom Opfer der Sterblichen denkt, so
daß die Sterblichen schlimmsten Falls die Götter hungern und
verhungern lassen können; oder wenn man, wie der harte melan=
20 cholische Skandinavier, mit der Vorstellung einer einstmaligen
Götterdämmerung sich den Genuß der stillen Rache schafft zum
Entgelt für die beständige Furcht, welche seine bösen Götter ihm
machen. Anders das Christentum mit seinem weder indischen,
noch persischen, noch griechischen, noch skandinavischen Grund=
25 gefühle, welches den Geist der Macht im Staube anbeten und
den Staub noch küssen hieß. Dies gab zu verstehen, daß jenes
allmächtige „Reich der Dummheit" nicht so dumm sei, wie es
aussehe, daß wir vielmehr die Dummen seien, die nicht merkten,
daß hinter ihm der liebe Gott stehe, er, der zwar die dunkeln,
30 krummen und wunderbaren Wege liebe, aber zuleßt doch alles
herrlich hinausführe. In der neueren Zeit ist in der Tat das
Mißtrauen groß geworden, ob der Ziegelstein, der vom Dache
fällt, wirklich von der göttlichen Liebe herabgeworfen werde, und

die Menschen fangen wieder an, in die alte Spur der Riesen-
und Zwergromantik zurückzugeraten.

Lernen wir also, weil es hohe Zeit dazu ist: In unserem
vermeintlichen Sonderreiche der Zwecke und der Vernunft regie-
ren ebenfalls die Riesen! Und unsere Zwecke und unsere Ver- 5
nunft sind keine Zwerge, sondern Riesen! Und unsere eigenen
Netze werden durch uns selber ebenso oft und ebenso plump zerrissen wie von dem Ziegelsteine! Und es ist nicht alles Zweck,
was so genannt wird, und noch weniger alles Wille, was Wille
heißt! Und wenn ihr schließen wolltet: „Es gibt also nur ein 10
Reich, das der Zufälle und der Dummheit?" so ist hinzuzufügen:
Ja, vielleicht gibt es nur ein Reich, vielleicht gibt es weder
Willen noch Zwecke, und wir haben sie uns nur eingebildet.
Jene eisernen Hände der Notwendigkeit, welche den Würfelbecher des Zufalls schütteln, spielen ihr Spiel unendliche Zeit; 15
da müssen Würfe vorkommen, die der Zweckmäßigkeit und Ver-
nünftigkeit jedes Grades vollkommen ähnlich sehen. Vielleicht
sind unsere Willensakte, unsere Zwecke nichts anderes als eben
solche Würfe, und wir sind nur zu beschränkt und zu eitel dazu,
unsere äußerste Beschränktheit zu begreifen: die nämlich, daß 20
wir selber mit eisernen Händen den Würfelbecher schütteln, daß
wir selber in unseren absichtlichsten Handlungen nichts mehr
tun, als das Spiel der Notwendigkeit zu spielen. Vielleicht!
Um über dies Vielleicht hinauszukommen, müßte man schon in
der Unterwelt und jenseits aller Oberflächen zu Gaste gewesen 25
sein und am Tische der Persephone mit ihr selber gewürfelt und
gewettet haben.

2. Vom Volke Israel.

Zu den Schauspielen, auf welche uns das nächste Jahrhundert
einladet, gehört die Entscheidung im Schicksale der europäischen
Juden. Daß sie ihren Würfel geworfen, ihren Rubikon über- 30
schritten haben, greift man jetzt mit beiden Händen; es bleibt

ihnen nur noch übrig, entweder die Herren Europas zu werden
oder Europa zu verlieren, so wie sie einst vor langen Zeiten
Ägypten verloren, wo sie sich vor ein ähnliches Entweder=Oder
gestellt hatten.   In Europa aber haben sie eine Schule von acht=
5 zehn Jahrhunderten durchgemacht, wie sie hier kein andres Volk
aufweisen kann, und zwar so, daß nicht eben der Gemeinschaft,
aber umsomehr den Einzelnen die Erfahrungen dieser entsetz=
lichen Übungszeit zu gute gekommen sind.   In Folge davon
sind die seelischen und geistigen Hilfsquellen bei den jetzigen
10 Juden außerordentlich; sie greifen in der Not am seltensten
von allen, die Europa bewohnen, zum Becher oder zum Selbst=
mord, um einer tiefen Verlegenheit zu entgehen, — was dem
geringer Begabten so nahe liegt.   Jeder Jude hat in der Ge=
schichte seiner Väter und Großväter eine Fundgrube von Bei=
15 spielen kältester Besonnenheit und Beharrlichkeit in furchtbaren
Lagen, von feinster Überlistung und Ausnützung des Unglücks
und des Zufalls; ihre Tapferkeit unter dem Deckmantel er=
bärmlicher Unterwerfung, ihr Heroismus im spernere se sperni
übertrifft die Tugenden aller Heiligen.

20   Man hat sie verächtlich machen wollen dadurch, daß man sie
zwei Jahrtausende lang verächtlich behandelte und ihnen den
Zugang zu allen Ehren, zu allem Ehrbaren verwehrte, dafür sie
um so tiefer in die schmutzigeren Gewerbe hineinstieß, — und
wahrhaftig, sie sind unter dieser Prozedur nicht reinlicher ge=
25 worden.   Aber verächtlich?   Sie haben selber nie aufgehört,
sich zu den höchsten Dingen berufen zu glauben, und ebenso
haben die Tugenden aller Leidenden nie aufgehört, sie zu schmü=
cken.   Die Art, wie sie ihre Väter und ihre Kinder ehren, die
Vernunft ihrer Ehen und Ehesitten zeichnet sie unter allen Eu=
30 ropäern aus.   Zu alledem verstanden sie es, ein Gefühl der
Macht und der ewigen Rache sich aus eben den Gewerben zu
schaffen, welche man ihnen überließ (oder denen man sie über=
ließ); man muß es zur Entschuldigung selbst ihres Wuchers

sagen, daß sie ohne diese gelegentliche angenehme und nützliche
Folterung ihrer Verächter es schwerlich ausgehalten hätten, sich
so lange selbst zu achten. Denn unsere Achtung vor uns selber
ist daran gebunden, daß wir Wiedervergeltung im Guten und
Schlimmen üben können. Dabei reißt sie ihre Rache nicht leicht 5
zu weit; denn sie haben alle die Freisinnigkeit, auch die der
Seele, zu welcher der häufige Wechsel des Ortes, des Klimas,
der Sitten von Nachbarn und Unterdrückern den Menschen er-
zieht; sie besitzen die bei weitem größte Erfahrung in allem
menschlichen Verkehre und üben selbst in der Leidenschaft noch 10
die Vorsicht dieser Erfahrung. Ihrer geistigen Geschmeidigkeit
und Gewitztheit sind sie so sicher, daß sie nie, selbst in der bitter-
sten Lage nicht, nötig haben, mit der physischen Kraft, als grobe
Arbeiter, Lastträger, Ackerbausklaven, ihr Brot zu erwerben.

Ihren Manieren merkt man noch an, daß man ihnen niemals 15
ritterlich vornehme Empfindungen in die Seele und schöne
Waffen um den Leib gegeben hat; etwas Zudringliches wechselt
mit einer oft zärtlichen, fast stets peinlichen Unterwürfigkeit.
Aber jetzt, da sie unvermeidlich von Jahr zu Jahr mehr sich mit
dem besten Adel Europas verschwägern, werden sie bald eine 20
gute Erbschaft von Manieren des Geistes und des Leibes gemacht haben; so daß sie in hundert Jahren schon vornehm
genug dreinschauen werden, um als Herren bei den ihnen Unterworfenen nicht Scham zu erregen. Und darauf kommt es an!
— Deshalb ist ein Austrag ihrer Sache für jetzt noch verfrüht! 25
Sie wissen selber am besten, daß an eine Eroberung Europas
und an irgend welche Gewaltsamkeit für sie nicht zu denken ist;
wohl aber, daß Europa irgendwann einmal wie eine völlig reife
Frucht ihnen in die Hand fallen dürfte, welche sich ihr nur leicht
entgegenstreckt. Inzwischen haben sie dazu nötig, auf allen 30
Gebieten der europäischen Auszeichnung sich auszuzeichnen und
unter den Ersten zu stehen; bis sie es so weit bringen, das,
was auszeichnen soll, selber zu bestimmen.

Und wohin soll auch diese Fülle angesammelter großer Ein=
drücke, welche die jüdische Geschichte für jede jüdische Familie
ausmacht, diese Fülle von Leidenschaften, Tugenden, Entschlüs=
sen, Entsagungen, Kämpfen, Siegen aller Art, — wohin soll sie
5 sich ausströmen, wenn nicht zuletzt in große geistige Menschen
und Werke?   Denn, wenn die Juden auf solche Edelsteine und
goldene Gefäße als ihr Werk hinzuweisen haben, wie sie die
europäischen Völker kürzerer und weniger tiefer Erfahrung nicht
hervorzubringen vermögen und vermochten, wenn Israel seine
10 ewige Rache in eine ewige Segnung Europas verwandelt haben
wird: dann wird jener siebente Tag wieder einmal da sein, an
dem der alte Judengott sich seiner selber, seiner Schöpfung und
seines auserwählten Volkes freuen darf, — und wir alle, alle
wollen uns mit ihm freun!

3. Der erste Christ.

15   Wenn man die Bibel aufmacht, so geschieht es, um sich zu
erbauen, um in seiner eigenen, persönlichen großen oder kleinen
Not einen Fingerzeig des Trostes zu finden; kurz, man liest sich
hinein und sich heraus.   Daß in ihr auch die Geschichte einer
der ehrgeizigsten und aufdringlichsten Seelen beschrieben steht,
20 die Geschichte des Apostels Paulus, wer weiß das, einige Ge=
lehrte abgerechnet?   Ohne diese merkwürdige Geschichte aber,
ohne die Verwirrungen und Stürme einer solchen Seele, gäbe es
keine Christenheit; kaum würden wir von einer kleinen jüdischen
Sekte erfahren haben, deren Meister am Kreuze starb.   Daß
25 das Schiff des Christentums einen guten Teil des jüdischen
Ballastes über Bord warf, daß es unter die Heiden ging und
gehen konnte, das hängt an der Geschichte dieses einen Men=
schen, eines sehr gequälten, sehr bemitleidenswerten, sehr unan=
genehmen und sich selber unangenehmen Menschen.

30   Er litt an einer fixen Idee, oder deutlicher, an einer fixen,
stets gegenwärtigen, nie zur Ruhe kommenden Frage: Welche

Bewandtnis es mit dem jüdischen Gesetze habe, und zwar mit
der Erfüllung dieses Gesetzes. In seiner Jugend hatte er ihm
selber genug tun wollen, heißhungrig nach dieser höchsten Auszeichnung, welche die Juden zu denken vermochten, dieses Volk,
welches die Phantasie der sittlichen Erhabenheit höher als irgend
ein anderes Volk getrieben hat, und welchem allein die Schöpfung eines heiligen Gottes, nebst dem Gedanken der Sünde als
eines Vergehens an dieser Heiligkeit, gelungen ist. Paulus
war zugleich der fanatische Verteidiger und Ehrenwächter dieses
Gottes und seines Gesetzes geworden und fortwährend im
Kampfe und auf der Lauer gegen die Übertreter und Anzweifler
desselben, hart und böse gegen sie und zum Äußersten der Strafen geneigt. Und nun erfuhr er an sich, daß er, — hitzig, me-
lancholisch, bösartig im Haß, wie er war, — das Gesetz selber
nicht erfüllen konnte. Vielerlei lag ihm auf dem Gewissen,
und wie sehr er auch diesem Gewissen durch den äußersten Fa-
natismus der Gesetzesverehrung und -verteidigung wieder Luft
zu machen suchte, es kamen Augenblicke, wo er sich sagte: „Es
ist alles umsonst! Die Marter des unerfüllten Gesetzes ist
nicht zu überwinden!" Das Gesetz war das Kreuz, an welches
er sich geschlagen fühlte; wie haßte er es! wie trug er es ihm
nach! wie suchte er herum, um ein Mittel zu finden, es zu ver-
nichten, nicht mehr es für seine Person zu erfüllen! Und endlich leuchtete ihm der rettende Gedanke auf, zugleich mit einer
Vision; ihm, dem wütenden Eiferer des Gesetzes, der innerlich
dessen todmüde war, erschien auf einsamer Straße jener Christus, den Lichtglanz Gottes auf seinem Gesichte, und Paulus
hörte die Worte: „Warum verfolgst du mich?" Das Wesentliche, was da geschah, ist aber dieses: sein Kopf war auf einmal
hell geworden. „Es ist unvernünftig," hat er sich gesagt, „gerade diesen Christus zu verfolgen. Hier ist ja der Ausweg, hier
ist ja die vollkommene Rache, hier und nirgends sonst habe und
halte ich ja den Vernichter des Gesetzes." Der Kranke fühlte

sich mit einem Schlage wieder hergestellt, die moralische Ver=
zweiflung ist wie fortgeblasen, denn die Moral ist fortgeblasen,
vernichtet, — nämlich erfüllt, dort am Kreuze! Bisher hatte
ihm jener schmähliche Tod als Hauptargument gegen die Mes=
5 sianität, von der die Anhänger der neuen Lehre sprachen, gegol=
ten; wie aber, wenn er nötig war, um das Gesetz abzutun?

Die ungeheuren Folgen dieses Einfalls, dieser Rätsellösung
wirbeln vor seinem Blicke, er wird mit einem Male der glück=
lichste Mensch; das Schicksal der Juden, nein, aller Menschen
10 scheint ihm an diesen Einfall, an diese Sekunde seines plötzlichen
Aufleuchtens gebunden; er hat den Gedanken der Gedanken,
den Schlüssel der Schlüssel, das Licht der Lichter; um ihn sel=
ber dreht sich fürderhin die Geschichte! Denn er ist von jetzt
ab der Lehrer der Vernichtung des Gesetzes. Dem Bösen ab=
15 sterben, — das heißt, auch dem Gesetz absterben; im Fleische
sein, — das heißt, auch im Gesetze sein! Mit Christus eins ge=
worden, — das heißt, auch mit ihm der Vernichter des Gesetzes
geworden; mit ihm gestorben, — das heißt, auch dem Gesetze
abgestorben! Selbst wenn es noch möglich wäre, zu sündigen,
20 so doch nicht mehr gegen das Gesetz, „ich bin außerhalb des=
selben." „Wenn ich jetzt das Gesetz wieder aufnehmen und
mich ihm unterwerfen wollte, so würde ich Christus zum Mit=
helfer der Sünde machen." Denn das Gesetz war dazu da, daß
gesündigt werde, es trieb die Sünde immer hervor, wie ein
25 scharfer Saft die Krankheit; Gott hätte den Tod Christi nie be=
schließen können, wenn überhaupt ohne diesen Tod eine Erfül=
lung des Gesetzes möglich gewesen wäre; jetzt ist nicht nur alle
Schuld abgetragen, sondern die Schuld an sich vernichtet; jetzt
ist das Gesetz tot, jetzt ist die Fleischlichkeit, in der es wohnt,
30 tot, oder wenigstens in fortwährendem Absterben, gleichsam ver=
wesend. Noch kurze Zeit inmitten dieser Verwesung — das ist
das Los des Christen, bevor er, eins geworden mit Christus,
aufersteht mit Christus, an der göttlichen Herrlichkeit teilnimmt

mit Christus und Sohn Gottes wird gleich Christus. Damit
ist der Rausch des Paulus auf seinem Gipfel, und ebenfalls die
Zudringlichkeit seiner Seele; mit dem Gedanken des Einswer=
dens ist jede Scham, jede Unterordnung, jede Schranke von ihr
genommen. Dies ist der erste Christ, der Erfinder der Christ= 5
lichkeit. Bis dahin gab es nur einige jüdische Sektierer.

26.

Henry George: Fortschritt und Armut.
Gustav Schmoller.*

Als ich das mit ziemlich viel Lärm und Reklame auch in
Deutschland eingeführte Buch von Henry George zur Hand
nahm, und in den ersten Kapiteln einen Kunstwein kredenzt
fand, der ausschließlich nach den alten englischen Trebern 10
schmeckte, war ich zuerst recht enttäuscht und dachte: Auch wie=
der einmal viel Lärm um nichts. Je weiter ich aber las, desto
mehr gewann mich der Schriftsteller, und zuletzt legte ich das
Buch mit dem Gefühle weg, daß hier ein frischer ganzer Mann,
dem die neue Welt, das Rauschen des Urwaldes und die kern= 15
hafte Kraft des Amerikanertums noch ein ganzes Herz und
einen offenen scharfen Blick gelassen, uns ein Selbstbekenntnis
darüber ablegt, was aus einer Mischung solcher Elemente mit
der abgelebten Schulweisheit englischer Populärphilosophie wer=
den könne. Ich ward deshalb milder darüber gestimmt, daß 20
·der Verfasser mit dem, was er Neues gegenüber der englischen
Nationalökonomie bringt, für uns Deutsche zu einem großen
Teil nur offene Türen einstößt, daß er mit seinen praktischen
Vorschlägen in der Hauptsache Kindlich=Unpraktisches verlangt,
daß er, einer tieferen wissenschaftlichen Bildung ermangelnd, 25

* Zur Litteraturgeschichte der Staats- und Sozialwissenschaften. Leip=
zig, 1888. S. 248.

vielfach doch ganz in den alten Geleisen manchesterlicher Weisheit stecken bleibt.   Der Kern des Mannes ist trotz alledem ein
bedeutender; es lohnt sich immerhin ihn kennen zu lernen.

Der Verfasser geht von der Frage aus, wie es kommt, daß
5 überall mit zunehmendem Reichtum, mit zunehmender Kapital-
bildung, mit zunehmende Bevölkerung, das Elend, der Paupe-
rismus sich einstelle, daß wir keine großen Städte mit Palästen,
mit glänzenden Magazinen und mit galonnierten Bedienten
sehen ohne verlumpte Bettler und halbverhungerte Kinder.
10 Und er behauptet, daß das wahre Heilmittel ausschließlich darin
liege, den Grund und Boden zum Gemeingut zu machen.   Der
Privatrecht ist ungerecht, denn er ist kein Erzeugnis des In-
dividuums.   Nur auf das Erarbeitete, durch menschliche Anstrengung Geschaffene hat der Einzelne gerechterweise einen
15 ausschließlichen Anspruch.   Der Privatgrundbesitz gibt dem
Eigentümer die Herrschaft über die von demselben ausgeschlos-
senen Menschen.   Welche rechtliche Form diese Herrschaft hat,
ist gleichgültig.   Die frühere Sklaverei ist teilweise nicht
schlimmer, sondern für den Arbeiter günstiger gewesen als seine
20 heutige Lage.   Einen Anspruch auf Entschädigung haben die
bisherigen Eigentümer nicht.   Der Grundbesitz war überall
Gemeingut; das muß er wieder werden.   Wenn man in den
Vereinigten Staaten das Grundmonopol noch nicht ganz so stark
fühlt als in Ländern alter Kultur, so wird sich das doch in kurzer
25 Zeit ändern; guter bebaubarer Boden ist nicht mehr allzuviel
übrig.

Man hat den Privatgrundbesitz dadurch verteidigt, daß man
sagte, nur er führe zu Bodenverbesserungen.   Aber nicht das
Zaubermittel des Eigentums, sondern das der Sicherheit der
30 Arbeit hat den flämischen Sand in fruchtbare Felder verwandelt.
Jeder Bebauer muß ein absolutes Recht darauf erhalten, daß
das Resultat seines Fleißes ihm gehöre.   Wie ist das aber zu
erreichen?   Nicht dadurch, daß man, wie Herbert Spencer vor-

schlägt, alles Land gegen Entschädigung einzieht und an den
Meistbietenden verpachtet, sondern dadurch, daß man die Grund=
rente durch Besteuerung für den Staat appropriiert, im übrigen
jedem seinen Besitz zur freien Verfügung beläßt. Alle anderen
Steuern können dann abgeschafft werden; die Güterproduktion
wird dann nicht mehr auf Schritt und Tritt gehemmt; nur die
einzige Grundrentensteuer hemmt die Produktion nicht, sie för=
dert sie, indem sie es unmöglich macht, große Strecken Land in
Hinblick auf künftige Wertsteigerungen zu okkupieren und dem
Anbau zu entziehen. Die Grundrentensteuer ist die gerechteste
und unparteiischste aller Steuern. Alle anderen Monopole sind
geringfügig im Vergleich zum Bodenmonopol.

Unter den Wirkungen der großen Reformmaßregel hebt
George zunächst die hervor, daß die Beseitigung aller anderen
Steuern und Zölle die Tatkraft, Betriebsamkeit und Wirtschaft=
lichkeit ganz ungemessen steigern würde. Dann führt er aus,
daß alles jetzt der Benutzung entzogene Land dem Anbau zurück=
gegeben würde, daß der Verkaufspreis des Bodens fallen, alle
Grundstückspekulation aufhören würde. Selbst in England
würden durch eine solche Politik Hunderttausende von Morgen
Landes dem Anbau geöffnet. Der Landmann würde nicht genö=
tigt, die Hälfte seiner Mittel gleich festzulegen; wer ein Haus
bauen wolle, brauche nicht für die Stelle soviel zu zahlen, wie
das Haus zu errichten koste. Statt daß die Arbeiter um Be=
schäftigung konkurrieren, würden überall die Arbeitgeber um
Arbeiter konkurrieren, und es würden die Lohne bis annähernd
auf den Ertrag der Arbeit steigen. Die spekulative Steigerung
der Rente und die dadurch erfolgende Schmälerung des Zins=
und Lohneinkommens würden aufhören. Stiege die Rente
nieder infolge weiterer Fortschritte, so käme das durch den Staat
allen gleichmäßig zu gute. Die ungeheuren Kosten für das
Armenwesen würden ebenso verschwinden, wie die großen finan=
ziellen Aufwendungen, mit denen sich die Gesellschaft heute

gegen Laster und Leichtsinn, Verbrechen und Vergehen schützen
muß. Bei höherem Lohn würde der Erfindungsgeist ungeahnte
Fortschritte machen. Nur die ganz großen Vermögen würden
reduziert. Alle anderen Bürger würden mehr durch die Ände-
5 rung gewinnen als verlieren. Die Menschen würden unendlich
besser, edler, vollkommener werden. Man würde sich dem
Ideal der Jeffersonschen Demokratie, der Abschaffung der Regierung nähern. Die Habsucht, die Gier nach Besitz würde verschwinden, denn sie sei heute nur eine Folge der Angst, in die
10 große Klasse der Bedürftigen zu verfallen. Die Selbstsucht,
die auch jetzt entfernt nicht das Hauptmotiv menschlicher Handlungen sei, würde zurücktreten gegenüber den edlen Seelenkräf-
ten. Die Arbeit würde nicht mehr aus Not geschehen, sondern
um einem veredelten Tätigkeitstrieb· zu genügen. Wo große
15 Kapitalien nötig seien, würden Produktivassoziationen entstehen.
So wird in fast dithyrambischer Weise, in den glänzendsten
Farben die Zukunft geschildert, die die Grundrentensteuer her-
beiführen soll, und damit der Übergang zu der Frage gefunden:
Was ist das allgemeine Gesetz des menschlichen Fortschritts?
20 Die englischen Kulturhistoriker geben darauf die Antwort, daß
der Kampf ums Dasein und die Vererbung der Eigenschaften
der ausgezeichneteren überlebenden Wesen auch den Fortschritt
des sozialen Lebens erkläre. Es entstehen dadurch immer vol-
lendetere Menschen. Das läßt George nicht gelten, die Men-
25 schen, als Individuen, sind ihm von Natur ziemlich gleich, wenn
er auch die Vererbung bestimmter Eigenschaften nicht ganz leugnen will. Hauptsächlich aber betont er, daß die zunehmende
Erhöhung der individuellen Eigenschaften das Absterben ganzer
Kulturen nicht erkläre. Wenn die höhere Kultur Roms auf
30 höheren individuellen Eigenschaften beruhte, wie kam es, daß sie
den rohen Germanen unterlag?
Nein, die Menschen schreiten fort, je mehr sie geistige Kraft
übrig behalten über diejenige, die sie für die bloße Erhaltung

und den Kampf ums Dasein verausgaben, und das tun sie, je
vollkommener ihre sozialen Einrichtungen sind, je umfassender
und reger die Verbindung unter ihnen ist, je gerechter ihre In=
stitutionen sind, je mehr das Moralgesetz und die Gleichheit
herrscht. Was den Fortschritt in dieser Beziehung hemmt, ist   5
die beginnende soziale und wirtschaftliche Ungleichheit, der Sieg
herrschender Klassen, die ihre Privilegien für immer feststellen,
die bestehende Ordnung der Dinge versteinern wollen. Bei
einigen Völkern gelingt ihnen dies; jahrhundertelanger Still=
stand ist die Folge. Bei anderen erzeugt der innere Kampf den   10
Untergang. Die ganze moderne Welt, auch die republikanisch=
amerikanische steht, wenn ihr nicht die große soziale Reform
gelingt, im Begriff, ebenfalls sich abwärts zu wenden. Mit
beredten Worten schildert dabei George die Schattenseiten der
amerikanischen Zustände und schließt mit einem edel und   15
schwungvoll gehaltenen persönlichen Glaubensbekenntnis, das,
wie die Dinge auch gehen mögen, dem Einzelnen den Trost
eines anderen Lebens in Aussicht stellt.

Wir haben den Verfasser, ohne ihn durch kritische Randglossen
zu unterbrechen, in seinem Gedankengang bis zum Schluß be=   20
gleitet; die Einheitlichkeit einer geschlossenen Weltanschauung
konnte dabei wohl zu Tage treten, nicht aber die Kraft und
Lebendigkeit der Sprache, die Feinheit vieler einzelnen Bemer=
kungen, das Treffende der Schilderung, wo derselbe auf ameri=
kanische Dinge zu sprechen kommt. Das letztere ist nun aber   25
ganz wesentlich zum Verständnis des Buches. Es handelt sich
in der Hauptsache um Generalisationen aus amerikanischen Ver=
hältnissen, die aber soweit schief und falsch werden, als sie der
Verfasser in die spanischen Stiefel englischer Schuldogmatik ein=
schnürt, um sie zum Range allgemeiner Wahrheiten zu erheben.   30
Er glaubt, durch diese Einschnürung seine Sätze würdig in die Reihe
abgetretener Schuhe einzureihen, die er in Ermangelung ander=
weitiger philosophischer, rechtsgeschichtlicher, kultur= und wirt=

schaftsgeschichtlicher Bildung für das einzige Rüstzeug hält, um
mit Anstand in dem Garten der Sozialwissenheit spazieren gehen
zu können.   Dabei merkt er wohl, daß einige dieser Schuhe
Löcher haben; er bekämpft mit Recht die Lohnfondstheorie, die
5 Zurückführung aller Fortschritte auf individuelle Eigenschaften;
er zeigt bei der Ausbesserung der alten Schuhe ein scharfes
Nachdenken; aber im ganzen werden die alten Schuhe durch die
neuen Flicken, die er aufsetzt, doch nicht neu.   Ja, teilweise ver=
dirbt er sie sogar noch, indem er Lederstücke aus dem Urwald
10 auf weiche wollene Zeugschuhe setzt, die nur für die weichen Tep=
piche eines komfortablen europäischen Wohnzimmers bestimmt
sind.

Seine allgemeinen nationalökonomischen Schlüsse sind durch=
aus, ohne der Wahrheit ganz zu entbehren, zu abstrakte Verall=
15 gemeinerungen, ähnlich wie die Sätze Ricardos, an den er sich
materiell und formell anschließt.   Daß der Seltenheitswert im
Grundbesitz eine Art Monopol darstellt, daß die Grundrente die
Einkommensverteilung zu Gunsten der Grundbesitzer zeitweise
stark beeinflußt, ist ebenso wahr, als falsch ist, dieses Monopol
20 für das einzige oder wichtigste zu halten.   Der George vor=
schwebende richtige Gedanke, dem er eine übertriebene und ein=
seitige Anwendung gibt, ist der: Wo wirtschaftliche Parteien
und Klassen sich im Tauschverkehr nicht mit ungefähr gleichen
Kräften gegenüberstehen, wo die eine Klasse durch eine Mono=
25 polstellung eine weitgehende Überlegenheit behauptet, kann sie
andere ausbeuten.   Dem muß durch freie Vereinigungen oder
staatliche Intervention entgegengewirkt werden.   Niemals aber
lassen sich natürlich alle Monopole, alle Überlegenheiten besei=
tigen.   Und keinenfalls ist eine Extrasteuer, die jedes nicht durch
30 Arbeit, sondern durch allgemeine Verhältnisse geschaffene Ein=
kommen konfisziert, das einzig richtige Hilfsmittel.

Die Empfehlung des impôt unique ist ein naiver Rückfall in
einen über hundert Jahre alten, zu unzähligen Malen wider=

legten Irrtum. Die Einführung einer ſolchen Steuer würde
vollends in den Ländern alter Kultur mit ſtabilen oder gar rück=
gängigen Grundpreiſen, mit weitgehender hypothekariſcher Ver=
ſchuldung die furchtbarſte volkswirtſchaftliche Kriſis erzeugen.
Der Glaube, alle geſchichtliche Entwickelung wäre harmoniſch, 5
wenn nicht das private Grundeigentum eingeführt worden wäre,
die konfiszierende einzige Grundrentenſteuer ſei die einzige große
Tat, welche alle ſoziallen Übel plötzlich von der Erde verſchwin=
den machen würde, iſt ſo kindlich, ſo unhiſtoriſch, daß er kaum
ernſthaft genommen werden kann. Nur gänzliche Unkenntnis 10
der Geſchichte der Landwirtſchaft kann verkennen, welche för=
dernde Rolle die Einführung des privaten Grundbeſitzes geſpielt
hat.

Ob der private Grundbeſitz in ſeinen heutigen Rechtsformen
deshalb auch in aller Zukunft fortdauern werde, iſt eine andere 15
Frage. Bei normaler Verteilung desſelben iſt er jedenfalls die
weſentliche Grundlage für jede unabhängige Ariſtokratie, wie für
einen geſunden Mittelſtand. Nur wo das Pachtſyſtem allge=
mein geſiegt hat, oder wo der Grundbeſitz allgemein überſchuldet
iſt, iſt es denkbar, daß ernſte und tiefgreifende Veränderungen 20
im ganzen Rechtsſyſteme des Grundeigentums ſich vorbereiten.
Für möglich und wahrſcheinlich halte ich es, daß allerwärts wei=
tere Schranken und Pflichten als heute dem privaten Grundei=
gentum auferlegt werden. Jedenfalls aber wird jeder Fort=
ſchritt auf dem Gebiete der Landgeſetzgebung und des Agrarrechts 25
nicht in einer ſolchen ſchablonenhaften Maßregel, wie in einer
konfiszierenden einzigen Grundrentenſteuer beſtehen, ſondern in
einer komplizierten, den Verhältniſſen angepaßten Reform.

27.

Wiffen ift Macht.

Hermann von Helmholt.*

Das Wiffen allein ift nicht Zweck des Menfchen auf der
Erde. Obgleich die Wiffenfchaften die feinften Kräfte des
menfchlichen Geiftes erwecken und ausbilden, fo wird doch der=
jenige keine rechte Ausfüllung feines Dafeins auf Erden finden,
5 welcher nur ftudiert, um zu wiffen. Wir fehen oft genug reich
begabte Männer, denen ihr Glück oder Unglück eine behagliche
äußere Exiftenz zugeworfen hat, ohne ihnen zugleich den Ehr=
geiz oder die Energie zum Wirken mitzuteilen, ein gelangweiltes
und unbefriedigtes Leben dahinfchleppen, während fie in fort=
10 dauernder Sorge für Vermehrung ihres Wiffens und weitere
Bildung ihres Geiftes dem edelften Lebenszwecke zu folgen
glauben. Nur das Handeln gibt dem Manne ein würdiges
Dafein; alfo entweder die praktifche Anwendung des Gewußten,
oder die Vermehrung der Wiffenfchaft felbft muß fein Ziel fein.
15 Denn auch das letztere ift ein Handeln für den Fortfchritt der
Menfchheit.

Wiffen ift Macht. Keine Zeit kann diefen Grundfatz augen=
fälliger darlegen als die unfere. Die Naturkräfte der unorga=
nifchen Welt lehren wir, den Bedürfniffen des menfchlichen
20 Lebens und den Zwecken des menfchlichen Geiftes zu dienen.
Die Anwendung des Dampfes hat die Körperkraft der Menfchen
in das Taufendfache und Millionenfache vermehrt; Webe= und
Spinnmafchinen haben folche Arbeiten übernommen, deren ein=
ziges Verdienft geifttötende Regelmäßigkeit ift. Der Verkehr der
25 Menfchen unter einander mit feinen gewaltig eingreifenden mate=
riellen und geiftigen Folgen ift in einer Weife gefteigert, wie es fich
niemand auch nur hätte träumen laffen in der Zeit, als die

* Vorträge und Reden. Braunfchweig, 1896. Bd. 1. S. 180.

Älteren unter uns ihr Leben begannen.　Es sind aber nicht nur
die Maschinen, durch welche die Menschenkräfte vervielfältigt
werden; es sind nicht nur die Gußstahlkanonen und die Panzer=
schiffe, die Vorräte an Lebensmitteln und Geld, auf denen die
Macht einer Nation beruht, obgleich diese Dinge ihren Einfluß　5
so deutlich gezeigt haben, daß auch die stolzesten und unnachgie=
bigsten der absoluten Regierungen unserer Zeit daran denken
mußten, die Industrie zu entfesseln und den politischen Inte=
ressen der arbeitenden bürgerlichen Klassen eine berechtigte
Stimme in ihrem Rate einzuräumen.　Es ist die politische und　10
rechtliche Organisation des Staates, die moralische Disziplin
der Einzelnen, welche das Übergewicht der gebildeten Nationen
über die ungebildeten bedingt, und die letzteren, wo sie die Kul=
tur nicht anzunehmen wissen, einer unausbleiblichen Vernichtung
entgegenführt.　Hier greift alles ineinander.　Wo kein fester　15
Rechtszustand ist, wo die Interessen der Mehrzahl des Volkes
sich nicht in geordneter Weise geltend machen können, da ist auch
die Entwickelung des Nationalreichtums und der darauf be=
ruhenden Macht unmöglich; und zum rechten Soldaten wird nur
der werden können, welcher unter gerechten Gesetzen das Ehrge=　20
fühl eines selbständigen Mannes auszubilden gelernt hat; nicht
der Sklave, der den Launen eines eigenwilligen Gebieters unter=
worfen ist.

Daher ist denn auch jede Nation als Ganzes schon durch die
alleräußerlichsten Zwecke der Selbsterhaltung, auch ohne auf　25
höhere ideale Forderungen Rücksicht zu nehmen, nicht nur an der
Ausbildung der Naturwissenschaften und ihrer technischen An=
wendung interessiert, sondern ebenso gut an der Ausbildung der
politischen, juristischen und moralischen Wissenschaften und aller
derjenigen historischen und philologischen Hilfsfächer, die diesen　30
dienen.　Keine Nation, welche selbständig und einflußreich
bleiben will, darf zurück bleiben.　Auch fehlt diese Erkenntnis
bei den kultivierten Völkern Europas nicht.　Die öffentlichen

Mittel, welche den Univerſitäten, Schulen und wiſſenſchaftlichen
Anſtalten zugewendet werden, übertreffen alles, was in früheren
Zeiten dafür geleiſtet werden konnte. Ich habe ſchon von der
wachſenden Teilung und Organiſation der wiſſenſchaftlichen
5 Arbeit geſprochen. In der Tat bilden die Männer der Wiſſen=
ſchaft eine Art organiſierter Armee. Sie ſuchen zum Beſten
der ganzen Nation und faſt immer in deren Auftrag und auf
deren Koſten, die Kenntniſſe zu vermehren, welche zur Steigerung
der Induſtrie, des Reichtums, der Schönheit des Lebens, zur
10 Verbeſſerung der politiſchen Organiſation und der moraliſchen
Entwickelung der Individuen dienen können. Nicht nach dem
unmittelbaren Nutzen freilich darf dabei gefragt werden, wie es
der Ununterrichtete ſo oft tut. Alles, was uns über die Natur=
kräfte oder die Kräfte des menſchlichen Geiſtes Aufſchluß gibt,
15 iſt wertvoll und kann zu ſeiner Zeit Nutzen bringen, gewöhnlich
an einer Stelle, wo man es am allerwenigſten vermutet hätte.
Als Galvani einen Froſchſchenkel mit verſchiedenartigen Metal=
len berührte und ihn zucken ſah, hätte wohl niemand gedacht,
daß achtzig Jahre ſpäter Europa mit Drähten durchzogen ſein
20 würde, welche Nachrichten mit Blitzesſchnelle von Madrid nach
Petersburg tragen mittelſt desſelben Vorganges, desſen erſte
Äußerungen jener Anatom beobachtete. Die elektriſchen Ströme
waren Vorgänge, die in ſeinen und anfangs auch noch in Voltas
Händen nur die allerſchwächſten Kräfte ausübten und die nur
25 durch die allerzarteſten Beobachtungsmittel wahrgenommen
werden konnten. Hätte man ſie liegen laſſen, weil ihre Unter=
ſuchung keinen Nutzen verſprach, ſo würden in unſerer Phyſik
die wichtigſten und intereſſanteſten Verknüpfungen der ver=
ſchiedenartigen Naturkräfte unter einander fehlen. Als der
30 junge Galilei in Piſa während des Gottesdienſtes eine ſchau=
kelnde Lampe beobachtete und ſich durch Abzählen ſeines Pulſes
überzeugte, daß die Dauer der Schwingungen unabhängig von
der Größe der Schwingungsbögen ſei, wer konnte ſich denken, daß

diese Entdeckung dazu führen würde, mittelst der Pendeluhren
eine damals für unmöglich gehaltene Feinheit der Zeitermes=
sung zu erreichen, die es dem Seefahrer in den entferntesten
Gewässern ermöglicht, zu erkennen, auf welchem Längengrade
er sich befindet.

Wer bei der Verfolgung der Wissenschaften nach unmittel=
barem praktischem Nutzen jagt, kann ziemlich sicher sein, daß er
vergebens jagen wird. Vollständige Kenntnis und vollständiges
Verständnis des Waltens der Natur= und Geisteskräfte ist es
allein, was die Wissenschaft erstreben kann. Der einzelne
Forscher muß sich belohnt sehen durch die Freude an neuen Ent=
deckungen, als neuen Siegen des Gedankens über den wider=
strebenden Stoff; durch die ästhetische Schönheit, welche ein
wohlgeordnetes Gebiet von Kenntnissen gewährt, in welchem
geistiger Zusammenhang zwischen allen einzelnen Teilen statt=
findet, eines aus dem anderen sich entwickelt und alles die Spu=
ren der Herrschaft des Geistes zeigt. Er muß sich belohnt sehen
durch das Bewußtsein, auch seinerseits beigetragen zu haben zu
dem wachsenden Kapital des Wissens, auf welchem die Herr=
schaft der Menschheit über die dem Geiste feindlichen Kräfte
beruht. Er wird freilich nicht immer erwarten dürfen, auch die
äußere Anerkennung und Belohnung zu empfangen, die dem
Werte seiner Arbeit entsprächen. Es ist wohl wahr, daß so
mancher, dem man nach seinem Tode ein Monument gesetzt hat,
glücklich gewesen wäre, hätte man ihm während seines Lebens
den zehnten Teil der dazu verwendeten Geldmittel gewährt.
Indessen dürfen wir nicht verkennen, daß der Wert der wis=
senschaftlichen Entdeckungen gegenwärtig von der öffentlichen
Meinung bereitwilliger anerkannt wird als früher, und daß
solche Fälle, wo die Urheber bedeutender wissenschaftlicher Fort=
schritte darben müssen, seltener und seltener werden; daß im
Gegenteile Regierungen und Völker im ganzen das Bewußtsein
der Pflicht gewonnen haben, daß ausgezeichnete Leistungen in

der Wiſſenſchaft durch entſprechende Stellungen oder durch be=
ſonders ausgeworfene Nationalbelohnungen zu vergelten ſeien.

So haben alſo die Wiſſenſchaften einen gemeinſamen Zweck,
den Geiſt herrſchend zu machen über die Welt. Während die —
5 Geiſteswiſſenſchaften direkt daran arbeiten, den Inhalt des gei=
ſtigen Lebens reicher und intereſſanter zu geſtalten, das Reine
vom Unreinen zu ſondern, ſo ſtreben die Naturwiſſenſchaften
indirekt nach demſelben Ziele, indem ſie den Menſchen von den
auf ihn eindrängenden Notwendigkeiten der Außenwelt mehr
10 und mehr zu befreien ſuchen. Jeder einzelne Forſcher arbeitet
an ſeinem Teile; er wählt ſich diejenigen Aufgaben, denen er
vermöge ſeiner geiſtigen Anlage und ſeiner Bildung am meiſten
gewachſen iſt. Jeder Einzelne muß aber wiſſen, daß er nur im
Zuſammenhange mit den anderen das große Werk weiter zu
15 fördern im ſtande iſt, und daß er deshalb verpflichtet iſt, die Er=
gebniſſe ſeiner Arbeit den übrigen möglichſt vollſtändig und leicht
zugänglich zu machen. Dann wird er Unterſtützung finden bei
den anderen und wird ihnen wieder ſeine Unterſtützung leihen
können. Die Annalen der Wiſſenſchaft ſind reich an Beweiſen
20 ſolcher Wechſelverhältniſſe, die zwiſchen den ſcheinbar entlegen=
ſten Gebieten eingetreten ſind. Die hiſtoriſche Chronologie iſt
weſentlich geſtützt auf aſtronomiſche Berechnungen von Sonnen=
und Mondfinſterniſſen, von denen die Nachricht in den alten
Geſchichtsbüchern aufbewahrt iſt. Umgekehrt beruhen manche
25 wichtige Daten der Aſtronomie, z. B. die Unveränderlichkeit der
Tageslänge, die Umlaufszeit mancher Kometen, auf alten hiſto=
riſchen Nachrichten. Neuerdings haben es die Phyſiologen un=
ternehmen können, das vollſtändige Syſtem der von den menſch=
lichen Sprachwerkzeugen zu bildenden Buchſtaben aufzuſtellen
30 und Vorſchläge zu einer allgemeinen Buchſtabenſchrift darauf
zu gründen, welche für alle menſchlichen Sprachen paßt. Hier
iſt alſo die Phyſiologie in den Dienſt der allgemeinen Sprach=
wiſſenſchaft getreten und hat ſchon die Erklärung mancher ſon=

derbar scheinenden Lautumwandlungen geben können; indem
diese nicht, wie man es bisher auszudrücken pflegte, durch die
Gesetze der Euphonie, sondern die Ähnlichkeit der Mundstellun-
gen bedingt waren. Die allgemeine Sprachwissenschaft gibt
wiederum Kunde von den uralten Verwandtschaften, Trennun- 5
gen und Wanderungen der Volksstämme in vorgeschichtlicher
Zeit, und von dem Grade der Kultur, den sie zur Zeit ihrer
Trennung erlangt hatten. Denn die Namen derjenigen Gegenstände, die sie damals schon zu benennen wußten, finden sich in
den späteren Sprachen gemeinsam wieder. So liefert also das 10
Studium der Sprachen historische Nachrichten aus Zeiten, für
welche sonst kein historisches Dokument existiert. Ich erinnere
ferner an die Hilfe, welche der Anatom dem Bildhauer leisten
kann, wie dem Archäologen, welcher alte Skulpturwerke unter-
sucht. Ist es mir erlaubt, eigener neuester Arbeiten hier zu 15
gedenken, so will ich noch erwähnen, daß es möglich ist, durch
die Physik des Schalles und die Physiologie der Tonempfindung
die Elemente der Konstruktion unseres musikalischen Systems
zu begründen, eine Aufgabe, die wesentlich in das Fach der
Ästhetik hineingehört. Die Physiologie der Sinnesorgane über- 20
haupt tritt in engste Verbindung mit der Psychologie. Sie
weist in den Sinneswahrnehmungen die Resultate psychischer
Prozesse nach, welche nicht in das Bereich des auf sich selbst reflektierenden Bewußtseins fallen und welche deshalb notwendig
der psychologischen Selbstbeobachtung verborgen bleiben mußten. 25

Ich konnte hier nur die auffälligsten, mit wenigen Worten
leicht zu bezeichnenden Beispiele eines solchen Ineinandergrei-
fens anführen und mußte dazu die Beziehung zwischen möglichst
fern stehenden Wissenschaften wählen. Aber viel ausgedehnter
natürlich ist der Einfluß, welchen die einzelne Wissenschaft auf 30
die ihr nächstverwandte ausübt; er ist selbstverständlich, von
ihm brauche ich nicht zu reden, denn jeder kennt ihn aus eigener
Erfahrung.

So betrachte sich jeder Einzelne als einen Arbeiter an dem gemeinsamen großen Werke, welches die edelsten Interessen der ganzen Menschheit berührt, nicht als einen solchen, der nur zur Befriedigung seiner eigenen Wißbegier oder seines eigenen Vor-
5 teils, oder um mit seinen eigenen Fähigkeiten zu glänzen, sich bemüht, dann wird ihm auch das eigene lohnende Bewußtsein und die Anerkennung seiner Mitbürger nicht fehlen.

28.

Die religiöse und politische Denkweise Friedrichs des Großen.

Hermann Hettner.*

Am 31. Mai 1740 bestieg Friedrich den preußischen Thron. Wenige Monate vorher hatte Friedrich an Voltaire geschrieben:
10 „Wäre die Vorsehung dergestalt, wie man sie gewöhnlich auffaßt, so müßten die Newton, Wolff, Locke und Voltaire an der Spitze stehen." Und noch am 23. Mai, als der Tod des Vaters bereits mit Sicherheit für die nächsten Tage vorauszusehen war, schrieb er an Wolff: „Es ist das schöne Vorrecht der Philoso-
15 phen, die Führer der Fürsten zu sein. Die Philosophen haben die Pflicht, folgerichtig zu denken; den Fürsten kommt es zu, folgerichtig zu handeln. Die Philosophen sollen die Welt durch Lehre aufklären, wir durch Tat und Vorbild. Die Philosophen sollen entdecken, wir ausführen." Die Denkmünze der Königs-
20 berger Huldigung trug den Wahlspruch: Felicitas populi, die Denkmünze der Berliner Huldigung: Veritati et Justitiæ.

Zunächst allerdings nahmen die Ereignisse einen durchaus unerwarteten Lauf. Der junge König, welcher verheißen hatte, ein Mark Aurel zu werden, ward ein Eroberer. Am 20. Okto-

* Geschichte der deutschen Litteratur im 18. Jahrhundert. Braunschweig, 1893. Bd. 2. S. 21.

ber 1740 ſtarb Kaiſer Karl VI., der letzte männliche Sproß des
Hauſes Hapsburg.   Tiefſte Erregung bemächtigte ſich Fried=
richs, als dieſe Kunde nach Rheinsberg gelangte.   Früher als
er gehofft und gedacht hatte, war die Zeit gekommen, langge=
hegten, aber ſorgſam verſchloſſenen Plänen Daſein zu geben.   5
Noch an demſelben Tage ſchrieb er an Voltaire: „Der Kaiſer
iſt tot.   Dieſer unvorhergeſehene Fall zerſtört alle meine fried=
lichen Ideen.   Der Augenblick iſt da, das alte politiſche Syſtem
Europas völlig umzuwandeln.“   Raſch entſchloſſen unterhandelte
Friedrich mit dem Miniſter Podewils und dem Feldmarſchall 10
Schwerin über die Mittel zur Beſitzergreifung Schleſiens.
Unter dem Vorwand von Anſprüchen, an deren Gültigkeit der
König ſelbſt am allerwenigſten glaubte, wurde der Krieg eröff=
net.   Er ſelbſt ſagt in der zweiten Bearbeitung der *Histoire de
mon temps*, daß das Bewußtſein, über ein tüchtiges Heer und 15
geordnete Finanzen zu verfügen, vielleicht auch der Wunſch, von
ſich reden zu machen, ihn zum Kriege gedrängt hätten.   Bald
aber waren die beiden erſten ſchleſiſchen Kriege beendet; ſchlau,
rückſichtslos, aber waffentüchtig und heldenkräftig.   Friedrich
war der Schöpfer der politiſchen Größe Preußens geworden.   20
—— Nun war Raum gegeben für die großen Taten des Friedens.
Schon vom erſten Anbeginn ſeiner Regierung, ſelbſt mitten in
der härteſten Bedrängnis, in welche ihn ſeine Eroberungspläne
gezogen, war der König unabläſſig bemüht geweſen, jene hohen
Ideale zu verwirklichen, welche einſt ſein jugendliches zukunft= 25
ſinnendes Herz bewegt, erwärmt, beglückt und erhoben hatten.
Nach dem Schluß des erſten ſchleſiſchen Krieges konnte er
ſchreiben: „Ich habe getan, was ich dem Ruhm meines Volkes
ſchuldig zu ſein glaubte; jetzt will ich tun, was ich ſeinem Glück
ſchulde.“   Die großartigen Reformen, welche Friedrich von jetzt 30
ab in ſeinem Staat aufs kräftigſte durchführte, ſind das leben=
digſte Zeugnis dieſes Strebens.
     Aus Friedrichs Anſichten über das Weſen der Religion folgte
die unbedingtſte Denk= und Gewiſſensfreiheit.

Erst durch Friedrich den Großen wurde die Befreiung der Bildung von der Übermacht pfäffischer Beschränkung und Bevormundung vollendete Tatsache. Der Haß, welchen die Finsterlinge aller Art noch jetzt gegen ihn hegen, ist die ehrendste
5 Anerkennung, wie tief und heilsam er in den fressenden Schaden einschnitt. Es ist ein ewig beherzigungswertes Wort über die Sicherstellung staatlicher Religionsfreiheit, wenn Friedrich in seiner unvergleichlichen Schrift über die Regierungsformen und Regentenpflichten sagt: „Es gibt einige Länder, in denen
10 alle Bürger eine und dieselbe Religion haben; es entsteht daher die Frage: Ist eine solche Einheit zu erzwingen, oder kann man jedem unbeschränkt seine eigene Denkart gestatten? Mürrische Staatsmänner werden euch sagen, jedermann muß dieselbe Überzeugung haben, auf daß nichts die Bürger von einander
15 trenne; der Theologe wird hinzufügen: Wer nicht denkt wie ich, ist verdammt, und es ziemt sich nicht, daß mein König ein König über Verdammte sei. Darauf ist zu antworten, daß eine solche Einheit schlechterdings unherstellbar ist; man kann einen armen Teufel zwingen, ein gewisses Formular herzusagen,
20 welchem sein Inneres widerstrebt; was aber hat der Verfolger damit gewonnen? Steigt man auf den Ursprung der Gesellschaft hinab, so ist klar, daß der Souverän kein Recht hat über die Denkart der Bürger. Ist es nicht ein Wahn, sich einzubilden, daß die Menschen zu einem von ihresgleichen gesagt haben
25 sollen: Wir erheben dich über uns, weil wir die Knechtschaft lieben, und wir geben dir Macht, unsere innersten Gedanken und Empfindungen zu lenken ganz nach deiner Willkür? Im Gegenteil sie haben gesagt: Regiere uns, verteidige uns; im übrigen verlangen wir von dir, daß du unsere Freiheit achtest.
30 Diese Willensmeinung ist unumstößlich. Und die allgemeine Duldung allein verbürgt das Glück des Staates. Wo der Kultus frei ist, ist jedermann ruhig; Religionsverfolgung dagegen hat noch immer den blutigsten Hader hervorgerufen."

Von dieser Gesinnung war sein Handeln, war seine Gesetzgebung erfüllt. Weltberühmt ist die Marginalresolution vom 22. Juni 1740: daß die Religionen alle zu tolerieren seien, und in seinem Lande jeder nach seiner Façon selig werden könne.

Und aus Friedrichs Rechts= und Staatsgrundsätzen folgt jene 5 Regierungsform, welche man treffend den aufgeklärten Despotis= mus genannt hat. Der philosophische König verwirklicht den Geist des rationalistischen Naturrechts, welches die Entstehung des Staats aus einem Vertrag der Bürger mit dem Staats= oberhaupt ableitet und daher die Berechtigung und Bestimmung 10 der Regierung einzig und allein in die Beschirmung des Rechts und der Freiheit aller setzt.

Von allen festländischen Königen war Friedrich seit Jahr= hunderten wieder der erste und auf lange Zeit der einzige, wel= cher von sich rühmen konnte, daß er nie auch nur einen Pfennig 15 aus der Staatskasse für seinen eigenen Gebrauch verwende. Die tiefgreifendsten Umgestaltungen in der Verwaltung suchten das arme und im Vergleich zu anderen Ländern unergiebige Preußen durch Hebung des Handels und des Gewerbefleißes und durch Regelung der Kreditverhältnisse zu Blüte und Wohl= 20 stand zu bringen. Und vor allem war Friedrich bedacht, das Volk von aller feudalen Bedrückung zu befreien. Zwar ist es dem großen König, welcher die Leibeigenschaft, selbst in der mil= deren Form der auf Grund und Boden haftenden Erbunterta= nigkeit, als den allerunglücklichsten und für die Würde der 25 Menschheit empörendsten Zustand erklärte, zu seinem großen Schmerz nicht vergönnt gewesen, die völlige Aufhebung derselben zu erreichen; der störrische Widerstand der Gutsherren hatte ihm die leidvolle Überzeugung gegeben, daß eine gegen die alten Verträge verstoßende, urplötzliche und gewaltsame Aufhebung 30 dieser Einrichtung der ganzen Landwirtschaft den tötlichsten Streich versetze. Aber sein hellsehender Blick hatte dem großen Ziel so rastlos vorgearbeitet, daß es einem von der fortschreiten=

den Bildung der Zeit unterstützten glücklicheren Nachfolger mit
leichter Mühe gelang, den Ruhm dieser menschenfreundlichen
und geschichtlich notwendigen Tat für sich zu gewinnen.

Das Größte und Segensreichste aber waren Friedrichs Ver=
5 dienste um die Rechtspflege. „Die schlimme Justiz schreit zum
Himmel!" hatte oft schon sein Vater, Friedrich Wilhelm I.,
mit tiefster Entrüstung ausgerufen. Friedrich der Große wollte
nicht bloß die Rinde des bösen Baumes, sondern die Wurzel
desselben fassen. Die Achtung vor dem Gesetz, die ihn selbst
10 beseelte, die ihn sagen ließ: Les lois doivent parler et le sou-
verain doit se taire, sollte auch die Richtschnur der preußischen
Justiz werden. Waren die Rechtszustände in solcher Verwil=
berung auf ihn gekommen, daß, um seine eigenen Worte zu ge=
brauchen, es genügte, reich zu sein, um einen Prozeß zu gewin=
15 nen, und arm zu sein, um ihn zu verlieren, so war es sogleich
nach der Beendigung der ersten schlesischen Kriege seine haupt=
sächlichste Sorge, durch Hebung des Richterstandes, durch Ab=
kürzung des Prozeßverfahrens und vor allem durch die Verbesse=
rung der Gesetzgebung selbst nunmehr jene unverbrüchliche
20 Rechtsgleichheit durchzuführen, welche die Lebensbedingung aller
persönlichen Freiheit ist. Von vorzüglicher Bedeutung war die
neue Organisation des Prozeßwesens. Mit Recht konnte Fried=
rich mit reinster Befriedigung sagen, daß die neue Justizord=
nung das Glück der Bürger befestigt habe; sie habe ihnen das
25 beruhigende Gefühl gegeben, daß fortan der Besitz sicher und
gewiß sei, daß einzig das Gesetz regiere, und daß jedermann
unter dem Schutz dieses Gesetzes in Frieden leben könne. Es
war ein Beweis für die bringende Notwendigkeit der erfolgten
Fortschritte, wenn auch die meisten anderen deutschen Staaten
30 jetzt den Gedanken eines neuen deutsches Gesetzbuches mit dem
lebhaftesten Eifer ergriffen und sich besonders die Abkürzung des
Prozeßverfahrens anzueignen bestrebten. Und den Schluß sei=
nes Lebens krönte Friedrich der Große mit der großartigen

Schöpfung des preußischen Landrechts, das im wesentlichen noch
heute in Preußen seine unveränderte Geltung hat. Obgleich
erst nach dem Tode des großen Königs vollendet, ist das Land=
recht doch ganz und gar von dem freisinnigen Geist seines Ur=
hebers getragen. Die staatsrechtlichen Bestimmungen dieses 5
Gesetzbuches sind in ihrer ursprünglichen, unter dem Druck spä=
terer Einwirkungen freilich unendlich abgeschwächten Fassung
mit der französischen Erklärung der Menschenrechte von 1789
oft überraschend gleichlautend. Die Schwierigkeiten, welche die
neue Regierung Friedrich Wilhelms II. der Einführung dieses 10
Landrechts entgegenstellte, der Haß, mit welchem es die politi=
schen Romantiker immer verfolgt haben, sind das sprechendste
Zeugnis seiner Freiheit und Trefflichkeit. Mirabeau, der in
seiner Schrift über die preußische Monarchie so gern und so
schonungslos die Schwächen des damaligen preußischen Staats= 15
wesens aufdeckte, spricht ohne Rückhalt dem preußischen Landrecht
den Ruhm zu, daß es in seinen gesetzgeberischen Grundlagen
dem übrigen Europa mindestens um hundert Jahre vorausgeeilt
sei.

Eine neue Staatsordnung war mit Friedrich in die Geschichte 20
getreten. Es hat seiner Regierung nicht an schweren Mißgriffen
und Verirrungen gefehlt, wie sie einem ausschließlich persön=
lichen Kabinetsregiment unausbleiblich innewohnen; aber die
Geschichte hat Friedrich den ehrenden Beinamen des Großen
gegeben, welchen sie selbst einem Cäsar und Napoleon vorent= 25
halten hat, weil dieser Beiname nur das Vorrecht großer Kul=
turheroen ist. Die entscheidende Wendung von der Staatsidee
Ludwigs XIV. zur Staatsidee Friedrichs des Großen ist, um
einen Ausdruck der Aristotelischen Politik zu gebrauchen, der
Fortschritt von einem Herrscher nach Willkür zu einem Herrscher 30
nach dem Gesetz.

Daher der tiefgreifende Einfluß, welchen Friedrich der Große
auch auf die Erweckung und Fortbildung des deutschen Geistes=

lebens ausgeübt hat. Daher insbesondere die epochemachende
Stellung des siebenjährigen Krieges. Man fühlte und wußte,
daß dieser Krieg ein Kampf der neuen und alten Zeit sei, ein
Kampf der Freiheit und Aufklärung gegen die dunkeln Mächte
5 pfäffischer und despotischer Bedrückung.

29.

Aus dem deutschen Sprachschatze.
Eberhard-Lyon.*

1. Genie und Talent.

Das Genie (von frz. le génie, lat. genius, Schutzgeist) wird
angeboren, das Talent (von lat. talentum, Wage, dann Gewicht, Pfund, endlich das, was das Schicksal dem Menschen an
Kräften und Schätzen zugeteilt hat) kann auch erworben werden.
10 Man sagt nicht, ein großer Tonkünstler habe sich das Genie,
aber wohl das Talent erworben, die schwersten Musikstücke mit
der größten Fertigkeit auszuführen. In Genie wird ferner
die Beziehung der Anlagen auf ihren Ursprung angedeutet, in
Talent auf dasjenige, zu dessen Hervorbringung sie erfordert
15 werden. Da aber dazu oft verschiedene Geschicklichkeiten gehören, so müssen zuweilen zu der nämlichen Art von Werken,
für welche jemand Genie hat, mehrere Talente mitwirken.
Genie ist also umfassender als Talent, und zu einem Genie
gehören viele Talente. Ein großer Dichter muß Genie zur
20 Dichtkunst haben, er muß aber, wenn er vortreffliche Gedichte
schaffen will, dazu das Talent für Vers, Rhythmus und
Sprache, das Talent, die Natur zu beobachten und getreu
wiederzugeben, in sich vereinigen. Da das Talent erworben
werden kann und eine jede einzelne Kunstfertigkeit ein Talent
25 ist, der Inbegriff aller aber, auch der schwersten, und derer, die

* Synonymisches Handwörterbuch der deutschen Sprache. Leipzig, 1889.

nicht durch Übung erworben werden können, Genie genannt
wird, so legt man ferner ein Talent schon demjenigen bei, der
das darin leistet, was die besseren und besten in seiner Kunst
gewöhnlich zu leisten pflegen; das Genie muß auch die besten
übertreffen. Ein jeder vorzügliche Maler muß Talent zu   5
seiner Kunst haben, aber ein Rafael hat Genie und ist ein
Genie. Endlich schwingt sich das Genie ohne die gewöhn=
liche Hilfe zu dem höchsten Gipfel seiner Kunst, das Talent
ersteigt die ihm angemessene Stufe mit Hilfe der Regeln und
der Übung. Das Talent bezieht sich daher vorwiegend auf   10
die mechanischen oder durch mechanische Handgriffe erreichbaren
Teile der Kunst, denn in diesen kann die Fertigkeit durch Übung
und Studium erworben werden. Das Genie umfaßt das
Geistige der Kunst, und diesem kann sich keiner nähern, der nicht
selbst Genie hat. Rafaels himmlischer Ausdruck ist noch un=   15
erreicht geblieben, denn er kann nicht erlernt werden.

Man bezeichnet das Genie auch als die schöpferische Kraft
des Menschengeistes. Goethe nennt es geradezu den Geist=
Schöpfer, den Creator spiritus. Denn da es alles sich selbst
verdankt, da es durch kein Studium, keine Regeln, keine Nach=   20
ahmung vorbereitet zu sein braucht, da es keinem Vorbilde nach=
bildet, so schafft es sich neue Bahnen und bringt neue Schöp=
fungen ans Licht. Das Genie schafft, das Talent führt aus.
Das hindert indes nicht, daß das Genie sich durch Studium
vervollkommne und die Werke seiner Vorgänger benutze. Goethe   25
bezeichnet Genie als „diejenige Kraft des Menschen, welche
durch Handeln und Tun Gesetz und Regel gibt." Schiller stellt
den Begriff des Genies in herrlicher Weise dar in seiner Ab=
handlung: „Über naive und sentimentalische Dichtung" in der
Stelle: „Naiv muß jedes wahre Genie sein, oder es ist keines.   30
Seine Naivetät allein macht es zum Genie, und was es im In=
tellektuellen und Ästhetischen ist, kann es im Moralischen nicht
verleugnen. Unbekannt mit den Regeln, den Krücken der

Schwachheit und den Zuchtmeistern der Verkehrtheit, bloß von
der Natur oder dem Instinkt, seinem schützenden Engel, geleitet,
geht es ruhig und sicher durch alle Schlingen des falschen Ge=
schmackes, in welchen, wenn es nicht so klug ist, sie schon von
5 weitem zu vermeiden, das Nichtgenie unausbleiblich verstrickt
wird.   Nur dem Genie ist es gegeben, außerhalb des Bekann=
ten noch immer zu Hause zu sein und die Natur zu erweitern,
ohne über sie hinauszugehen.   Zwar begegnet letzteres zuweilen
auch den größten Genies, aber nur weil auch diese ihre phan=
10 tastischen Augenblicke haben, wo die schützende Natur sie verläßt,
weil die Macht des Beispiels sie hinreißt oder der verderbte
Geschmack ihrer Zeit sie verleitet.   Die verwickeltsten Aufgaben
muß das Genie mit anspruchsloser Simplizität und Leichtigkeit
lösen; das Ei des Kolumbus gilt von jeder genialischen Ent=
15 scheidung.   Dadurch allein legitimiert es sich als Genie, daß es
durch Einfalt über die verwickelte Kunst triumphiert.   Es ver=
fährt nicht nach erkannten Prinzipien, sondern nach Einfällen und
Gefühlen; aber seine Einfälle sind Eingebungen eines Gottes,
seine Gefühle sind Gesetze für alle Zeiten und für alle Ge=
20 schlechter der Menschen."

2. Vernunft und Verstand.

Verstand (von verstehen, eigentlich sich einem Gegen=
stand in den Weg stellen, sodaß man sich gleichsam des Ge=
genstandes geistig bemächtigt) ist die Fähigkeit, klare und deut=
liche Begriffe und Urteile über sinnliche Gegenstände zu gewinnen,
25 Vernunft (von vernehmen) die Fähigkeit, auch das zu er=
fassen, was nicht in die Sinne fällt, d. h. auch rein geistige über=
sinnliche Wahrheiten zu erkennen und zu einem zusammenhän=
genden Ganzen zu verknüpfen.   In der Bestimmung des
Unterschiedes zwischen Verstand und Vernunft weichen die
30 verschiedenen Philosophen voneinander ab, sie kommen jedoch
darin überein, daß Vernunft als die höhere, Verstand als

die niedrigere Fähigkeit gilt, daß die Vernunft mehr verbinde
und zur Einheit zusammenfasse, der Verstand mehr scheide
und das Einzelne bestimme. Vernunft ist das Vermögen,
sich der Gründe für die Erscheinungen bewußt werden, über die
Ursachen aller Dinge nachdenken und die nicht gegebenen Ur= 5
sachen aus den gegebenen Erscheinungen ableiten zu können.
Den verschiedenen Grad der Schärfe, womit das geschieht, nen=
nen wir Verstand. „Sobald der Mensch angefangen hat,
seinen Verstand zu brauchen und die Erscheinungen umher
nach Ursachen und Zwecken zu verknüpfen, so bringt die Ver= 10
nunft, ihrem Begriffe gemäß, auf eine absolute Verknüpfung
und auf einen unbedingten Grund.“ (Schiller.) „Die Ver=
nunft ist auf das Werdende, der Verstand auf das Gewor=
dene angewiesen; jene bekümmert sich nicht, wozu; dieser fragt
nicht, woher. Sie erfreut sich am Entwickeln, er wünscht alles 15
festzuhalten, damit er es nützen könne.“ (Goethe.)

3. Worte und Wörter.

Der Plural von Wort heißt Wörter, wenn man diese
Redeteile als einzelne, für sich bestehende Lauteinheiten ohne
Rücksicht auf ihre Verbindung in zusammenhängender Rede
betrachtet; Worte, wenn man auf ihren Zusammenhang in 20
der Rede Bezug nimmt. In einem Wörterbuch werden die
erklärten Ausdrücke außer allem Zusammenhange bloß nach
alphabetischer Ordnung aufgeführt. Der Prediger sagt hin=
gegen: die Textesworte, wenn er den Text vorliest, über den
er predigen will. Von Wort heißt der ursprüngliche Plural 25
althochdeutsch und mittelhochdeutsch diu wort. Schon im Mit=
telhochdeutschen kam aber neben dem ursprünglichen Plural
auch die Form worter vor. Üblicher wird der Plural Wörter,
wie wir neuhochdeutsch sagen, erst mit dem 16. Jahrhundert.
Doch die beiden Formen, Worte und Wörter, sind in der 30
Bedeutung bis zum Ausgange des 17. Jahrhunderts nicht un=

terschieden. Erst in der ersten Hälfte des 18. Jahrhunderts wird der oben angeführte Unterschied gemacht. Wenn sich nun im allgemeinen dieser Unterschied auch festgesetzt hat, so kann man doch ganz ruhig, ohne gegen den Geist der deutschen
5 Sprache zu verstoßen, den Plural Worte auch da gebrauchen, wo man von einzelnen Lauteinheiten schlechthin als von Teilen der Sprache redet; denn die Form Worte kann als der ursprüngliche Plural in allen Beziehungen verwendet werden und ist dann etwa so zu betrachten wie die Plurale Lande für
10 Länder, Denkmale für Denkmäler, Gewande für Gewänder, d. h. als der ältere und edlere Plural. Wir können daher sagen: Hauptworte, Zeitworte, u. s. w., und Hauptwörter, Zeitwörter, u.s.w., nicht aber umgekehrt den Plural Wörter da verwenden, wo die Form Worte ste-
15 hen muß. Man kann daher über Dichterworte schreiben und sprechen, nicht aber über Dichterwörter.

4. Ding und Sache.

Ding bezeichnet jedes Etwas nach seinem allgemeinsten Charakter des bloßen Seins, sowohl das sinnlich Wahrnehmbare, als auch das bloß Gedachte; es ist also das allgemeinere
20 und umfassendere Ausdruck. Sache hingegen nennt der Mensch diejenigen Dinge, welche in einer nähern Verbindung mit ihm stehen. Diese Verbindung entsteht aus dem Nutzen oder Schaden, den sie für ihn haben können, und um dessen willen sie ihn interessieren, sowie aus der Möglichkeit, sie seinen Absichten ge-
25 mäß zu behandeln. Die ursprüngliche Bedeutung des Wortes Sache ist die eines Rechtsstreites und des ihm unterworfenen Gegenstandes (vgl. die Worte: Sachwalter, Widersacher). Die nächste Verallgemeinerung war, daß man Sache für jede Angelegenheit brauchte. Endlich erstreckte man die Bedeutung
30 auch auf die Dinge, die uns wegen ihres Nutzens interessieren und über die wir zu unserm Vorteile schalten. Daraus ist dann

endlich der Begriff einer Sache erwachsen, wonach sie ein jedes Ding ist, das Eigentum oder Besitz des Menschen werden kann. Besonders werden bewegliche Dinge, Kleidungsstücke und kleinere Gegenstände, die zum täglichen Gebrauch dienen, als Sachen bezeichnet. Der Gegensatz von Sache ist Per= 5 son, während Ding auch die Personen mit in sich begreift. Die Sklaverei ist eine Entwürdigung des Menschengeschlechts, weil sie die Menschen zu Sachen erniedrigt. Der Himmel, die Erde, die Himmelskörper sind Dinge, aber keine Sachen. Dagegen sagt man: „Schicke mir meine Sachen (nicht, meine 10 Dinge) nach.“

5. Kopf und Haupt.

Kopf bedeutete ursprünglich Trinkschale (mlat. coppa, das auf lat. cupa, Faß, zurückgeht), dann bezeichnete es Ge= fäße ähnlicher Art, z. B. Schröpfkopf, Pfeifenkopf, endlich die Hirnschale, das Gefäß für das Hirn. Vielleicht wirkte hier 15 die Sitte mit ein, daß man die Schädel Verstorbener, mit Gold beschlagen, als Trinkgefäße benutzte. Jetzt bezeichnet es den auf dem Hals sitzenden Teil des tierischen und menschlichen Körpers. Haupt (mit lat. caput verwandt) ist die ältere, ur= sprünglichere und edlere Bezeichnung und wird jetzt nur noch 20 vom Kopfe des Menschen gesagt; nur in poetischer Sprache spricht man zuweilen vom Haupt eines Rosses, eines Löwen und ähnlicher edler und königlicher Tiere. Kopf bezeichnet mehr den Körperteil als solchen, Haupt bezeichnet ihn als den schönsten und edelsten; es wird daher vorwiegend in solchen 25 Verbindungen gebraucht, welche einen Ausdruck von Feierlichkeit haben. Man sagt: „Er ging in bloßem Kopfe in Regen und Schnee, er nickte mit dem Kopfe,“ aber: „Er entblößte sein Haupt,“ oder: „Er neigte ehrerbietig sein Haupt, so oft er den Namen des höchsten Wesens aussprach.“ Man setzt seinen 30 Hut auf den Kopf; wenn aber ein König gekrönt wird, so

wird ihm die Krone auf das H a u p t gesetzt; und die Könige
sind gekrönte H ä u p t e r , nicht gekrönte K ö p f e . Durch die=
sen Unterschied in dem eigentlichen Gebrauche wird auch der
Unterschied in dem uneigentlichen bestimmt. H a u p t wird
5 bildlich von dem gesagt, was das Oberste und Höchste oder das
Wichtigste in einer Sache ist, z. B. Hauptsache, Hauptlehre,
Hauptmann. K o p f kann in diesem Sinne nicht stehen.
K o p f bezeichnet in übertragener Bedeutung überhaupt den
oberen Teil eines Dinges, z. B. Säulenkopf, Kohlkopf, Distel=
10 kopf. In Bezug auf den Menschen wird es uneigentlich ge=
braucht nur als der Sitz des Verstandes. Ein Mann von K o p f
ist daher ein Mann von Verstand, und es kann einer das H a u p t
einer Partei sein, der nicht ihr K o p f ist. So sagt man z. B.,
daß in der orleanistischen Faktion der Herzog von Orleans das
15 Haupt, der Graf von Mirabeau aber der Kopf gewesen sei.
„Das Haupt oder vielmehr der Kopf der Familie Rothschild ist
der Baron James, ein merkwürdiger Mann, dessen eigentüm=
liche Kapazität sich freilich nur in Finanzverhältnissen offenbart.“
(Heine.) Eine K o p f arbeit ist eine solche, die viel Verstand
20 erfordert, eine H a u p t arbeit ist überhaupt eine sehr wichtige
oder umfassende Arbeit.

30.

Der wirtschaftliche Kampf ums Dasein.

Wilhelm Neurath.*

Stellen wir uns vor, es gäbe auch auf dem Monde oder ande=
ren Gestirnen vernunftbegabte, etwa menschenähnliche Wesen.
Denken wir uns ferner einen Mondphilosophen mit so vorzügli=
25 chen Sehinstrumenten ausgerüstet, daß er, aus der Vogelper=
spektive auf das wirtschaftliche Leben der europäischen Gesellschaft

* Volkswirtschaftliche und sozialpolitische Essays. Wien, 1880. S. 189.

niederblickend, diese etwa als ein solches Bild erschauen würde,
wie es sich dem Naturforscher darbietet, welcher dem Treiben in
einem Ameisenbau oder Bienenkorbe seine tiefste Aufmerksam=
keit widmet.   Er würde ersehen, daß diese Masse von Geschöpfen
in Klassen oder Gruppen geteilt ist, und daß jede Klasse irgend   5
einem Berufe, einer Funktion zum Besten des Ganzen dieser
Millionen hingegeben ist.   Millionen von Menschen zeigen sich
damit beschäftigt, dem Boden alle jene Stoffe abzuringen, welche
dazu dienen, die sämtlichen Glieder des sozialen Ganzen zu er=
nähren, ihnen Material für Kleid, Wohnhaus, Werkzeuge, Waf=   10
fen, u. s. w. zu geben.   Andere Millionen sind jahraus, jahrein
an dem Werke, die der Natur abgerungenen rohen Stoffe mund=
gerechter für den Verbrauch zu machen oder sie in das, was
wir Kleid, Werkzeug, u. s. w. nennen, umzuwandeln.   Wieder
andere Millionen widmen sich dem Geschäfte, die rohen Stoffe   15
von den Bodenarbeitern den Raffinierungsstätten zuzuführen
und aus diesen die schon geformten Artikel allen Konsumenten
näher zu bringen.   Eine große Klasse von Individuen in diesem
Menschenbienenkorbe vermittelt wieder zwischen den genannten
Klassen und überwacht sowohl die Aufspeicherung von Rohstoffen,   20
um dieselben an die Stätten der Verarbeitung zu verteilen, wie
die Aufspeicherung von Konsumartikeln, um diese endlich für die
letzte Bestimmung an alle Glieder des großen Ganzen in kleinen
Portionen zu übergeben.   Unser Philosoph erkennt so die Klassen
der Ackerbauer und Bergbauer, die der Handwerker, Fabrikanten,   25
der Transporteure, die der Kaufleute, der Groß= und Klein=
händler.

   Jener Forscher wird, falls er etwa durch lange Epochen hin
seine Beobachtungen anstellt, ferner Folgendes bemerken: Diese
auf dem Erdenball herumkrabbelnden Wesen werden geschickter   30
in ihren Arbeitsweisen und gelangen zu neuen Bedürfnissen.
Und mit jedem Schritte in diesen Richtungen sieht er eine Bil=
dung von neuen Klassen eintreten und eine Änderung in der

relativen Größe der einzelnen Klassen erfolgen. Zum Teile
ähnliche Wandlungen hat der Strom jener Mittel aufzuweisen,
welche den verschiedenen Klassen zur Nahrung, zum Stoff der
Arbeit und als Ausrüstung für die Arbeit dienen. Unser Philo=
5 soph bemerkt beispielweise, daß mit dem Fortschritte der Kultur
neue Gewerbe auftreten, daß die Zahl der Ackerbauer im Ver=
hältnisse zu anderen ökonomischen Klassen abnimmt, daß der
Strom der Kapitalien in Arme, in Kanäle, in Kanälchen, genau
den sich komplizierenden Verhältnissen des fortschreitenden sozia=
10 len Ganzen gemäß, sich teilt und wieder teilt, daß die Arten der
Waren mannigfaltiger, die Menge der verfeinerten Artikel immer
größer wird.

„Hier sehe ich,“ wird er sagen, „eine staatliche Organisation
des Wirtschaftslebens von Millionen Wesen vor mir, und diese
15 staatliche Organisation muß wohl ihr Oberhaupt besitzen, wel=
chem ein Heer von Beamten als Organe dienen. Oder es muß
in dieser Masse eine beratende und beschließende Versammlung
geben, welche diesen Millionen und Millionen Arbeiter, die so
vorzüglich im Dienste des Ganzen funktionieren, ihre Geschäfte,
20 ihre Arbeitsmittel und die Mittel der Erhaltung zuzuweisen
hat.“ In der Tat arbeitet ja in weiter Ferne beispielsweise der
rumänische Bauer für die Fabriksarbeiter in Manchester, welche
Brot aus Getreide von der unteren Donau konsumieren, und
wieder kleidet sich dieser Bauer in Zengen, deren Stoff vielleicht
25 aus Indien und deren Spinn= und Webearbeit aus britischen
Industriestätten herstammt. Die Mittel, welche irgend ein
Einzelner von uns an einem Tage verbraucht oder gebraucht, der
Kaffee, der Zucker, das Brot, der Pfeffer, das Salz, die Gewebe
von Leinen, Wolle, Baumwolle, Seide, die Messer, Scheren, die
30 Bücher, u. f. w., wenn wir diese nach der Herkunft ihrer Stoffe
und der in ihnen verkörperten Arbeit befragen würden, hätten
uns ja von verschiedensten Dörfern, Städten, Ländern, Völkern
und Weltteilen zu erzählen. In der Tat ist also jene wirtschaft=

liche Organisation, welche der Philosoph des fernen Gestirnes
vor Augen hat, eine überaus großartige, und die Frage, wo die
Behörde oder die beratende Versammlung für dieses umfassende
sozialökonomische Leben sich finde, eine hochberechtigte.

Bei dieser Suche wird der Blick unseres Philosophen vor 5
allem auf den Umlauf jener glänzenden runden Plättchen stoßen,
denen wir den Namen der Münzen, des Geldes geben. Denn
die Aufmerksamkeit jeder Arbeitergruppe und jedes einzelnen
Arbeiters ist auf diese geheimnisvollen, in beinahe rastlosem
Umlauf begriffenen Dinge gerichtet. Diese glänzenden Dinge 10
rufen alles an die Arbeit, diese Dinge locken alle Arbeitsstoffe
und Arbeitsmittel zu dem Orte der Verarbeitung hin, und diese
Dinge holen wieder für jeden Einzelnen all die Mittel herbei,
die er braucht, um zu leben und zu funktionieren. Und welch
inniger Zusammenhang zeigt sich zwischen den Strömungen der 15
Befriedigungs= und Arbeitsmittel (des Kapitals) durch die Ge=
sellschaft und den Strömungen jener glänzenden dämonischen
Wesen! Wo das Geld wegströmt, wendet sich auch der Kapital=
strom, der Strom der für die Arbeit nötigen Mittel, weg; wohin
aber Geld und Kapital in regerem Flusse sich wenden, dahin 20
wenden sich auch die arbeitenden Kräfte. Kurz, die ganze wun=
derbare Ordnung des vom Mondphilosophen beobachteten sozialen
Lebens zeigt sich wie von jenen dämonischen Plättchen regiert,
denn alles in diesem sozialen Gewimmel „hängt am Golde,
drängt nach Golde." Diese Plättchen, wird unser Forscher den= 25
ken, müssen wohl Befehle einer unsichtbaren Behörde durch alle
Teile jener Gesellschaft tragen, Befehle eines hochweisen Geistes,
welcher den Plan dieses gesamten großen Wirtschaftslebens er=
sonnen, überwacht, beseelt und leitet.

Das ist also das Bild der sozialen Ökonomie, in einigen sei= 30
ner hauptsächlichen Züge gezeichnet. Die Richtigkeit dieser
Zeichnung bestreitet weder jemand, der in der modernen Gesell=
schaft überhaupt lebt, noch der Forscher auf dem Gebiet der na=

tionalen Ökonomie. Aber die Schlußfolgerung aus dem erschau-
ten Bilde, die wird wohl bestritten werden.   Jedermann von
uns weiß, daß das Geld durchaus keine Befehle an den Empfän-
ger im Gepräge trägt.   Jedermann von uns weiß auch, daß es
5 keine derartige Behörde gibt, welche jedem seinen Beruf und
seine Arbeit zuweist und dafür sorgt, daß ein jeder mit den Mitteln für seine Erhaltung und seine Arbeit versorgt und versehen
wird.   Aber als Lehre wurde diese Behördelosigkeit des Wirtschaftslebens erst von den Nationalökonomen des 18ten und
10 19ten Jahrhunderts entwickelt.   Nicht ein König mit seinen
Ministern und einem Heere von Beamten; nicht ein Parlament
mit seinen Gesetzen; nicht eine gesetzgebende Macht und Regierung, welche durch alles Volk zusammen gebildet würde, wie
Kommunisten und Sozialisten träumen, wäre im stande, für
15 das wirtschaftliche Leben einen Plan zu ersinnen, eine Ordnung
und Organisation zu schaffen, welche sich entfernt mit jener
messen könnte, welche sich in der Wirklichkeit von selbst her-
ausbildet.   Noch mehr.   So oft der Staat, die Behörden
oder eine gesamte sozialstaatliche Versammlung in das freie Ge-
20 triebe des Verkehres eingreift, ergeben sich daraus nur Störungen und Hemmungen für das wirtschaftliche Leben.   Das war
die Ansicht jener Nationalökonomie, welche im ersten Viertel
vorigen Jahrhunderts auf dem Gipfel ihres Einflußes stand.

Und wie erklärte diese Nationalökonomie das soziale Wunder
25 der sich von selbst herausbildenden wirtschaftlichen Organisation?
Dies geschah in folgender Weise: Wie in allen organischen
Wesen überhaupt, liegt auch im Menschen die natürliche Tendenz
zu einer den Mitteln der Erhaltung vorauseilenden Vermehrung.
Es kommen in der Regel mehr Menschen in die Welt, als in ihr
30 wohl zu leben, oder überhaupt sich voll auszuleben, Mittel finden.
Es entsteht dadurch ein heftiges Drängen nach Erwerb und
Kämpfen um Erwerb.   Wie in einem überfüllten Schiffe, müs-
sen immer einige über Bord gestoßen werden. Nicht alle können

an der „Tafel der Natur" ein Plätzchen für sich erringen. Die
wirtschaftlich Tüchtigeren haben die größere Wahrscheinlichkeit,
sich zu behaupten; für die wirtschaftlich minder Tüchtigen ist die
Wahrscheinlichkeit des Unterliegens die nähere. Durch den
Konkurrenzkampf werden also die Konkurrenzunfähigen unabläs= 5
sig dem Untergang zugeführt, die wirtschaftliche Tüchtigkeit aber
gehoben und vermehrt, und das gesellschaftliche Ganze muß da=
bei gewinnen.

Die wirtschaftliche Tätigkeit besteht aber vor allem in der
Fähigkeit, herauszuspüren, einerseits was die anderen bedür= 10
fen und begehren, andererseits was sie zu leisten und zu
gewähren im stande sind. Sie besteht zweitens in der Kraft,
dem, was irgendwo begehrt oder gesucht wird, durch eigene Lei=
stungen entsprechen zu können. Finde ich schnell heraus, was
am meisten begehrt wird, und weiß ich schnell diesem Begehren 15
zu entsprechen, dann wird meine Situation eine besonders gün=
stige. Diese Tüchtigkeit liegt aber entweder schon in meiner
angeborenen Begabung, oder ich kann sie durch Anspannung mei=
ner Intelligenz erlangen. Jenem Begehren, welches im Markt=
preise des Gesuchten schon zum Vorschein kommt, ist natürlich 20
am leichtesten zu entsprechen. Wo die Preise steigen, dahin
strömen leicht und rasch die Arbeitskräfte zu, welche von den
hohen Preisen den Vorteil haben wollen. Wo das Nachlassen
des Begehrs schon im Preise zum Ausdrucke kommt, da schränkt
sich die Produktion leicht ein und die Arbeitskräfte wenden sich 25
zum Teile weg. Und dieses Steigen und Sinken der Preise,
welches von selbst den Strom des Geldes, der Kapitalien und
der Arbeitskräfte so lenkt und verteilt, wie es den Bedürfnissen
des Ganzen am besten entspricht, dieses Steigen und Sinken
bedarf durchaus keiner Regulation durch eine Behörde. Denn 30
der steigende Bedarf bewirkt ja von selbst das Steigen der
Preise, wie das Nachlassen eines Bedarfes das entsprechende
Sinken von Preisen hervorruft. Der Trieb zum Leben und

Genießen, von der Konkurrenz mächtig entflammt, reicht also
vollkommen hin, um im allgemeinen alle Glieder der Gesellschaft
zur Arbeit zu drängen, jedem seine passende Stelle anzuweisen,
so vielerlei Klassen und Berufe ins Dasein zu rufen, als die
5 Gesellschaft bedarf, und allen diesen Organen des großen wirt=
schaftlichen Lebens die angemessene Zahl von Individuen und
die richtige Menge Kapitals zuzuführen.   Der Unternehmer
sucht Gewinn und möglichst großen Gewinn; das Kapital sucht
Verzinsung und möglichst hohe; der Arbeiter sucht Lohn und
10 möglichst guten Lohn.   Und nur dort ist Gewinn, Zins und
Lohn zu finden, wo die Gesellschaft einer Produktion bedarf.
In jenen Richtungen der Produktion aber, welche der größten
Steigerung benötigen, sind eben die höchsten Gewinne, Zinsen
und Löhne zu erzielen.   Dahin also werden auch die produktiven
15 Kräfte vom Egoismus hingeleitet werden.   Es bedarf also nicht
eines weise planenden Geistes, um jene großartige Harmonie
und Organisation im sozialen Wirtschaftsleben hervorzurufen,
welche sich dem aus der Vogelperspektive niederblickenden Philo=
sophen so herrlich offenbarte, jene Ordnung und Harmonie,
20 welche nach dem Ausdrucke Adam Smiths auf eine „unsichtbare
Hand," auf ein göttliches Walten hindeuten soll; denn der
Egoismus treibt einen jeden dazu, dem allgemeinen Wohl zu
dienen, obwohl er nur die eigene Befriedigung zu finden sinnt
und strebt.

25   Das Leben der modernen Gesellschaft gibt uns also das Bild
eines Haushalts, welcher, planvoll organisiert, planvoll sich ent=
wickelt, ohne daß der Plan dieser Ökonomie von irgend einem
Einzelgeiste oder von einer geistigen Ratsversammlung ersonnen
wäre und in der Ausführung überwacht und unterstützt würde.
30 Der Drang zum Leben und Wohlleben, welcher die Individuen
und Familien der menschlichen Gesellschaft erfüllt, dieser Drang,
welchen die den Mitteln der Erhaltung vorauseilende Vermeh=
rung der Menschen zu einem heftigen Kampf der Konkurrenz

emporschraubt, dieser Faktor führt jeden Einzelmenschen zu einem
Kampf um den Platz oder das Plätzchen, wo sich ihm und seiner
Familie die Mittel des Lebens bieten könnten.　Nicht nur zwi=
schen Individuen desselben Volkes, sondern auch zwischen allen
Völkern, Nationen, Rassen dieses Erdballs besteht ein solcher　5
Kampf der Konkurrenz.　Sie konkurrieren mit einander um die
fruchtbarsten und schönsten Länder; sie konkurrieren um die aus=
zubeutenden Absatzmärkte; sie konkurrieren um größeren Anteil
an der kommerziellen Herrschaft über ganze Weltteile und die
ganze Erde.　Und in diesen Kämpfen kommen immer Tage,　10
welche den minder tüchtigen Völkern staatlichen, nationalen oder
auch physischen Untergang bringen.　Die minder tauglichen
Teile der Menschheit werden ausgemerzt, und die befähigteren,
tüchtigeren Nationen und Rassen erfüllen in immer weiterem
Umkreise hin diese Erde.　15

Die Natur hat uns Menschen, ohne Bewußtsein und Wahl,
die Triebe zum Leben und zur Vermehrung gegeben und uns in
weit höherem Maße mit diesen Trieben, als mit Mitteln der
Erhaltung ausgestattet.　Die Natur ist, nach der Auffassung der
modernen Sozialökonomie, nicht eine Göttin mit vielen nähren=　20
den Brüsten, wie manche Völker einst gedacht haben.　Vielmehr
bringt sie eine weit größere Zahl Geschöpfe hervor, als Nah=
rungsquellen, um die ins Leben gesetzten Geschöpfe auch am
Leben zu erhalten.　Aber diese Disharmonie zwischen der
großen Zahl von Mäulern, welche Nahrung suchen, und der zu　25
geringen Zahl nährender Quellen erzeugt einen Kampf um die
Bedingungen der Erhaltung und um die begünstigteren Situa=
tionen, einen Kampf, welcher auf sozialem Gebiete sich als Motor
gesellschaftlicher Organisation und menschlichen Fortschrittes
erweist.　30

31.

Konrad Ferdinand Meyer.

Adolf Bartels.*

Obwohl Konrad Ferdinand Meyer stets ein guter Schweizer
geblieben ist, erscheint er als Poet doch gewissermaßen interna-
tional und zugleich als ausgesprochener Kulturpoet. Ein mo-
derner Franzose oder Engländer hätte sich fast gleich entwickeln
5 können, und in der Tat findet man auch eher in der französischen
und englischen Litteratur Meyer verwandte Gestalten als in der
deutschen. Geboren wurde Meyer am 11. Oktober 1825 zu
Zürich aus patrizischer Familie und, da sein Vater früh starb,
von seiner Mutter, einer geistig hervorragenden Frau, erzogen.
10 Er besuchte das Gymnasium seiner Vaterstadt, studierte dann
Jurisprudenz, betrieb aber nebenbei eifrige historische und philologische Studien und begab sich darauf, um seine schwache Gesundheit zu stärken, auf Reisen. Längere Zeit hielt er sich in
Lausanne, Genf und Paris auf und lernte auch Italien genau
15 kennen. So trat ihm, zumal er halbfranzösisch erzogen worden
war und zahlreiche Beziehungen in der französischen Schweiz
unterhielt, die romanische Kultur nahe, die germanische zurück.
Doch änderte sich das, als er dann dauernd in der Nähe von
Zürich Aufenthalt nahm und von seinen historischen Studien
20 allmählich zur Poesie überging. Zweiundvierzig Jahre alt,
veröffentlichte er ein Bändchen „Balladen" (1867). Die end-
gültige Entscheidung für die deutsche Kunst brachte das Jahr
1870. „Achtzehnhundertsiebzig," schreibt er selbst, „war für
mich das kritische Jahr. Der große Krieg, der bei uns in der
25 Schweiz die Gemüter zwiespältig aufgeregt, entschied auch einen
Krieg in meiner Seele. Von einem unmerklich gereiften Stam-
mesgefühl jetzt mächtig ergriffen, tat ich bei diesem weltge-

* Die deutsche Dichtung der Gegenwart. Leipzig, 1903. S. 156.

schichtlichen Anlaffe das französische Wesen ab, und innerlich ge=
nötigt, diefer Sinnesänderung Ausdruck zu geben, dichtete ich
„Huttens letzte Tage." Diese 1872 erschienene markige Dichtung,
in der Hutten, körperlich, aber nicht geistig gebrochen, sein Leben
an sich vorüberziehen läßt, gewann nach und nach an Geltung. 5
Man kann sie als den Prolog der gesamten Meherschen Dich=
tung auffassen. Er blieb mit ihr in der Hauptsache am Renais=
sance= und Reformationszeitalter haften und suchte, wo es irgend
ging, weltgeschichtlichen Gehalt in möglichst gedrungene Form
und plastische Situationen zu faffen. 10

Im Jahre 1873 kam Meyers erste Novelle, „Das Amulett,"
heraus, deren Haupthandlung zur Zeit der Bartholomäusnacht
spielt. Die Erzählung ist wieder dem Helden selbst in den
Mund gelegt, obschon biographisch, doch von einheitlicher düsterer
Grundstimmung, reich an seinen und ergreifenden Zügen, schon 15
in dem meisterhaften künstlich=schlichten Stil, der alle Profawerke
Meyers auszeichnet. Aber sie macht noch den episodischen Ein=
druck, den der Dichter in seinen späteren Novellen zu überwin=
den strebte. .

Ihr folgte der Roman „Jürg Jenatsch" (1874), der das um= 20
fangreichste Werk Meyers geblieben ist, formell sein schwächstes;
denn die reichlich zwanzig Jahre des Lebens des Graubündner
Parteiführers, der der Held des Romans ist, ließen sich eben
nicht fortgehend erzählen; der Dichter mußte einzelne Abschnitte
herausgreifen, und wenn er nun auch sicher die wichtigsten er= 25
faßt und mit der ihm eigentümlichen plastischen Kraft und dem
innern, gewissermaßen gebundenen Feuer, das er nie vermissen
läßt, ausgestattet hat, die psychologische Entwicklung ist nicht
völlig gelungen, der Held bleibt uns bis zu einem gewissen
Grade fremd. Auch spielt das Reinpolitische in diesem Roman 30
am Ende eine zu große Rolle, oder vielmehr es tritt aus dem
poetischen Leben zu sehr als Raisonnement heraus, ein Fehler,
den Meyer später beffer versteckt, aber völlig nie überwunden

hat. Der Historiker tritt dem Dichter sozusagen auf die Ferse, freilich der großschauende Historiker, nicht der Archäologe. Wundervoll ist die Farbengebung im „Jenatsch"; für die Natur wie die Kultur hat der Dichter alle, auch die feinsten Mischungen auf der Palette, und es kommt bei ihm alles aus vollster poeti= scher Anschauung, ängstliches Stricheln kennt er nicht. Aber den großen Fluß des historischen Romans hat er weder hier noch später erreicht.

Als das überhaupt bedeutendste Werk Meyers möchte ich die Novelle „Der Heilige" (1880) angesehen wissen, die Geschichte König Heinrichs II. von England und seines Kanzlers Thomas Becket. Der Dichter läßt die Geschichte von einem Schweizer, Hans dem Armbruster, vor einem Züricher Domherrn erzählen an dem Tage, an welchem in der Schweizerstadt zuerst das Fest des heiligen Thomas von Canterbury begangen wird, und es ist ihm gelungen, der Erzählung des in die Ereignisse selbst ver= strickten Mannes eine überzeugende, ja eine fast unheimliche Wahrheitskraft zu verleihen gerade dadurch, daß er ihn nicht alles durchschauen läßt. Bleiben so auch naturgemäß noch Rätsel zu lösen übrig, ehe man völlig begreift, wie aus dem weltfreudigen Kanzler der Heilige, aus dem tatkräftigen König der elende Büßer wurde, so wird der Leser doch durch das Ver= fahren des Dichters in fortwährender Spannung erhalten, es beginnt in ihm eine angestrengte kombinatorische Tätigkeit, bis ihm nach und nach das Grauen vor dem Heiligen, ja vor der Menschennatur überhaupt überkommt, und das ist allerdings ein Triumph der Kunst Meyers, die in diesem Werke, sowohl nach der Seite der psychologischen Entwicklung, wie nach der der poeti= schen Gestaltung des äußeren Lebens, auf der Höhe erscheint. Freilich, den Eindruck der Natur macht diese Kunst nicht, und für breitere Kreise und alle Zeiten ist sie daher nicht.

Auf den „Heiligen" folgte 1882 die „Gedichte" Meyers, auch sie reife, etwas herbe Kunst, arm an elementaren und naiven

Lauten, aber von großer Wucht und vielfach vollendeter Schön=
heit. Vortrefflich gelungen erscheinen die Balladen, zu welcher
Gattung der Dichter der Art seines Talentes gemäß eine be=
sondere Neigung haben mußte.

Zur ganzen Höhe seiner Bedeutung erhebt sich Meyer wieder
in den beiden Novellen „Die Hochzeit des Mönchs“ und „Die
Richterin.“ „Die Hochzeit des Mönchs“ (1884) läßt er Dante
am Hofe des Can Grande zu Verona erzählen, und zwar indem
er ihn alles in Beziehung zu anwesenden Personen setzen, von
ihnen zum Teil Namen und Charakter nehmen läßt — ganz ge=
wiß ein ziemlich geklügeltes Verfahren, das freilich wieder
meisterhaft durchgeführt wird. Die Erzählung selbst spielt in
Padua zur Zeit des Thrannen Ezzelin und ist reich an reifer
Schönheit und voll gelungener Darstellung glutvoller Leiden=
schaft. Nie ist die plastische und malerische Kraft des Meyer=
schen Talents glücklicher hervorgetreten, und auch der tiefere
menschliche Gehalt fehlt nicht, wenn auch die Bedeutung des
„Heiligen“ lange nicht erreicht wird. „Die Richterin“ (1885),
der vorigen Novelle in der Darstellung der Leidenschaft verwandt,
hat ebenfalls große Vorzüge. Sie spielt zur Zeit Karls des
Großen in Rhätien und behandelt Gattenmord und anscheinend
sündige Geschwisterliebe in ebenso großumrissener wie geschlos=
sener Form. Doch scheint mir hier der Geist der Zeit nicht
getroffen, es ist zu viel Renaissance=, zu wenig germanische
Berg= und Waldluft in der Novelle. Die Einzelheiten sind
nichtsdestoweniger wunderbar.

Seit 1877 hat Meyer auf einer Besitzung in Kilchberg bei
Zürich gelebt. 1880 verlieh ihm die Universität Zürich das
Ehrendiplom eines Dr. phil., 1892 mußte er eines Gehirnlei=
dens wegen eine Heilanstalt aufsuchen, genas aber bald wieder.
Er starb am 28. Nov. 1898. Ohne Zweifel ist er eine der
merkwürdigsten Dichtererscheinungen der gesamten deutschen
Dichtung. Kaum je hat sich historisches Anschauungsvermögen

mit poetischer Kraft und Leidenschaft so innig vermählt, selten
auch sind diese Kraft und Leidenschaft von einer fast raffinierten
künstlerischen Ausbildung so wenig angegriffen worden. Meyer
ist, wie gesagt, durchaus Kulturpoet. Am besten vergleicht man
seine Kunst mit den bildenden Künsten, mit Plastik und Malerei,
ja man kann noch bestimmter sagen, er treibt in Erz, er webt
farbige Teppiche, und wie es „übertriebene" Reliefs gibt, wie
die Teppiche nur auf bestimmte Entfernung und in bestimmter
Umrahmung wirken, auch leicht etwas Totes behalten und in
der Nähe die Fäden erkennen lassen, ähnlich steht es mit Meyers
Dichtung. Sie ist Kunstpoesie im ausgesprochenen Sinne, es
fehlt jener Hauch unmittelbaren Lebens, jene natürliche Einfalt,
die auch die reifste Poesie der Genies glücklicherer Zeiten noch
bewahrt, aber freilich, sie hat Größe und auch Wahrheit.

Kluge Leute haben gemeint, an Meyer sei eigentlich ein großer
Dramatiker verloren gegangen, andere haben seine Novelle als
Musterroman hingestellt, da sie die wünschenswerte geschlossene
Handlung hätte. Die Wahrheit ist: K. F. Meyer ist der große
Spezialist auf dem Gebiete der historischen Novelle, deren Stoffe
nie zum Drama taugen, da sie nie zu typischer Bedeutung er=
hoben werden können, und ebensowenig zum Roman, da sie die
Breite des Weltlaufs und der Geschichte nicht zu spiegeln ver=
mögen. Ein so großer Charakteristiker wie Meyer ist, er charak=
terisiert nie dramatisch, Motiv aus Motiv entwickelnd, ein so
großer Darsteller wie er ist, über den echt epischen Fluß der
Erzählung verfügt er nicht, und so schuf er sich eine Kunstform
eigener Art, in der er nun die größte Meisterschaft entwickelt.
Meyers Novelle ist l'art pour l'art im höchsten und besten
Sinne, aber Kunst aus vollem Leben für das vollste Leben ist sie
freilich nicht.

32.

Die pſychiſchen Eigenſchaften der Tiere.

Wilhelm Wundt.*

Das Tierreich bietet uns eine Reihe geiſtiger Entwicklungen
dar, die wir als Vorſtufen der geiſtigen Entwicklung des Men=
ſchen betrachten können, da ſich das ſeeliſche Leben der Tiere
überall als ein dem des Menſchen in ſeinen Elementen und in
den allgemeinſten Geſetzen der Verbindung dieſer Elemente 5
gleichartiges verrät.

Schon die niederſten Tiere (Protozoen, Cölenteraten u. a.)
zeigen Lebensäußerungen, die auf Vorſtellungs= und Willensvor=
gänge ſchließen laſſen. Sie ergreifen anſcheinend ſpontan ihre
Nahrung, entfliehen verfolgenden Feinden u. dgl. Ebenſo fin= 10
den ſich Spuren des ſinnlichen Erkennens und Wiedererkennens
ſchon auf ſehr niederen Stufen, und ſie vervollkommnen ſich bei
den höheren Tieren weſentlich nur durch die Zunahme der Zeit,
über die ſich die Erinnerungsvorgänge erſtrecken. Nicht minder
ſind, wie wir aus der gleichartigen Anlage und Entwicklung der 15
Sinnesorgane ſchließen müſſen, die Formen der Sinnesvorſtel=
lungen im allgemeinen übereinſtimmend; nur daß ſich bei den
niederſten Weſen die Sinnesfunktionen, entſprechend dem primi=
tiven Zuſtand in der individuellen Entwicklung höherer Organis=
men, auf den allgemeinen Taſtſinn beſchränken. 20

Gegenüber dieſer Gleichartigkeit der pſychiſchen Elemente und
ihrer einfacheren Verbindungen beſtehen aber ſehr große Unter=
ſchiede in allen den Vorgängen, die mit der Entwicklung der
Apperzeption zuſammenhängen. Während paſſive Apperzeptio=
nen als die Grundlagen der überall vorkommenden einfachen 25
Triebhandlungen niemals fehlen, finden ſich dagegen aktive
Apperzeptionsprozeſſe, in der Form willkürlicher Aufmerkſamkeit

* Grundriß der Pſychologie. Leipzig, 1907. S. 341.

auf gewisse Eindrücke und einer Wahl zwischen verschiedenen
Motiven, wahrscheinlich nur bei den entwickelteren Tieren.
Auch bei ihnen bleiben sie jedoch beschränkt auf die von unmittel=
baren Sinneseindrücken angeregten Vorstellungen und nächsten
Assoziationen, so daß von intellektuellen Funktionen im engeren
Sinne des Wortes, von Phantasie= und Verstandestätigkeiten,
selbst bei den geistig entwickeltsten Tieren nicht, oder doch höch=
stens in vereinzelten Spuren und Anfängen, die Rede sein kann.
Hiermit hängt zugleich zusammen, daß zwar die höheren Tiere
durch mannigfache, oft den menschlichen verwandte Ausdrucksbe=
wegungen ihre Affekte und selbst ihre Vorstellungen, insoweit sie
an Affekte gebunden sind, nach außen kundgeben können, daß
ihnen aber eine entwickelte Sprache mangelt.

Soweit demnach die Entwicklung der Tiere im allgemeinen,
trotz der qualitativen Gleichartigkeit der fundamentalen psychi=
schen Vorgänge, hinter der des Menschen zurückbleibt, so ist sie
derselben anderseits in vielen Fällen in doppelter Beziehung
überlegen: erstens in der Geschwindigkeit der psychischen Aus=
bildung, und zweitens in gewissen einseitigen Funktionsrichtun=
gen, die durch die besonderen Lebensverhältnisse begünstigt
werden. Die größere Geschwindigkeit der Ausbildung zeigt sich
darin, daß sehr viele Tiere weit früher, manche unmittelbar nach
der Geburt, fähig sind, relativ deutliche Sinneswahrnehmungen
zu bilden und zweckmäßige Bewegungen auszuführen. Finden
sich auch in dieser Beziehung bei den höheren Tieren sehr große
Unterschiede, — so beginnt z. B. das aus dem Ei geschlüpfte
Hühnchen sofort Körner zu picken, während der neugeborene
Hund blind ist und noch längere Zeit ungeschickt in seinen Bewe=
gungen bleibt, — so scheint es doch, daß die menschliche Entwick=
lung die langsamste und die am meisten von äußerer Hilfe und
Pflege abhängige ist.

Auffallender noch ist die einseitige Funktionsausbildung ge=
wisser Tiere, die sich in bestimmten, regelmäßig mit den Nah=

rungs=, Fortpflanzungs= oder Schutzbedürfnissen zusammenhän=
genden Triebhandlungen und in der Ausbildung von Sinnes=
wahrnehmungen und Assoziationen äußert, die als Motive in
jene Triebhandlungen eingehen. Solche einseitig ausgebildete
Triebe nennt man Instinkte. Die Annahme, daß der Instinkt 5
eine nur dem tierischen, nicht dem menschlichen Bewußtsein zu=
kommende Eigenschaft sei, ist natürlich völlig unpsychologisch und
steht in Widerspruch mit der Erfahrung. Die Anlage zur Äuße=
rung der allgemeinen tierischen Triebe, namentlich des Nahrungs=
und Geschlechtstriebes, ist dem Menschen so gut wie jedem Tier 10
angeboren. Eigentümlich ist nur vielen Tieren die besondere,
in verwickelteren zweckmäßigen Handlungen bestehende Äuße=
rungsweise dieser Triebe. Doch verhalten sich in dieser Bezie=
hung die Tiere selbst außerordentlich verschieden. Es gibt zahl=
reiche sowohl niedere wie höhere Tiere, bei denen die von ange= 15
borenen Instinkten ausgehenden Handlungen ebensowenig wie
beim Menschen besonders augenfällige Eigenschaften zeigen.
Auch ist bemerkenswert, daß die Züchtung der Tiere meist die
ihnen im wilden Zustande zukommenden Instinktäußerungen
abschwächt, daß sie aber auf der andern Seite neue Instinkte, 20
die sich meist als Modifikationen jener wilden Instinkte betrach=
ten lassen, wie z. B. die gewisser Jagdhunde, besonders der
Hühnerhunde, Vorstehhunde u. dgl. hervorbringen kann. Die
relativ hohe Ausbildung bestimmter Instinktrichtungen bei den
Tieren im Vergleich mit dem Menschen hängt übrigens wohl mit 25
ihrer einseitigen Ausbildung überhaupt zusammen, vermöge de=
ren das psychische Leben der Tiere fast ganz in den dem vorwal=
tenden Instinkt zugehörigen Vorgängen aufzugehen pflegt.

Die Instinkte im allgemeinen lassen sich als Triebhandlungen
betrachten, die aus bestimmten sinnlichen Empfindungen und 30
Gefühlen entspringen. Die physiologischen Ausgangsorte der
für die Instinkte vornehmlich maßgebenden Empfindungen sind
hierbei die Nahrungs= und die Fortpflanzungsorgane. Demnach

laffen fich wohl alle tierifchen Inftinkte fchließlich auf die beiden
Klaffen der Nahrungs= und der Fortpflanzungsinftinkte zurück=
führen, wobei jedoch, namentlich zu den letzteren bei ihren ver=
wickelteren Äußerungen, ftets auriliäre Schutztriebe und foziale
Triebe hinzukommen, die nach ihrer Entftehung als befondere
Modifikationen der Fortpflanzungstriebe aufzufaffen find. Hier=
her gehört der Trieb vieler Tiere zum Häufer= und Neftbau, wie
der Biber, der Vögel, zahlreicher Infekten (z. B. Spinnen,
Wespen, Bienen, Ameifen), ferner die hauptfächlich in der Klaffe
der Vögel verbreitete Tierehe, die bald die monogamifche, bald
die polygamifche Form zeigt. Endlich find auch die fogenannten
„Tierftaaten" der Bienen, Ameifen, Termiten hierher zu rechnen.
Sie find in Wirklichkeit nicht Staaten, fondern Gefchlechtsverbin=
dungen, bei denen fich der die Individuen eines Stockes zufam=
menhaltende foziale Trieb, fowie der ihnen gemeinfame Schutz=
trieb, dem Fortpflanzungstrieb unterordnen.

Bei allen Inftinkten gehen die individuellen Triebhandlungen
von äußeren oder inneren Empfindungsreizen aus. Die Hand=
lungen felbft find aber den Trieb= oder einfachen Willenshand=
lungen zuzurechnen, weil beftimmte Vorftellungen und Gefühle
als einfache Motive ihnen vorausgehen und fie begleiten. Die
zufammengefetzte, auf angeborener Anlage beruhende Befchaffen=
heit der Handlungen läßt fich hierbei nur aus generell erworbe=
nen Eigenfchaften des Nervenfyftems erklären, infolge deren auf
gewiffe Reize fofort und ohne individuelle Einübung angeborene
Reflermechanismen ausgelöft werden. Die zweckmäßige Wirk=
famkeit diefer Mechanismen kann aber nur als ein Produkt gene=
reller pfychophyfifcher Entwicklung betrachtet werden. Hierfür
fpricht auch die Tatfache, daß die Inftinkte nicht bloß mannig=
fache individuelle Abänderungen, fondern eine gewiffe Vervoll=
kommnung durch individuelle Übung zulaffen. So lernt der Vo=
gel allmählich fein Neft zweckmäßiger bauen. Die Biene paßt
fich veränderten Bedürfniffen an. Statt neue Kolonien zu

gründen, erweitert ein Bienenstock den vorhandenen Bau, wenn man ihm den erforderlichen Raum gibt. Selbst abnorme Ge= wohnheiten kann sich ein einzelner Bienen= oder Ameisenschwarm zulegen, der erstere z. B. die Gewohnheit, benachbarte Stöcke auszurauben, statt selbst den Blütenhonig zu suchen, oder der letztere die merkwürdige Gewohnheit, die Individuen anderer Ameisenarten zu Sklaven zu machen, oder Blattläuse als nah= runggebende Haustiere zu züchten. Die nachweisbare Entste= hung, Befestigung und Vererbung solcher Gewohnheiten zeigt uns deutlich den Weg, auf dem überhaupt verwickelte Instinkte ent= standen sein können. Niemals kommt ein Instinkt isoliert vor, sondern bei verwandten Gattungen und Arten zeigen sich einfa= chere Formen des nämlichen Instinktes. So kann das Loch, welches die Mauerwespe in eine Wand bohrt, um ihre Eier zu legen, als das primitive Vorbild des Baues der Honigbiene gel= ten. Zwischen beiden steht der einfache, aus wenigen sechseki= gen Zellen mittels verklebter Pflanzenstoffe gebildete Bau der gemeinen Wespe als ein natürliches Mittelglied.

Hiernach lassen sich die verwickelten Instinkte als Entwick= lungserzeugnisse ursprünglich einfacher Triebe erklären, die sich im Lanfe zahllofer Generationen durch allmählich hinzutretende, sich befestigende und vererbende individuelle Gewohnheiten immer mehr differenziert haben. Hierbei ist jeder einzelne Gewohn= heitsvorgang als eine Stufe in dieser psychischen Entwicklung aufzufassen; der allmähliche Übergang desselben in eine ange= borene Anlage ist aber aus den psychophysischen Vorgängen der Übung abzuleiten, durch die allmählich zusammengesetzte Willens= handlungen in automatische Bewegungen übergehen, die nnmit= telbar auf den zugehörigen Eindruck folgen.

Sucht man nun auf Grund der psychologischen Vergleichung die allgemeine Frage nach dem genetischen Verhältnis des Men= schen zu den Tieren zu beantworten, so muß in Anbetracht der Gleichartigkeit der psychischen Elemente, sowie der einfachsten

und allgemeinsten Verbindungsformen derselben, die Möglichkeit
zugestanden werden, daß sich das menschliche Bewußtsein aus
einer niedrigeren tierischen Bewußtseinsform entwickelt hat.
Auch ist diese Annahme psychologisch schon deshalb wahrscheinlich,
5 weil einerseits die Tierreihe selbst wieder verschiedene psychische
Entwicklungsstufen darbietet, anderseits aber jeder individuelle
Mensch eine analoge Entwicklung durchläuft.   Führt somit die
psychische Entwicklungsgeschichte im allgemeinen zu einem die
physische Entwicklungstheorie bestätigenden Ergebnis, so darf
10 aber doch nicht übersehen werden, daß die psychischen Unterschieds=
merkmale zwischen Mensch und Tier, wie sie in den intellektuel=
len und Gemütsvorgängen ihren Ausdruck finden, ungleich tiefer
greifen als die physischen Merkmale.   Zugleich macht es die
große Stabilität in dem psychischen Zustand der Tiere, welcher
15 sogar durch die Einflüsse der Züchtung nur geringe Veränderun=
gen erfährt, äußerst unwahrscheinlich, daß jemals eine der jetzt
lebenden Tierformen erheblich die in psychischer Beziehung er=
reichten Grenzen überschreiten werde.

33.
Die Gestaltung der Erdoberfläche.
Hermann Credner.*

Die Geologie faßt die Erde als ein Individuum im Welten=
20 reiche auf und hat sich die Ergründung deren Entwickelungs=
geschichte zur Hauptaufgabe gesetzt. Das organische Einzel=
wesen, das Tier, die Pflanze, ist der Mensch gewöhnt, eine
Reihe von Veränderungen durchlaufen zu sehen, ehe sie den Zu=
stand ihrer größtmöglichen Vollkommenheit erreichen; das kos=
25 mische Individuum aber, den Erdball, ist er nur zu sehr geneigt,
als etwas Totes und seine Oberfläche als eine starre, unbeweg=

* Vorträge zum Besten der deutschen Invaliden. Leipzig, 1871.

liche Maske zu betrachten. Und doch ist die augenblickliche Er-
scheinungsweise unseres Planeten nichts als eine momentane
Gruppierung des ruhelos wandernden Stoffes, welche nur
scheinbar eine gewisse Stabilität bewahrt; nichts als ein Sta-
dium in dem Umgestaltungsprozesse der Erde, ebenso vergäng- 5
lich wie die bereits durchlaufenen.

Die Gliederung der Erdoberfläche in Land und Meer, in
Berg und Tal, in Gebirge und Ebene ist das Resultat mannig-
facher, strenggesetzlicher Einwirkungen, welche sich einerseits auf
eine empordrängende, hebende, andrerseits auf eine in der Rich- 10
tung nach der Tiefe tätige, der ersten entgegenarbeitende Kraft
zurückführen lassen. Die einzelnen Phasen des Kampfes zwischen diesen beiden geologischen Agenzien finden ihren Ausdruck
in der jeweiligen Gestaltung des Erdballes und, davon abhängig,
in dem Gesamtcharakter der organischen Welt auf seiner Ober- 15
fläche.

Geologische Forschungen und Analogieen mit dem größten
Gestirne unseres Planetensystems, der Sonne, führen uns zu
einem einst glutflüssigen Zustande der Erde zurück. Wie jeder
wärmere Körper in seine kältere Umgebung, so strahlte die Erde 20
Wärme in den Weltenraum aus, kühlte sich an ihrer Oberfläche
ab und bedeckte sich, wie Wasser mit Eis, mit einer Erstarrungs-
kruste, deren Dicke im Laufe der Zeiträume auf Kosten des glutflüssigen Inneren zunahm, ohne daß jedoch dieser Prozeß der
Abkühlung und des Festwerdens bereits bis zum Zentrum der 25
Erde vorgeschritten ist, vielmehr herrscht dort noch der ursprüngliche Zustand der Glutflüssigkeit. Jene Laven, zum Teil so
dünnflüssig, daß sie ihren Weg von dem Krater nach dem Fuße
der Vulkane in plätschernden Kaskaden zurücklegen, sind Send-
boten eines unter der Erdkruste verborgenen glutflüssigen Ker- 30
nes.

Das passive Verhalten dieses Erdinneren gegen seine starre
Hülle ist nur ein scheinbares, vielmehr sind seine Kraftäußerun-

gen zahlreich, mannigfach und zum Teil erschrecklich. In groß-
artigster Weise offenbaren sich diese in der fortwährenden Auf-
und Abbewegung, welcher größere Teile der Erdkruste in der
Weise unterworfen sind, daß sich die einen im Zustande un-
5 merklicher Hebung befinden, die anderen in langsamer Senkung
begriffen sind. In Folge der Allgemeinheit dieser sogenannten
säkularen Schwankungen, aus Mangel an einem an der Bewegung des Festlandes unbeteiligten Beobachtungspunkte gehen
die stetigen Oszillationen an dem Bewohner des Binnenlandes
10 unbemerkt vorüber und würden überhaupt kaum nachweisbar
sein, wenn nicht der Meeresspiegel ein unveränderliches Niveau
einnähme, an welchem sich die Hebungen und Senkungen der
Kontinente wahrnehmbar machen und messen lassen. Fels-
riffe, welche früher vom Wasser bedeckt waren, tauchen empor,
15 Küstenstriche wachsen an Breite in der Richtung nach dem
Meere zu, einstige Hafenplätze werden landeinwärts geschoben,
flache Meeresarme vollständig unfahrbar gemacht, Korallen- und
Austerbänke trocken gelegt. Andere Ufer und mit ihnen Hoch-
wälder und menschliche Bauten senken sich allmählich unter den
20 Spiegel des benachbarten Ozeans, bis sich die Wasser über ihnen
schließen.

Die Hebungen oder Senkungen äußern sich der Natur der
Sache nach durch Umgestaltungen der Meeresküste, ähnlich wie
dies bei Ebbe und Flut der Fall ist, am auffälligsten an flachen
25 Ufern und würden an steilen, felsigen Gestaden spurlos vorübergehen, wenn das Meer nicht selbst darauf bedacht wäre, unverkennbare Merkzeichen überall da zurückzulassen, wo es einst
gegen die Ufer gebrandet hat. Durch den Anprall der Wogen
hat es die Felswände unterwaschen und die Klippen glatt ge-
30 leckt, es hat Haufwerke von runden Kieseln aufgetürmt und
Muschel- und Korallenbruchstücke zusammengeschwemmt, kurz,
sich jene eigentümlichen Strandbildungen bereitet, welche den
Ozean wie ein Saum umgürten. Hebt sich der Kontinent, so

entzieht er die Strandlinien dem Bereiche des Meeres, rückt sie landeinwärts und versetzt sie in die Höhe von Hunderten von Füßen. Unterdessen wirft das Meer neue Strandbildungen auf, um dieselben eine nach der anderen einem gleichen Schicksale anheimfallen zu sehen. Als anscheinend horizontale Teraffen umsäumen sie dann die Abhänge der steilen Meeresküsten, — Gegenstände des Staunens für den Wanderer, welcher in tausend und mehr Fuß Höhe über dem Ozean auf weit ausgedehnte Haufwerke von noch unverwitterten Muschelschalen stößt, deren mariner Ursprung ihm nicht entgehen kann, und deren jetzige Lage oberhalb des Meeresspiegels, bei der fast vollkommenen Unveränderlichkeit dieses letzteren, einen sicheren Maßstab abgibt, um wie viel sich die Küste in jüngster Zeit gehoben hat.

In früheren geologischen Perioden, wo die Erdkruste ihre heutige Dicke und deshalb größere Widerstandskraft noch nicht erreicht hatte, waren die Hebungen und Senkungen, denen ihre einzelnen Teile unterworfen waren, weit großartiger und lösten sich gegenseitig in häufigerem Wechsel ab, als heutzutage. Die Oberfläche sämtlicher Kontinente bildete in längst dahingeschwundenen Zeiträumen einen Teil des Meeresgrundes und ist erst allmählich emporgestiegen, oft nur nach kurzem wieder zu versinken und später von neuem hervorzutreten. Wenig vor dem Auftreten des Menschen war der größte Teil der nördlichen Halbkugel von einem nordischen Ozeane überflutet, welcher durch Hebung und damit verbundenes Wachstum des flachen Festlandes nach und nach in seine jetzigen Grenzen zurückgedrängt wurde. In den weiten Sandflächen der norddeutschen Ebene, den auf diesen zerstreut liegenden, weither transportierten Felsblöcken und den wenn auch seltenen Resten seiner einstigen Bewohner hat jenes Meer unverkennbare Spuren seiner früheren Herrschaft zurückgelassen.

In den Gesteinsbildungen noch älterer geologischer Zeit-

räume mehren sich die Anzeigen einer früheren Wasserbede=
ckung. Ganze Gebirgszüge sind großenteils aus den Resten von
Meeresbewohnern zusammengesetzt, weite Plateaus und Hoch=
ebenen im Inneren der Kontinente bestehen aus uralten, jetzt
5 in Stein umgewandelten Korallenbauten und Muschelbänken.
Auch die Geröllanhäufungen an der einstigen Flutgrenze, heute
zu Konglomeraten verkittet, fehlen nicht inmitten des Festlan=
des. Gerade die höchsten Gebirge der Erde waren vor verhält=
nismäßig kurzer Zeit noch Meeresboden, und ihre von Gletschern
10 bedeckten Felsgipfel noch schlammiger, mit den Tieren des
Meeres gemengter Bodensatz. Erst durch lang andauernde
Hebungen ward der einstige ozeanische Grund zum Festlande
und zum Hochgebirge.

Es ist somit jene im Inneren unseres Planeten verborgene
15 vulkanische Kraft, welcher die Erde die Scheidung von Land und
Wasser und dadurch ihr höchst organisierter Bewohner die Mög=
lichkeit seiner Existenz verdankt; es ist der Vulkanismus, wel=
cher die Einförmigkeit der ursprünglich fast vollkommen ebenen
Kontinente unterbrach, einzelne Teile zu Gebirgen empor=
20 drängte und die stagnierenden Wasser zwang, sich Wege nach
dem Meere zu bahnen, kurz, Flußsysteme zu bilden, welche zu
Adern des Verkehrs, ja zu Bedingungen menschlicher Zivilisa=
tion werden sollten.

Nicht immer gehen diese Hebungen einzelner Teile der Erd=
25 kruste so ruhig und gleichmäßig und deshalb so unmerklich vor
sich; sehr häufig vielmehr sind sie mit ruckweisen Erschütterun=
gen, mit Erdstößen verknüpft. Nicht als ob dies ausnahms=
weise Paroxysmen der vulkanischen Einwirkungen auf die Erd=
kruste wären, sind es vielmehr Erscheinungen, welche sich
30 zweifelsohne fortwährend an irgend einem Punkte der Erde,
bald hier, bald dort, geltend machen, fast täglich beobachtet wer=
den und auch Deutschland nicht fremd sind. Glücklicherweise
nur selten aber steigen sie sich zu den furchtbarsten der irdischen
Schrecknisse, den Erdbeben.

In enger urfachlicher Beziehung zu den Erderfchütterungen
ftehen die Ausbrüche glutflüffiger Gefteinsmaffen aus der Tiefe,
die vulkanifchen Eruptionen. Auf den Spalten, welche die
Erdkrufte durchziehen und die Oberfläche unferes Planeten mit
deffen Innerem in Verbindung fetzen, fucht fich das Material 5
des flüffigen Kernes unter dem Drucke der fich abkühlenden
Hülle einen Ausweg. An befonders geeigneten Stellen fteigt
es zu Tage und breitet fich als Lava in Strömen und Decken
auf dem gewonnenen Untergrunde aus, oder ftaut fich zu glo-
ckenförmigen Bergkegeln über feinem Austrittspunkt an. Je- 10
doch in nur feltenen Fällen ift die Eruption eine fo ruhige und
ungehinderte, meift ift der Widerftand eines Elements zu überwinden, welches in ftetem und zum Teil erfolgreichem Kampfe
mit dem Vulkanismus liegt, des Waffers. Auf ihrem Wege
aus der Tiefe in die Höhe erreicht die Lava Regionen, welche 15
das Waffer bereits als Schauplatz feiner Tätigkeit in Anfpruch
genommen hat, wo es in taufend Adern und Hohlräumen zirku-
liert und alle Gefteinsporen erfüllt. Bei der Berührung mit
der glutflüffigen Gefteinsmaffe wird das Waffer plötzlich in
Dampf verwandelt, Explofion folgt auf Explofion, die Lava 20
wird in Atome zerftäubt, zifchend bringt der Dampf aus dem
Krater, und Wolken von vulkanifcher Afche werden Taufende
von Fuß hoch in die Luft gefchleudert. Unter dem Ringkampfe
erzittert die Gegend, rollender Donner bringt aus den unterir-
difchen Regionen empor. Endlich ift der Widerftand des Waf- 25
fers überwunden, in Dampfform ift es entwichen und das
benachbarte Erdreich vollftändig ausgetrocknet, — da öffnet fich
eine Spalte an der Seite des Vulkans, hellleuchtend bricht die
flüffige Lava hervor und ftürzt fich, zuweilen mit der Schnelligkeit eines Sturmwindes die Bergabhänge hinab in die Gefilde 30
und nach den Wohnftätten der Menfchen.

Der Einfluß des Vulkanismus auf die Geftaltung der Erdoberfläche und dadurch auf die Organifation der Erdbewohner

ist kaum zu überschätzen. Und doch ging man, begeistert für
das gewaltige geologische Agens, auch hierin zu weit. In der
geheimnisvollen Tätigkeit der unterirdischen Kräfte glaubte man
die alleinige Ursache der äußeren Gestalt der Erde erkannt zu
5 haben, schrieb die Mannigfaltigkeit in den Umrissen der Kontinente, der Inselreihen, welche diese letzteren umgürten, die
Gliederung der Gebirge in Täler und Höhen vulkanischen
Paroxysmen zu und malte sich Revolutionen aus, welche die
Erde in ihren Grundfesten erschüttert und umgestaltet hatten.
10 In der Vorliebe für das Wunderbare zitierte man überall das
Gespenst des Vulkanismus, indem man es verschmähte, an der
Hand nüchterner Beobachtungen eine den natürlichen Vorgängen entsprechendere Lösung der geologischen Rätsel zu finden.
Man glaubte, aus großartigen Wirkungen auf großartige Kraft-
15 äußerungen schließen zu müssen und war endlich überrascht, in
dem alles durchdringenden Wassertropfen das Element zu erblicken, dessen stille, aber nimmer stillstehende Tätigkeit die
Hauptursache der heutigen Oberflächengestaltung der Erde ist.
An der einen Stelle zerstörend und fortführend, an der an-
20 deren absetzend und neubildend, ist dem Wasser die Aufgabe
gestellt, dem Vulkanismus entgegenzuarbeiten, umzureißen,
was vulkanische Kraft aufgebaut, auszuebnen, was sie empor-
gedrängt hat. Das Endziel seiner Tätigkeit ist es, die ursprüngliche, regelmäßige, von Berg und Tal nicht unterbrochene
25 Gestalt der Erde wieder herzustellen.
Der ganze Kreislauf des Wassers ist, abgesehen von seinen
Pflichten gegen die organische Natur, ein geologisches Werkzeug, dessen einschneidende Wirkung auf seinem Streben beruht, von der Höhe nach der Tiefe zu gelangen. Als Regen-
30 tropfen auf den Schauplatz seiner Tätigkeit gefallen, beginnt es
sogleich, sich mit Überwindung aller Hindernisse einen Weg
nach den tiefsten Punkten der Erdoberfläche, dem Meere, zu
bahnen. Der Größe und Schwierigkeit der Aufgabe des Was-

fers entspricht die Vielfältigkeit der Mittel, welche ihm zur Er=
füllung derselben zu Gebote gestellt sind. Reicht seine mecha=
nische Kraft zur Zertrümmerung und zur Transportierung der
Gesteinsmassen, welche sich ihm in den Weg stellen, nicht aus,
dann kommt ihm seine Tätigkeit zu Hilfe, gewisse Bestandteile   5
der Gesteine chemisch aufzulösen und auszulaugen und dadurch
den Fels in seinem innersten Gefüge zu lockern; und sind beide
vereint zu schwach zur Bewältigung der Hindernisse, so gesellt
sich ihnen der Frost zu. Dann nimmt das Wasser seine feste
Form an und dehnt sich bei dieser Gestaltsveränderung mit so 10
unwiderstehlicher Gewalt aus, daß es, in Felsenspalten ein=
geschlossen, die Gesteine zertrümmert, ein Vorgang, welcher sich
im Hochgebirge allnächtlich, in flachen und wärmeren Gegenden
nur während jedes Frühjahrs und Herbstes wiederholt, bis die
Trümmer genügend klein sind, um vom Wasser fortgeschoben 15
zu werden. Auf diese Weise werden Felspartieen dem Gebirgs=
bach zur Beute, welche, hoch über dessen Bett erhaben, seiner
direkten Einwirkung entzogen sind, aber durch die zersprengende
Kraft des in ihren Spalten gefrierenden Wassers losgelöst wer=
den, in die Tiefe stürzen und hier dem Schicksale der Zerstörung 20
anheimfallen.

Zwei Kräfte sind es nach alledem, aus deren Wechselwirkung
die gedeihliche Mannigfaltigkeit, die planvolle Gliederung, die
gesamte Gestaltung der Erdoberfläche hervorgegangen ist: der
Vulkanismus, das empordrängende, und das Wasser, das aus= 25
gleichende Element. Die Wege ihrer Wirksamkeit sind viele,
doch gerade die unscheinbarsten und verborgensten sind es, welche
den bedeutendsten Einfluß ausgeübt haben. Das furchtbarste
Erdbeben, der gewaltigste Ausbruch eines Vulkans, ihr Einfluß
ist nur lokal und verschwindend; auf dem ruhigen Kreislaufe 30
des Wassers, den kaum merklichen Hebungen der Kontinente
beruht die allmähliche Entwicklung der Erde und ihrer Bewoh=
ner.

34.

Das moderne Bildungsstreben.

Adolf Harnack.*

Wesensbestimmungen der Bildung gibt es zahlreiche, und
ihre Mannigfaltigkeit beweist, wie verschiedene Seiten sie hat
und wie verschieden sie betrachtet werden kann. Faßt man den
Menschen seinen Anlagen nach, so wird Bildung die volle Aus=
5 gestaltung aller der Kräfte sein, die im Innern schlummern;
man wird durch die Bildung, was man ist, oder vielmehr was
man sein kann; die vollste Entfaltung der Individualität ist
hier das höchste Ziel der Bildung, und mit dieser vollen Entfal=
tung auch die Freiheit gegenüber der Außenwelt, eine gleichsam
10 wiedergewonnene Naivität. Sie ist das sicherste Zeichen der
geschlossenen befreiten Persönlichkeit.

> „Doch er stehet männlich an dem Steuer,
> Mit dem Schiffe spielen Wind und Wellen,
> Wind und Wellen nicht mit seinem Herzen.“

15 Faßt man den Menschen innerhalb der Natur, so wird die
Bildung eine doppelte Aufgabe haben: einerseits wird sie eine
Waffe sein gegen die Natur, eine Schutzwehr gegen ihre alles zu
verschlingen drohende Gewalt, — Naturbeherrschung, so weit
nur immer möglich, — ein Ablauschen und Abtrotzen der Ge=
20 heimnisse der Natur, um sie zu zwingen und dienstbar zu ma=
chen. Andererseits soll sie durch Verständnis mit der Natur
versöhnen, soll den Zusammenhang mit allem Lebendigen auf=
decken und den Zusammenschluß, wo er heilsam, befördern.
Auch hier ist Kraft und Freiheit das höchste Ziel, welches winkt.

25 Faßt man den Menschen aber innerhalb der Geschichte und
als Glied der Menschheit, so ist Bildung das Vermögen, alles
Menschliche mit Verständnis und Teilnahme aufzunehmen und

* Reden und Aufsätze. Gießen, 1904. Bd. 2. S. 85.

wieder zurückzuſtrahlen, die eigene Seele offen zu halten und die
anderen Seelen zu öffnen, Verſtand und Herz zu ſeinen Organen auszubilden, die dort ſehen und hören, wohin die Sinne
nicht mehr reichen, ſich an vielen Orten heimiſch zu machen und
ſich doch nirgends einzuſchließen, innerhalb des Wechſels der   5
Dinge das Leben dauerhaft und würdig zu geſtalten und inmitten des Einförmigen und Abſtumpfenden ihm Gehalt zu geben,
Selbſtbeherrſchung und Geduld zu gewinnen gegenüber dem
Allzumenſchlichen und Ehrfurcht zu behaupten vor dem Menſchlichen und Göttlichen.   10

Faßt man endlich die Bildung im engſten Sinne in Bezug
auf den beſonderen Beruf jedes Einzelnen, ſo iſt ſie die Summe
der Kenntniſſe und Fertigkeiten, die nötig ſind, um dieſen Beruf
wirklich auszufüllen und ſich frei in ihm zu bewegen. Auch hier
iſt Freiheit das letzte Ergebnis; gebildet iſt in ſeinem Beruf   15
und für denſelben, wer durch ihn nicht niedergedrückt wird, ſondern deſſen Kennen und Können zur zweiten Natur geworden
iſt. Niemals darf dieſe Bildung im engeren Sinn, die Fachbildung, unterſchätzt werden; denn der Weg zur allgemeinen
Bildung führt regelmäßig durch die ſpezielle und iſt anders   20
ſchwer oder überhaupt nicht zu finden.

Aber fragen wir uns nun, in welcher Richtung hauptſächlich
das moderne Bildungsſtreben ſich bewegt; denn obgleich alle
Bildung nur eine iſt, ſo treten doch zu allen Zeiten verſchiedene
Momente in ihr hervor und gewinnen die Oberhand. Sehe ich   25
recht, ſo laſſen ſich in unſerem modernen Bildungsſtreben folgende Hauptzüge erkennen. Erſtlich, es zeigt eine energiſche
Richtung auf die wirkliche Wiſſenſchaft; zweitens, es zeigt die
ernſteſte Abſicht, Unabhängigkeit und wirtſchaftliche Selbſtän-
digkeit zu erringen; drittens, es zeigt den Trieb, das Lebensge- 30
fühl zu ſteigern und größeren Anteil am Leben, extenſiv und
intenſiv, zu gewinnen.

Das moderne Bildungsſtreben zeigt eine energiſche Richtung

auf die wirkliche Wissenschaft; ich könnte dafür auch sagen, auf
die Erkenntnis des Wirklichen. Es ist für den Mann der Wis=
senschaft eine Freude, zu sehen, mit welchem inneren Drang und
Eifer wissenschaftliche Erkenntnis heutzutage aufgesucht wird.
5 Mit schönen Worten und unterhaltenden Erzählungen ist nicht
mehr gedient; man will die Welt des Wirklichen erkennen und
will die Fortschritte der Erkenntnis studieren. Darum tritt
heutzutage der einzelne populär=wissenschaftliche Vortrag immer
mehr zurück gegenüber der zusammenhängenden Unterweisung.
10 Wie das Wirkliche gefunden und erkannt wird, dafür ist der
Sinn aufgegangen oder wenigstens das Verlangen, den Tat=
sachen ins Gesicht zu sehen und sich vor Schein und Täuschung
zu hüten. Vor allem aber sind es die zwei leitenden Ideen
der modernen Wissenschaft, die sich weiter Kreise bemächtigt
15 haben und bereits Richtlinien für sie geworden sind: die Erhal=
tung und Umformung der Kräfte und der Entwicklungsgedanke.
Wir freuen uns, daß dem so ist, und diejenigen täuschen sich,
welche meinen, daß dieser Schritt je wieder zurückgenommen
werden könne. Die Einsicht, daß die einzelne Kraft ein integ=
20 rierender Bestandteil eines Kräftesystems ist und nur in ihm
seine Stätte hat, und daß die einzelne Erscheinung nur als
Glied einer Entwicklungsreihe eine Tatsache ist, diese Einsicht
wird, einmal gewonnen, nie wieder verschwinden; denn sie ist
die Bedingung, soviel von der Welt um uns zu erkennen und zu
25 durchschauen, als uns zu erkennen vergönnt ist. In diesem
Sinne ist das Urteil, daß der Zug der Zeit ein realistischer ist,
vollberechtigt; aber wir fällen es nicht im Sinne einer Klage,
sondern freudig. Wir freuen uns, in einer Zeit leben zu dür=
sen, in welcher — Stumpfsinn und Aberglaube gibt es freilich
30 genug — der Zug zum Wirklichen so mächtig ist. Ehrlichkeit
und Redlichkeit liegt darinnen, ehrliche Arbeit und redliches Be=
mühen, und ich stehe nicht an, diesem Zug eine hohe sittliche
Bedeutung beizumessen. Wer der Erkenntnis des Wirklichen

unbestochen nachgeht, der steht dadurch in sittlicher Tätigkeit, und wer Opfer an Kraft und Mitteln für sie bringt, bringt sie für eine sittliche Aufgabe.

Zweitens zeigt das moderne Bildungsstreben die ernsteste Absicht, durch Bildung Unabhängigkeit und wirtschaftliche Selb= ständigkeit zu gewinnen. Was treibt die Scharen bildungseifri= ger Arbeiter dazu, ihre kärglichen Freistunden der Fachbildung zu widmen und ihre Kenntnisse zu vermehren? Nicht nur der Wissenstrieb als solcher, sondern auch das lebhafte Verlangen, ihre Lage zu verbessern und durch Kenntnisse und Fertigkeiten eine gesichertere Stellung auf dem Arbeitsmarkte zu gewinnen. Was ist eine der mächtigsten Triebfedern in der großen Frauen= bewegung? Selbständig zu werden, auf eigenen Füßen zu stehen und durch einen festen Beruf eine gesicherte Stellung zu erhalten. Diese Tendenz ist in jeder Hinsicht beifallswert, ja auch sie ist als eine sittliche im strengen Sinne in Anspruch zu nehmen. Ohne Beruf und einen festen Kreis ist der Mensch, ob Mann oder Weib, ein unnützes Wesen; der Beruf ist der Halt und der Rückgrat des Lebens; nur in einem festen Pflich= tenkreise und in dem Gefühl, an seiner Stelle notwendig zu sein, bleibt der Mensch gesund. Ist nun die Ehe unzähligen Mädchen verschlossen und ist die hauswirtschaftliche Arbeit, ver= glichen mit früheren Zeiten, außerordentlich reduziert, so müssen andere Berufe von den Frauen gesucht, und sie müssen ihnen geöffnet werden. Ja, man wird noch einen Schritt weiter gehen und denen beipflichten müssen, die da sagen, kein Mädchen soll nur für die Ehe und ausschließlich als zukünftige Gefährtin des Mannes erzogen werden, sondern sie soll so gebildet werden, daß sie einem tüchtigen Beruf vorstehen kann. Ganz mit Recht wird diese Forderung erhoben, nicht nur weil eine zukünftige Ehe= schließung immer unsicher ist, nicht nur weil es gilt, die bemit= leidenswerte Lage unzähliger Witwen, die früher gleichsam wie eine unabänderliche Schickung betrachtet wurde, im voraus zu

beffern, fondern weil es dem Gang, den unfere Entwicklung ge=
wonnen hat, entfpricht, daß jedes gefunde Wefen für fich felbft
zu forgen vermag und es als Pflicht und Recht empfindet, auf
eigenen Füßen zu ftehen.   In anderen Zeiten find die Anfchau=
5 ungen darüber andere gewefen, eine neue Zeit ift heraufgeftie=
gen, und wir freuen uns, ihre Bürger zu fein.   Wir erwarten
auch von diefer Umgeftaltung, in deren Anfängen wir ftehen,
eine Verfittlichung des weiblichen Gefchlechts, wo folche nötig,
und eine Verfittlichung des Verhältniffes der beiden Gefchlechter —
10 zu einander.   Eigentümliche neue Gefahren tauchen freilich auch
hier auf; ohne Schatten ift nichts Menfchliches; aber daß
dunkle Nachtfeiten in der Lage und dem Zuftande des weiblichen
Gefchlechts fchwinden oder doch abnehmen können, wenn die
wirtfchaftliche Selbftändigkeit und Unabhängigkeit desfelben ge=
15 fteigert wird, kann fchwerlich zweifelhaft fein.

In diefer Betrachtung fühle ich mich eins mit einem der tüch=
tigften Vertreter der Frauenbewegung, mit Herrn Wychgram.
Er fchreibt in dem Vorwort zu feiner neuen Zeitfchrift, „Frauen=
bildung": „Die Förderung des weiblichen Unterrichtswefens
20 wird, wenn fie unter den richtigen Gefichtspunkten und mit den
rechten Mitteln vollzogen wird, fowohl der Frau als der Gefell=
fchaft felbft Segen bringen.   Denn das find die beiden be=
herrfchenden Rückfichten; indem wir die geiftige Bildung der
Frau heben, heben wir die Stellung der Frau felbft, und indem
25 wir diefes tun, glauben wir unferem Kulturleben neue, große
und fruchtbare Werte zuzuführen.   Wir fchaffen der Frau eine
höhere und edlere Selbftändigkeit.   Dies aber kann und muß
in doppeltem Sinn verftanden werden, im ethifchen und im wirt=
fchaftlichen.   In jenem, weil die höchftmögliche Ausbildung der
30 geiftigen Kräfte dem modernen Menfchen, was auch immer da=
gegen gefagt werden mag, die wirkfamfte Vorbedingung einer
ernften Erfaffung des Lebens und feiner Aufgaben bietet, und
weil folche Erfaffung bei jeder tiefer angelegten Natur wiederum

eine nicht versiegende Quelle des Glückes ist. In dem andern,
dem wirtschaftlichen Sinn aber bedeutet Selbständigkeit die Erhebung über jenen traurigen Zustand, da wir von der Arbeit der
anderen leben müssen und eigene, von anderen bewertete Arbeit
nicht leisten. Auch dies berührt sich mit den ernstesten Fragen, 5
und wenn für keinen Verständigen darüber Zweifel bestehen,
daß Arbeit, recht geboten, recht erfaßt und recht belohnt, Glück
ist, dann müssen wir die Frauen zu solcher Arbeit hinführen."

Drittens zeigt das moderne Bildungsstreben den Trieb, das
Lebensgefühl zu steigern und größeren Anteil am Leben, exten- 10
siv und intensiv, zu gewinnen. Damit ist eine Seite berührt,
die nicht leicht zu fassen ist. Ich meine nicht das Streben nach
mehr Genuß. Auch dieses enthält zwar etwas Gerechtfertigtes,
und es ist nicht sehr billig, es zu schmähen, während sich doch die
Schmähenden leicht Hunderte von Genüssen verschaffen, die der 15
Geschmähte entbehrt. Ich meine auch nicht die allermodernste
romantische Neigung, das Lebensgefühl durch exzentrische Phantasieen zu steigern und zu berauschen. Diese Neigung ist rechter
Bildung geradezu entgegengesetzt und feindlich. Das, was ich
meine, ist das Bestreben, sich aus jenem abstumpfenden Einerlei 20
des Lebens zu befreien, welches noch für Tausende das Leben
selbst ist, um den Kreis des Daseins reich und kräftig zu gestalten. In vielen ist heute dieses Streben eine Macht; sie empfinden, daß der Mensch nicht nur des Wechsels von Tag und
Nacht bedarf, um gesund zu bleiben, sondern auch eines Wechsels 25
am Tage, und daß er sich nur frisch erhalten kann, wenn er über
seinen nächsten Beruf hinaus Anteil nimmt am allgemeinen
Menschlichen. Soll dieser Anteil aber über rohe Genüsse hin-
ausführen, so ist ein gewisses, ja ein fortschreitendes Maß von
Bildung unerläßlich, dazu ein Zusammenschluß mit Gleichstre- 30
benden, denn der isolierte Mensch gelangt hier niemals zum
Ziele. Das wird auch von den Aufstrebenden empfunden;
denn nicht als etwas Äußerliches oder Zufälliges tritt das soziale

Element im Zusammenhang mit dem Bildungsstreben, das Leben reicher zu gestalten, auf. Vom sittlichen und vom christlichen Standpunkt aber kann gegen dieses Bemühen nichts eingewendet werden; denn der Zweck des Lebens ist, um des ewigen Inhalts willen, welchen jedes Leben haben soll, das Leben selbst.

Ich habe versucht, das moderne Bildungsstreben nach seinen wichtigsten Seiten zu charakterisieren. Der sittliche und soziale Wert desselben ist dabei überall hervorgetreten, ohne daß ich ihn aufdringlich vorgerückt oder Einzelwirkungen genannt hätte. In der Tat liegt auch nicht in den Einzelwirkungen der Hauptwert, obgleich deren nicht wenige sind. Ich verweise z. B. darauf, wie durch die erhöhte Bildung die Wohnungsfrage, dieses so wichtige Problem des sozialen Lebens, im günstigen Sinne beeinflußt wird. Kann man doch geradezu die Wohnung als einen Gradmesser der Bildung in Anspruch nehmen, und überall beobachtet man, daß gesteigerte Bildung sich eine bessere Wohnung erzwingt; die wirtschaftlichen Verhältnisse müssen hier dem idealen Anstoße folgen, und folgen ihm nachweisbar. Ferner verweise ich auf die Tatsache, daß durch die erhöhte Bildung ein Ausgleich der Stände stattfindet und daß die einzelnen Schichten und Gruppen der Nation sich näher treten und innere Fühlung mit einander gewinnen. In diesem Sinne sind namentlich auch die Hochschulkurse von großer Bedeutung; ja schon in diesen und ähnlichen Unternehmungen an sich liegt ein starkes soziales Element, ein Element der Anerkennung und des Zusammenschlusses. Endlich möchte ich darauf aufmerksam machen, daß der gebildete Mensch in der Regel der besonnene sein wird; extreme und exzentrische Standpunkte werden verlassen werden, und ein Sinn für das Bedingte der Verhältnisse wird erwachen. Damit wird der soziale Friede näher gerückt. Aber, wie gesagt, die Einzelwirkungen dürfen hier nur als Teile der Gesamtwirkung ins Auge gefaßt werden. Diese besteht darin, daß die erhöhte

Bildung das Individuum zur Persönlichkeit gestaltet und daß
sie dasselbe eben dadurch auch sozial wertvoller macht. Das
Ziel einer in friedlicher Arbeit und in gegenseitiger Anerkennung
und Fürsorge geschlossenen Nation und das Ziel „eines allgemein
sittlichen Weltbundes,“ in dem „die Menschen sich mit allen 5
Kräften, mit Herz und Geist, Verstand und Liebe vereinigen,“
liegt, wie alle Ideale, hoch über uns. Aber es ist gewiß, daß
wir uns von ihm nicht entfernen, sondern auf dem rechten Wege
sind, wenn wir das Bildungsstreben überall fördern und neben
der Sorge für die wirtschaftliche Hebung die ideale Seite, die 10
doch in Wirklichkeit etwas höchst Reales ist, niemals aus den
Augen lassen.

35.

Der Naturalismus : eine abfällige Kritik.

Adolf Stern.*

Der poetischen Litteratur stellt sich in neuester Zeit eine mit
vielem kritischen Lärm und scheinwissenschaftlichen Staubauf=
wirbeln gepaarte Reformbewegung gegenüber, welche unter dem 15
Banner des „Naturalismus“ eine neue Kunst, einen völligen
und entscheidenden Bruch mit der Vergangenheit ankündigt.
Wie manche anspruchsvolle und schließlich fruchtlose Bewegung
zuvor, ist auch diese nicht aus den Tiefen des deutschen Volks=
geistes, nicht aus dem unmittelbaren Bedürfnis des Lebens 20
selbst hervorgegangen, sondern im Anschluß und geistigen Aus=
tausch mit litterarischen Erscheinungen des Auslandes geboren.
Die Kette französischer Lebensdarsteller, die von Flaubert bis zu
Emil Zola reicht, russische und nordische Schriftsteller sehr ver=
schiedenen Wertes, riefen die deutsche Nachahmung wach und 25
dienten einer von regem Ehrgeiz und leidenschaftlicher Sehn=
sucht nach dem Neuen bewegten Jugend zu litterarischen Vorbil=

* Die deutsche Nationallitteratur. Leipzig, 1890. S. 157.

bern. Da ein guter Teil der deutschen Dichtung unter den
Anregungen des Auslands gediehen ist und manche Nachahmung
die Vorbilder hinter sich gelassen hat, so würde die ursprüngliche
Anknüpfung an französische und nordische Muster nichts gegen
5 die jüngste naturalistische Schule beweisen, wenn ihr wahrhaft
große Naturen mit großer Entwicklungsfähigkeit zu eigen wären.
In der bloßen Tatsache einer neuen Schule, einer gewaltsamen
Erhebung gegen die vorher geltenden Empfindungen und ästhetischen Anschauungen liegt an sich nicht die geringste Gewähr
10 mächtiger und gehaltreicher Schöpfungen.   Die Sturm= und
Drangperiode hatte Folgen, weil ihr eine Reihe der größten
Talente angehörten und weil sie, trotz aller Irrtümer und Aus=
schreitungen, in der Hauptsache dem tiefsten Grunde einer
großen und notwendigen gesellschaftlichen Umbildung entquoll.
15 Umgekehrt waren die zweite schlesische Schule in unserer deutschen, der Gongorismus in der spanischen, die gotische Schule in
der englischen Litteratur auch neu, ohne mehr hervorzubringen,
als Schwulst und Fratzen.   Auf die Schöpfungen, nicht auf die
Manifeste kommt es in aller lebendigen Kunst an.   Was in den
20 litterarischen Losungen und Schlachtrufen des Naturalismus
wahr und vollberechtigt ist, kann den Vorzug der Neuheit nicht
in Anspruch nehmen.   Naturalisten in dem Sinne, daß die
Natur der ewig fließende Born ist, aus dem alle echte Dichtung
entschlossen schöpfte und immer wieder schöpfen muß, sind alle
25 wahrhaften Dichter, große wie kleine, allezeit gewesen; Natu=
ralisten in dem Sinne, daß nur im Brutalen, Häßlichen, Widri=
gen und Krankhaften die Wahrheit des Lebens wiederzuspiegeln
sei, können echte Dichter, große wie kleine, höchstens vorüber=
gehend und unter dem Eindruck besonders ungünstiger Lebens=
30 und Entwicklungsmomente sein.

Das schöpferische Talent, der poetische Sinn, die gestaltende
Phantasie, die nach Maßgabe ihrer Kraft sich ein Stück der
Welt und im höchsten Falle die Welt selbst aneignet, der alle

Beobachtung, alle Erfahrung und aller Erwerb von Kenntnissen
lediglich dienen müssen, war immer und wird bleiben die erste
Bedingung aller dichterischen Tätigkeit, und jede Poesie ohne
diese Voraussetzung steht in einem völligen Widerspruch mit den
Tatsachen. Trachtet man den Glauben zu verbreiten, als hätten 5
die großen Dichter vergangener Zeiten, Shakespeare und Goethe
eingeschlossen, ohne Ahnung von der Tiefe der Natur und ohne
Kenntnis ewiger Gesetze des Lebens und der menschlichen Ent=
wicklung, rein willkürlich phantasiert, so weiß jeder einfach ge=
nießende Kenner der Litteratur, daß kein echter Dichter, so groß 10
auch seine Phantasie und Gestaltungskraft sei, die Erfahrung
und die Kenntnis der äußern Welt verschmäht; daß er für die
lebendige Darstellung einer poetischen Idee und Handlung keine
Anstrengung und kein Studium gescheut hat; weiß, daß der
echte Dichter vor Nachtseiten der Natur, der menschlichen und 15
gesellschaftlichen Entwicklung, wo ihm deren Darstellung zum
Mittel höheren Zweckes wird, nicht zurückschreckt; daß aber die
Aufgabe der poetischen Litteratur nur mit frevler Willkür dahin
begrenzt werden kann, die Krankheitsprozesse innerhalb der
menschlichen Natur und Kultur darzustellen. In Wahrheit 20
drückt man mit einer Aufgabe wie der bezeichneten die Dichtung
tief unter die Wissenschaft. Denn die pathologische Anatomie
als Wissenschaft stützt sich durchaus auf die Kenntnis des nor=
malen gesunden Körpers. Der neueren poetischen Litteratur
aber wird kaltblütig zugemutet, von der Gesundheit, der Schön= 25
heit, der ungebrochenen Kraft des Lebens, von der Zuversicht
des Glaubens und den siegenden idealen Kräften in der mensch=
lichen Natur, von der Gesundheit überhaupt, nichts mehr zu
wissen.

Für die Hereinziehung naturwissenschaftlicher, physiologischer 30
und psychologischer Kenntnisse in die poetische Darstellung gilt
ganz die gleiche Schranke wie für die Verwertung historischer, ar=
chäologischer und ethnographischer Kenntnisse in der poetischen

Litteratur. Niemand kann dem Dichter im voraus vorschreiben,
wie viel oder wie wenig er davon in seinem Gebilde verwenden
dürfe. In dem Maße aber, wie diese Kenntnisse eine selbständige
Rolle spielen und statt in Fleisch und Blut wirklicher Lebensdar=
5 stellung übergegangen zu sein, zum theatralischen Aufputz dienen,
erscheinen sie als das Überflüssigste und Störendste von der Welt;
und der einfachste Hörer oder Leser entschlägt sich des Gedankens
nicht, daß es um die eigentliche Anschauungs= und Gestaltungs=
kraft schwach und dürftig bestellt sei und dies durch wissenschaft=
10 lichen Prunk verdeckt werden solle. Die Vertauschung poetisch
unbelebter historischer Elemente (an denen die deutsche Dichtung
so oft gekrankt hat) mit poetisch unbelebten naturwissenschaft=
lichen ist weder ein Fortschritt noch ein Gewinn. Überall wo
das poetische Lebensgefühl, die Ganzheit der dichterischen An=
15 schauung und Darstellung in vermeintlich wichtigeren Einzel=
heiten untergeht, wo der Dichter —und wäre es auch nur der
Romanschriftsteller — die Ergebnisse seiner Studien oder Erfah=
rungen unverarbeitet in seine Darstellung hineinwirft, überall
wo die dramatische oder erzählende Form zum Behikel von
20 Wahrheiten oder Irrtümern dient, die in rein wissenschaftlicher
Form viel eindringlicher oder überzeugender vorgetragen werden
können, sind die Grenzen der Dichtung überschritten.

Die Forderung an den Dichter, sich die Resultate der neueren
Naturforschung wahllos zu eigen zu machen und die schaffende Lit=
25 teratur in eine Beispielsammlung für die naturwissenschaftliche
Erkenntnis zu verwandeln, scheitert an der Natur der Dichtung
selbst. Selbst wenn jede Erkenntnis oder Behauptung der neu=
eren Wissenschaft über jeden Zweifel erhaben wäre, wenn dem
forschenden und wissenden Geiste mit Sicherheit die ganze Kette
30 menschlicher Empfindungen, Entschlüsse und Taten lediglich als
eine Kette von Nervenreizen und entsprechenden Tätigkeiten
gelten müßte, selbst dann würden die Vorgänge jedes Lebens für
den Dichter und Künstler in ihrer Erscheinung freie Willensakte

bleiben. Die Überzeugung von der Nichtigkeit des einzelnen
Menschen wie des Einzelschicksals im großen Zusammenhange
der Dinge mag einem Welteroberer, einem Philosophen und
einem Naturforscher gut zu Gesicht stehen; für die Dichtung ist
sie schlechthin unbrauchbar, zerstört deren innersten Kern, der der 5
liebevolle Anteil an jeder einzelnen Erscheinung, jedem Schicksal war, ist und sein wird.

So stark und so unbesiegbar ist die Macht der Erscheinung
über den darstellenden Dichter und den Künstler überhaupt, daß
er sich selbst für seine Schilderung der Außenwelt jener veralteten 10
und unwissenschaftlichen Bilder bedienen muß, welche Homer,
Sophokles, Shakespeare, Cervantes und Goethe eben auch an-
wendeten. Die moderne Wissenschaft weiß uns sehr viel von
der Sonne zu sagen, und für sie schirrt allerdings Helios die
Rosse nicht mehr an. Aber die Sonne steigt für Millionen 15
Augen noch immer im Osten empor und sinkt im Westen ins
Meer, und ihre Wirkungen auf Tun und Lassen, Lust und Un-
lust des einzelnen Menschen sind die gleichen wie in Homers
Zeiten, auch wenn der moderne Dichter noch so gut über Son-
nenferne, Sonnendurchmesser, Sonnenflecke und Protuberanzen 20
unterrichtet wäre. Der Mond wird durch die sämtlichen Forschungen Schröters und Mädlers, ja selbst durch das leidenschaftliche Interesse eines modernen Dichters für Mondgebirge
und Mondkrater in seinen Erscheinungen nicht verändert, sein
Licht füllt noch immer Busch und Tal, und die Stille einer 25
schönen Mondnacht wird fortfahren, hier und dort eine Seele
ganz zu füllen. Für den echten Dichter gibt es bei der Wieder-
gabe von Naturbildern und den aus ihnen quellenden Stimmun-
gen kaum Unterschiede zwischen alt und neu, die Linden rauschen über Turgenjews düster sinnenden modernen Menschen 30
noch ebenso wie über Meister Gottfrieds Tristan und Isolde.

36.

Der Naturalismus : zur Verteidigung.

Ludwig Anzengruber.*

Das war doch eine lustige Zeit, die der Romantiker, da leistete die Phantasie das Überschwenglichste, da ließ man die Götter donnern, die Geister hauchen, die Helden urkräftig, die Heiligen salbungsvoll, die Könige königlich reden und die Kobolde kichern;
5 da konnte sich noch der unerfahrenste Poet gebärden, als habe er mit eben diesen Göttern und Geistern, Helden und Heiligen, Königen und Kobolden persönlichen Umgang; heutzutage muß dieser als kompromittierend aufgegeben werden, die Götter sind uns stumm, die Wunder der Heiligen fragwürdig, die Spuke der
10 Kobolde und Geister verdächtig geworden, und die Leistungen der Könige und Helden gemahnen doch gar zu sehr an Mord und Totschlag.

Wir wollen der Phantasie nimmer die Zügel schießen lassen, ohne zu wissen, wo sie hinaus will, und behagt uns das Ziel
15 nicht, so rufen wir dem Poet ein „Glück auf den Weg“ zu, und er mag allein fahren. Wenn es früher galt, den oder jenen Menschen als Helden oder König reden zu lassen, so gilt es jetzt, daß der König und jener Held als Mensch rede, und wo heutzutage ein Versuch vorliegt, sie reden zu lassen, unternimmt er
20 auch eine Vermenschlichung; ob sie zum Guten oder Üblen ausschlägt, hängt vom Geschick des Autors ab.

Wohl ließen wir ebenso gerne wie unsere Vorfahren das Gewaltige, das Große, das Erhabene auf uns wirken, ließen uns ebenso gerne von übermächtigen Empfindungen erschüttern und
25 erheben, aber die Mittel zum Zwecke müßten anders geartet sein, und um solche Mittel scheinen wir vorläufig noch verlegen.

*Dorfgänge II. Vorrede. Gesammelte Werke. Stuttgart, 1897. Bb. 4. S. 2.

Kurz, es sind dermalen Zeiten, wo der Poet alle Ursache hat,
sich dankbar des Rates zu erinnern, den seinerzeit Goethe gab:
„Greift nur hinein ins volle Menschenleben," mit der Versiche-
rung, daß, wo man's packe, es auch interessant sei. Freilich hat
mancher eine unglückliche Hand, und wo er anpackt, zappelt sich　　5
sofort alles Interessante zu Tode, aber im allgemeinen wird mit
Geschick frisch zugegriffen. In der Behandlung des Aufgegrif-
fenen hat jeder seine eigene Weise, aber es lassen sich leicht zwei
Arten unterscheiden, nach welchen er sich die Sache vorher zurecht-
legt.　　10

Manchen jammert es, daß er all seine Gestaltungskraft, all
seine himmelstürmenden Gedanken, all seine glühenden Empfindungen an das Kleine und Kleinliche aufwenden soll, das sich da
auf schmutziger Scholle herumtreibt. Von dem Stoffe selbst
erwartet er wenig Wirkung, er empfindet ihn als etwas Wider-　　15
strebendes, spricht nur von einer Bewältigung desselben, und
das Beste dünkt ihm immer das, was er aus eigenem dazu zu
geben hat. Glaubt er also einen Fund getan zu haben, so löst
er erst sorgfältig alles von den Beziehungen los, fegt die Platte
seines Schreibtisches mit der Hasenpfote rein und stellt das　　20
Ganze säuberlich darauf; zerfällt es dabei auch etwas in seinen
natürlichen Proportionen, so schadet das nicht, er lackiert es
hübsch honigfarben, und die Verklärung des Lebens ist fertig,
und mit dieser ist ja die Mehrzahl der Leser vollkommen einverstanden. Soll denn nicht die Kunst der geheiligte Tempel, der　　25
friedliche Laubengang, die fröhliche Schenke — und ich weiß
nicht, was noch — sein, wo man sich hinflüchten und dem Leben
aus dem Wege gehen kann? Man verlangt nach sanften
Schmerzen und milden Tränen. Soll uns denn auch noch in
den Büchern das wilde Weh und der stöhnende Aufschrei begeg-　　30
nen, vor welchem wir sonst, wo es nur angeht, Aug' und Ohr
verschließen?

Nein. Es ist die Mehrzahl der Leser, welche diese Begegnung

fürchtet, und der Autor erfüllt somit nur die Gebote der Klugheit
und der Menschenfreundlichkeit, wenn er ihnen dieselbe erspart.
Ja, für die Verklärung des Lebens spricht alles, und dagegen
nur eines — die Wahrheit.

5   Es war ein Wunder der Plastik, das mir einmal vor Augen
kam. Eine tropische Gegend. Links in einem Gebüsche ein
Beduine, das Gewehr im Anschlag, rechts auf einem Dromedar
ein anderer Beduine, gleichfalls schußfertig, und auf der Erde
zwischen beiden unter den Pranken zweier Tiger ein blutender
10 Sklave. Ich habe aber niemand in atemloser Spannung, in
teilnehmender Aufregung davor stehen sehen, denn es war eine
Gruppe in dem Schaufenster eines Zuckerbäckerladens. Aber
sie war allerliebst, so sagten die Leute.

Es ist sehr begreiflich, daß sich gegen einen Autor der eben
15 geschilderten Art einer, der in entgegengesetzter Weise verfährt,
ungemein nüchtern ausnehmen muß. Ein solcher glaubt der
Wirkung seines Stoffes im voraus sicher zu sein, wenn er alle
seine Gestaltungskraft an das Kleine und Kleinliche aufwendet,
und er will es dabei eingedenk bleiben, daß selbst die schmutzige
20 Scholle ein Stück der Allnährerin Erde sei. Von allem, was
ihm wohl oder wehe das Herz bewegt, von allem, was in seinem
Gehirne stürmt oder gärt, trägt er nichts in den Stoff hinein;
er will alles aus ihm herausarbeiten, denn alle herz- und hirn=
bewegenden Gedanken betrachtet er auch nicht als in ihn selbst
25 hineingelegt, sondern durch Welt und Zeit, Sonne und Wetter
aus ihm herausgereift, und er hält es für gewiß, daß er ihnen
in tausend Herzen und Gehirnen wieder begegnet, und daß bei
einer jeden solchen Begegnung es in lohenden Funken aufsprüht,
licht, klar, überzeugend.

30 Er glaubt, daß von Menschenbrust zu Menschenbrust ein elek=
trischer Draht läuft, an dessen Ende, unbekümmert darum, ob er
unter Kloaken und Gefängniszellen hinzieht, die Botschaft des
Geistes sich in Lettern fertig stellt.

Er erspart uns keinen Schrei wehen Jammers, er erspart uns
kein Jauchzen wilder Luft. Er stößt das Elend, das um Mit=
leid bettelt, nicht von der Ecke, er jagt den Trunkenen, der alle
belästigt, nicht von der Straße, alles, was er bei solchen unange=
nehmen Begegnungen für euch tut, ist, sie abzukürzen, nachdem 5
ihr aber doch den Eindruck einmal weg habt. Tugend und La=
ster, Kraft und Schwäche führen bei ihm ihre Sache in ihrer
eigenen Weise. Er will das Leben in die Bücher bringen, nach=
dem man es lange genug nach Büchern lebte.

Er führt niemand abseits des Lebens, jeden führt er inmitten 10
der breiten Straße desselben, vorbei an wildromantischen Gegen=
den, an friedlichen Dörfern, an reichen Städten und armen An=
sieblungen, an traurigen Einöden und an lachenden Gefilden;
er erspart euch keinen Stein des Anstoßes, keine Rauheiten des
Weges, keine Krümmung; nicht um zu ermüden, sondern um 15
euch die Erkenntnis aufzuzwingen, daß, ob nun mit leichter
Mühe oder schwerer Arbeit, allen Wallern der Pfad gangbarer
gemacht werden könnte. Darum beugt er nicht aus, darum
zeichnet er getreulich jede Wahrnehmung auf, die er an jenen
macht, welche der Straße entlang forthasten. Er zeichnet alles 20
auf, was er zu hören bekommt, von den ruchlosen Flüchen der
Ungeduldigen bis zu den stillen Seufzern der Ergebenen; alles,
was sich seinem Auge einprägt, von der schweißtriefenden Stirne
des rastlos Ausschreitenden bis zu dem fahlen Antlitz dessen, der
ziellos forttaumelt, um sterbensmüde an einem Grabenrande 25
zusammenzubrechen.

Aber indem er auf solche Weise in die unbefangensten Gemü=
ter den Keim der Unzufriedenheit mit aller himmlischen und
irdischen Straßenpolizei streut, erscheint er auch revolutionär,
und das ist ein Grund mehr, vor ihm zurückzuschrecken. 30

Ihn selbst vermag das nicht zu rühren, und er setzt unbeirrt
in alter Weise seinen Weg fort. Wenn er besonders gut gelaunt
ist, so überrascht er vielleicht zeitweilig die Welt mit einer farb=

losen Konzession, mit einer jener lachenden Lügen, welche seine
Freunde fürchten läßt, er habe sich urplötzlich verschlechtert, und
die Lesescheuen hoffen macht, er habe sich ebenso rasch in ihrem
Sinne gebessert.

5   Die lachende Lüge kennt er, aber auch nur diese, denn er be=
trachtet sich als Priester eines Kultus, der nur eine Göttin hat,
die Wahrheit, und nur eine Mythe, die vom goldenen Zeitalter,
doch nicht in die Vergangenheit gerückt, ein Gegenstand vergeb=
lichen Träumens und Sehnens, nein, aller Zukunft vorleuch=
10 tend, ein einziges Ziel aller freudigen Ahnung und alles werk=
tätigen Strebens.

Dort aber, wo der Weg sich unter Grabhügeln verliert, wo
der Trost eines Paradieses, das erst werden soll, vor den Qualen
des Todes zusammenbricht, dort steht er allein mit dem demütig
15 stolzen Selbstbewußtsein, mit dem die Wahrheit all ihre Diener
begnadet. Er bringt die Sterbenden aus dem Gelärme des
Tages und bettet sie in heilige Stille, er flüstert vertraut mit
ihnen über alte Erinnerungen, damit sie dem Sonnenlichte nicht
fluchen, zu dem sie einst erwachten, und er deutet ihnen leise all
20 diese Schauer und Krämpfe als die letzten Anrechte allen und
jeden Schmerzes an sie, damit sie die Nacht nicht fürchten, in
welche sie jetzt eingehen sollen, langsam, allmählich, wie die Pulse
verrollen, der Atem stockt, das Herz stille steht.

Es mag sein, daß ein Autor, der in der zweitgeschilderten
25 Weise seine Stoffe wählt und verwertet, einen Irrtum begeht,
daß er das, was er Poesie nennt, fälschlich so nennt, aber ich
denke, ihr habt keine Ursache, dem Manne gram zu sein. Laßt
mir den Realistiker gelten. Laßt mich gelten.

Ich glaube, mich und alle, welche der gleichen Richtung ange=
30 hören, genügend verwahrt zu haben gegen jene unterscheidungs=
lose Kritik, welche einem Ganzen nie gerecht wird, um gegen die
Einzelheiten — ungerecht zu sein; welche jede Rauheit als Roh=
heit, jedes gewagte Wort als verletzend, jede unbequeme Wahrheit

als Übertreibung ausschreit und es als die Aufgabe des Künstlers bezeichnet, in schmeichelndster Manier dem Leben die tröstlichsten Seiten abzugewinnen.

Alle Wetter, nein! Es ist auf dem weiten Gebiete der Kunst gar niemals die Frage danach gewesen, ob einer die Welt durch 5 rosenfarbne Gläser oder durch Schneebrillen betrachtet; daß er richtig sieht, war allzeit ethische Bedingung.

Und jetzt könnte noch rasch einer angestiegen kommen mit dem Bedenken, ob es denn überhaupt rätlich sei, alles, was man sieht und hört und denkt, niederzuschreiben. Ich will den Mann, der 10 offenbar keine Ahnung davon hat, daß doch einiger Unterschied zwischen einem künstlerischen Gewissen und einem gewöhnlichen Privatgewissen sei, schnell noch unter der Türe abfertigen.

„Fürchten Sie etwa für sich, moralisch Schaden zu leiden?"

„Für mich nicht, aber . . ." 15

„Sie wären auch der erste. Es ist mir noch nie ein einziger vorgekommen, der für seine eigene Moralität besorgt gewesen wäre, jeder war es immer nur für die aller anderen. Ich dächte, Sie beruhigten sich angesichts dieser der menschlichen Gesellschaft zur Ehre gereichenden Gegenseitigkeit, nach welcher keiner die 20 andern für verkappte Lumpen halten kann, ohne selbst einem jeden dafür zu gelten."

Ich schließe die Tür und grüße den Leser.

37.

Shakespeare und seine Vorgänger.
Friedrich Hebbel.[*]

Es ist nicht bloß die Pietät, die den Menschen bei allem Uranfänglichen mit Rührung verweilen läßt, nicht das wundervolle 25 subjektive Gefühl, das sich wohl gar an der Unvollkommenheit

[*] Sämtliche Werke. Hamburg, 1891. Bd. 11. S. 35.

und Gebrechlichkeit selbst entzündet, sondern es ist die innere
Bedeutung und der hohe Wert der Objekte. Das gilt von der
Sphäre der Kunst fast noch mehr wie von jeder anderen. Als
Thespis seinen Karren aufschlug, da regte sich der dramatische
Geist im griechischen Volke und vielleicht in der Menschheit zum
erstenmal; denn über die Sakuntala, das hohe Lied Salomonis
u.s.w. werden abweichende Ansichten erlaubt sein. Er regte sich
zwar nur noch so dumpf und lange nicht so geschickt, wie der
architektonische Instinkt in Bibern, Ameisen und Bienen, er
rang noch nicht ums Kunstwerk, sondern um die Kunstgesetze;
aber er erkämpfte mit jedem Schritt eine der Grundbedingungen,
von denen die spätere Ausübung des Kunstvermögens, selbst durch
das größte Individuum, so sicher abhing, wie das Denken auch des
tiefsinnigsten Philosophen von dem Vorhandensein der Sprache
und der Ausbildung ihrer Formen. Jedoch, wohl verstanden,
auch nur so und durchaus nicht anders; und wer sich einen Uni-
versaldichter, wie z. B. Shakespeare, mit der Schöpferkraft für
alles, nur nicht für den Blankvers, vorstellen kann, der klebt an
leeren Äußerlichkeiten und hat von der Natur des Prozesses auch
nicht die leiseste Ahnung. Man sieht also, wenn man auf die
Uranfänge zurückblickt, nicht ein einzelnes Kunstwerk, man sieht
die Kunst selbst entstehen; und dieses Schauspiel, an dem alle
Völker der Erde, früher oder später aus dem Stumpfsinne er-
wachend, nach Art und Eigentümlichkeit mehr oder weniger lebendig, sich beteiligen, ist unendlich viel großartiger, als wenn
wir Sophokles und Shakespeare zugleich um den Kranz ringen
sehen könnten. Darum funkelt jeder Radnagel am Thespiskar-
ren bis auf den gegenwärtigen Tag, darum kriechen wir den unscheinbarsten Spuren der Mysterien und Moralitäten im Staube
der Bibliotheken nach, darum sind dem Engländer seine Interludes von Heywood, dem Deutschen seine Fastnachtspiele von
Hans Rosenblüt und Hans Sachs so heilig.

Auch noch die späteren eigentlichen Vorgänger des Genius

partizipieren an dieser Pietät, aber freilich nur in dem Grade, als sie der großen naiven Periode noch näher oder ferner stehen; denn diese beschränkt sich, wie bei der Sprache und ganz nach Analogie derselben, auf die Erzeugung der Formen, die aber natürlich nicht nackt, sondern nur in den ersten schwachen An= sätzen zu Halb= und Scheinorganismen hervortreten können, wie denn ja auch die Sprache selbst auf keiner ihrer Stufen ohne Inhalt ist; hiebei ist der Volksgeist unzersplittert und, ohne daß das Mein und Dein sich unterscheiden ließe, wie ein aus Mil= lionen Köpfen zusammengeflossenes, ungeheures Gehirn tätig.

So verhalten sich die Vorgänger zum Genius überhaupt und also auch zum Shakespeare; man kann sie sich, wenn man ein Bild aus der Chemie gestatten will, wie eine Reihe von Retor= ten vorstellen, in denen die Natur kocht und mischt, bis sie ihr Ziel erreicht hat. Aber was resultiert daraus für die Zeitge= nossen? Hat ein Bienen=, Ameisen= und Biberbau auch noch Wert, wenn schon der gotische Dom in seiner ganzen Herrlichkeit dasteht? Darf wohl gar ein Storchnest als zweiter Turm dar= auf gesetzt werden? Die Lächerlichkeit springt von selbst in die Augen; es leuchtet ein, daß das Verhältnis sich geradezu um= kehrt. Allerdings erhielt Shakespeare sein großes dramatisches Erbteil, die Formen, zum Teil von denjenigen seiner Zeitge= nossen überliefert, die ihm um wenige Jahre voraus waren, wie von Marlowe und Greene; auch bediente er sich im Anfang sehr stark ihrer Theatersprache. Aber in der Hauptsache empfing er doch nur von ihnen, was sie selbst von den Vorgängern empfan= gen hatten, und je weiter er sich entwickelte, um so mehr machte er sich von allem, was ihnen individuell eigentümlich ist, wieder frei. Wenn er auch noch später etwas von ihnen entlehnt oder zu entlehnen scheint, so wird er ihnen gerade so viel Dank schul= dig, wie Christus dem Brunnen, aus dem er Wasser holte, um es in Wein zu verwandeln; er nimmt ihnen einfach den Thon aus der Hand, mit dem sie nichts anzufangen wissen, und der

Thon gehört so lange der Welt, als ihm der Genius seinen Stempel nicht aufgedrückt hat.   Man meint freilich, der Jude Barabas im „Juden von Malta" erinnere an den Juden Shy=lock, und der Marlowe'sche Vers:

5   Doch halt! Was für ein Stern scheint dort im Osten?
           Wenn Abigail, der Leitstern meines Lebens!

müsse jedem die berühmte Stelle aus „Romeo und Julia":

           Doch still, was für ein Licht scheint dort durchs Fenster?
           Es ist der Ost, und Julia ist die Sonne!

10 ins Gedächtnis rufen.   Auch hat man im Sinne des Lessing'= schen Patriarchen recht, denn „Jud' ist Jud'," aber gewiß in keinem anderen, und was die inkriminierten Verse anlangt, so könnten „Ach" und „Oh", die ja wohl auch bei beiden vorkommen, eben so gut für Marlowe'sches Privateigentum erklärt werden. 15 Wer solche Posten mit ansetzt, der kann die Rechnung allerdings in die Höhe treiben, wer aber das Wesentliche vom Unwesent= lichen zu unterscheiden versteht, dem beweisen sie bloß, daß Shakespeare, wie alle wahrhaft tiefen Geister, in Komma und Punkt und in Dingen, die kaum über die Umgangsphrasen hin= 20 ausgehen, nicht originell sein wollte.

Doch ich lasse mich weiter ein, als ich nötig habe.   Es ist ja gerade das Privilegium des Genius, daß er nichts umsonst be= rührt, daß er von allem lernt.   Man soll nur gehörig Buch führen und den Anregungen, die er empfängt, die Produkte, die 25 er dafür liefert, gegenüberstellen; dann wird man ein unend= lich Kleines auf der einen Seite, ein unendlich Großes auf der anderen erblicken, und sich nicht mehr, mit einem geistreichen älteren Schriftsteller unserer Litteratur, bei der Lektüre des Horaz nach seinem Umgang mit Augustus und Mäcenas sehnen, 30 um die schuldige Reverenz zwischen dem Dichter und seinen er= lauchten Zechgenossen zu teilen; denn man wird erkennen, daß es sich hier nicht um die methodische Einkleidung eines geborg=

ten Gehalts in Reim und Rhythmus handelt, sondern um denselben Prozeß, der das rohe Element in Pflanzen, Blumen und
Tiere umschafft. Was z. B. Shakespeare und seine sogenannten
Quellen anlangt, so wird doch ohne Zweifel jedem ästhetisch Gebildeten, wenn er an das Verhältnis denkt, die Mühle einfallen,   5
von welcher der Sohn des Lügners in dem Goldoni'schen Lustspiel erzählt; Hörner, Huse und Klauen werden hineingeworfen,
und Hirsche, Rehe und Pferde springen davon.

　　Das Genie spricht das allgemeine Gesetz aus, denn es repräsentiert die Gattung; das Talent nur ein besonderes, denn es   10
repräsentiert bloß ein Individuum. Dem Genie kann man
nun freilich das Genie nicht abgucken, so wenig wie der Schönheit die Schönheit, aber wahrlich auch nicht dem Talent das
Talent; denn von der Inspiration leben sie alle beide, und es
handelt sich nur darum, ob ihnen im erhöhten Zustande das   15
Ganze der Welt phosphoresziert, oder nur ein Teil. Doch die
ganze Wissenschaft der Kunst ist aus den Schöpfungen des
Genies abstrahiert, und was sich aus denen des Talents ableiten
läßt, verhält sich dagegen, wie zur allgemeinen Gesundheitsregel
die diätetische Vorschrift im einzelnen Fall, oder, um ein nahe   20
liegendes und entscheidendes Beispiel zu wählen, wie zu der
Ästhetik von Solger die von Jean Paul, die man mit vollkom-
menem Recht eine Sammlung von Rezepten zur Abfassung
Jean Paul'scher Romane genannt hat. Darum erklärte Lessing
den Shakespeare, nicht den Marlowe oder den Webster, für die   25
camera obscura des Dramatikers, und er wird es bleiben, vor-
ausgesetzt, daß man auf Kunstwerke und nicht auf Kunststücke
ausgeht.

38.

Die Programmmufik.

Richard Wagner.*

Bieten fich dem bloßen Inftrumentalkomponiften keine ande=
ren mufikalifchen Formen als folche, in welchen er mehr oder
weniger zur Ergötzung, oder auch zur Ermutigung, bei feftlichen
Tänzen und Märfchen urfprünglich aufzufpielen hatte, und ge=
5 ftaltete fich hieraus der Grundcharakter des aus folchen Tänzen
und Märfchen zuerft zufammengeftellten fymphonifchen Kunft=
werkes, welches das dramatifche Pathos nur mit Fragen ohne
die Möglichkeit von Antworten verwirren mußte, fo nährten doch
gerade lebhaft begabte Inftrumentalkomponiften den unabweis=
10 baren Trieb, die Grenzen des mufikalifchen Ausdruckes und
feiner Geftaltungen dadurch zu erweitern, daß fie überfchriftlich
bezeichnete dramatifche Vorgänge durch bloße Verwendung mu=
fikalifcher Ausdrucksmittel der Einbildungskraft vorzuführen
fuchten.   Die Gründe, aus denen auf diefem Wege zu einem
15 reinen Kunftftile nie zu gelangen war, find im Verlaufe der
mannigfaltigen Verfuche auf demfelben wohl eingefehen wor=
den; noch nicht aber dünkt uns das an fich Vortreffliche, was
hier von ausgezeichnet begabten Meiftern gefchaffen wurde, ge=
nügend beobachtet zu fein.   Die Ausfchweifungen, zu denen der
20 genialifche Dämon eines Berlioz hintrieb, wurden durch den
ungleich kunftfinnigeren Genius Lizts in edler Weife zu dem
Ausdrucke unfäglicher Seelen= und Weltvorgänge gebändigt, und
es konnte den Jüngern ihrer Kunft erfcheinen, als ob ihnen eine
neue Kompofitionsgattung zu unmittelbarer Verfügung geftellt
25 wäre.   Jedenfalls war es erftaunlich, die bloße Inftrumental=
mufik unter der Anleitung eines dramatifchen Vorgangsbildes
unbegrenzte Fähigkeiten fich aneignen zu fehen.

* Gefammelte Schriften und Dichtungen. Leipzig, 1883. Bd. 10, S.
235.

Bisher hatte nur die Ouvertüre zu einer Oper oder einem
Theaterstücke Veranlassung zur Verwendung rein musikalischer
Ausdrucksmittel in einer vom Symphoniesatze sich abzweigenden
Form dargeboten. Noch Beethoven verfuhr hierbei sehr vor=
sichtig. Während er sich bestimmt fand, einen wirklichen Thea=   5
tereffekt in der Mitte seiner Leonoren=Ouvertüre zu verwenden,
wiederholte er mit dem gebräuchlichen Wechsel der Tonarten den
ersten Teil des Tonstückes, ganz wie in einem Symphoniesatze,
unbekümmert darum, daß der dramatisch anregende Verlauf des
der thematischen Ausarbeitung bestimmten Mittelsatzes uns be=   10
reits zur Erwartung des Abschlusses geführt hat, — für den
empfänglichen Zuhörer ein offenbarer Nachteil. Weit konziser
und im dramatischen Sinne richtiger verfuhr dagegen bereits
Weber in seiner Freischütz=Ouvertüre, in welcher der sogenannte
Mittelsatz durch die drastische Steigerung des thematischen Kon=   15
fliktes mit gedrängter Kürze sofort zur Konklusion führt.

Finden wir nun auch in den nach poetischen Programmen aus=
geführten, größeren Werken der obengenannten neueren Ton=
dichter die aus natürlichen Gründen unvertilgbaren Spuren der
eigentlichen Symphoniesatzkonstruktion, so ist doch hier bereits in   20
der Erfindung der Themen, ihrem Ausdrucke, sowie der Gegen=
überstellung und Umbildung derselben ein leidenschaftlicher und
exzentrischer Charakter gegeben, wie ihn die reine symphonische
Instrumentalmusik gänzlich fern von sich zu halten berufen
schien; wogegen der Programmatiker sich einzig getrieben fühlte,   25
gerade in dieser exzentrischen Charakteristik sich sehr präzis ver=
nehmen zu lassen, da ihm immer eine dichterische Gestalt oder
Gestaltung vorschwebte, die er nicht deutlich genug gleichsam vor
das Auge stellen zu können glaubte. Führte diese Nötigung
endlich bis zu vollständigen Melodrammusiken mit hinzuzuden=   30
kender pantomimischer Aktion, somit folgerichtig auch zu instru=
mentalen Rezitativen, so konnte, während das Entsetzen über
alles auflösende Formlosigkeit die kritische Welt erfüllte, wohl

nichts anderes mehr übrig bleiben, als die neue Form des muſi=
kaliſchen Dramas ſelbſt aus ſolchen Geburtswehen zu Tage zu
fördern.

Dieſe iſt nun mit der älteren Opernform ebenſowenig mehr
zu vergleichen, als die zu ihr überleitende neuere Inſtrumental=
muſik mit der unſeren Tonſetzern unmöglich gewordenen klaſſi=
ſchen Symphonie. Verſparen wir uns für jetzt noch die nähere
Beleuchtung jenes ſogenannten Muſikdramas, und werfen wir
für das erſte noch einen Blick auf die von dem bezeichneten
Gebärungsprozeſſe unberührt gebliebene klaſſiſche Inſtrumen=
talkompoſition unſerer neueſten Zeit, ſo finden wir, daß dieſes
„klaſſiſch Geblieben" ein eitles Vorgeben iſt und an der Seite
unſerer großen klaſſiſchen Meiſter uns ein ſehr unerquickliches
Miſchgewächs von Gernwollen und Nichtkönnen aufgepflanzt
hat.

Die programmatiſche Inſtrumentalmuſik, welche mit ſchüch=
ternem Blicke und ſcheelem Auge angeſehen wurde, brachte ſo
viel Neues in der Harmoniſation, ſo viele theatraliſchen land=
ſchaftlichen, ja maleriſchen Effekte, und führte dies alles vermöge
einer ungemein virtuoſen Inſtrumentationskunſt mit ſo ergrei=
fender Prägnanz aus, daß, um in dem früheren klaſſiſchen
Symphonieſtil fortzufahren, es leider an dem rechten Beethoven
fehlte, der ſich etwa ſchon zu helfen gewußt hätte. Wir ſchwie=
gen. Als wir endlich wieder den Mund ſymphoniſch uns aufzu=
machen getrauten, um zu zeigen, was wir denn doch auch noch zu
ſtande zu bringen vermöchten, verfielen wir, ſobald wir merkten,
daß wir gar zu langweilig und ſchwülſtig wurden, auf gar nichts
anderes, als uns mit ausgefallenen Federn der programmatiſchen
Sturmvögel auszuputzen. Es ging und geht in unſeren Sym=
phonieen und dergleichen jetzt weltſchmerzlich und kataſtrophös
her ; wir ſind düſter und grimmig, dann wieder mutig und kühn ;
wir ſehnen uns nach der Verwirklichung von Jugendträumen ;
dämoniſche Hinderniſſe beläſtigen uns ; wir brüten, raſen wohl

auch; da wird endlich dem Weltschmerz der Zahn ausgerissen;
nun lachen wir und zeigen humoristisch die gewonnene Weltzahn=
lücke, tüchtig, derb, bieder, ungarisch oder schottisch, — leider für
andere langweilig. Ernstlich betrachtet: wir können nicht glau=
ben, daß der Instrumentalmusik durch die Schöpfungen ihrer   5
neuesten Meister eine gedeihliche Zukunft gewonnen worden ist;
vor allem aber dürfte es für uns schädlich werden, wenn wir
diese Werke gedankenlos der Hinterlassenschaft Beethovens an=
reihen, da wir im Gegenteile dazu angeleitet werden sollten,
das gänzlich Unbeethovensche in ihnen uns zu vergegenwärtigen,   10
was allerdings im Betreff der Unähnlichkeit mit dem Beetho=
ven'schen Geiste trotz der auch hier uns begegnenden Beethoven'=
schen Themen nicht allzuschwer fallen dürfte.

Die hier gemeinten Symphonieenkompositionen unserer neue=
sten — sagen wir: romantisch=klassischen — Schule unterscheiden   15
sich von den Wildlingen der sogenannten Programmmusik, außer
dadurch, daß sie uns selbst programmbedürftig erscheinen, beson=
ders auch durch die gewisse zähe Melodik, welche ihnen aus der
von ihren Schöpfern bisher still gepflegten sogenannten Kam=
mermusik zugeführt wird. In die Kammer hatte man sich näm=   20
lich zurückgezogen; leider aber nicht in das traute Stübchen, in
welchem Beethoven atemlos lauschenden wenigen Freunden alles
das Unsägliche mitteilte, was er hier nur verstanden wissen
durfte, nicht aber dort in der weiten Saalhalle, wo er in großen
plastischen Zügen zum Volke, zur ganzen Menschheit sprechen zu   25
müssen glaubte. In dieser weihevollen Kammer war es bald
still geworden, denn die sogenannten letzten Quartette und So=
naten des Meisters mußte man so hören, wie man sie spielte,
nämlich schlecht und am besten gar nicht, bis denn hierfür von
gewissen verpönten Exzedenten Rat geschafft wurde und man   30
erfuhr, was jene Kammermusik eigentlich sage. Jene aber hat=
ten ihre Kammer bereits in den Konzertsaal verlegt. Was vor=
her zu Quintetten und dergleichen hergerichtet gewesen war,

wurde nun als Symphonie serviert, — kleinliches Melodieen=
häckſel, mit Heu gemiſchtem vorgetrunkenem Thee zu vergleichen,
von dem niemand weiß, was er ſchlürft, aber unter der Firma
„echt" endlich für den vermeintlichen Genuß von Weltſchmerz
5 zubereitet.   Im ganzen war aber die neuere Richtung auf das
Exzentriſche, nur durch programmatiſche Unterlegung zu Erklä=
rende vorherrſchend geblieben.   Feinſinnig hatte Mendelsſohn
ſich hierbei durch Natureindrücke zur Ausführung gewiſſer epiſch=
landſchaftlicher Bilder beſtimmen laſſen.   Er war viel gereiſt
10 und brachte manches mit, dem andere nicht ſo leicht beikamen.
Neuerdings werden dagegen die Genrebilder unſerer lokalen
Gemäldeausſtellungen glattweg in Muſik geſetzt, um mit Hilfe
ſolcher Unterlagen abſonderliche Inſtrumentaleffekte, die jetzt ſo
leicht herzuſtellen ſind, und jederzeit überraſchende Harmoniſa=
15 tionen, durch welche entwendete Melodieen unkenntlich gemacht
werden ſollen, der Welt als plaſtiſche Muſik vorſpielen zu laſſen.

39.

Religion und Geſchichte.
Rudolf Euken.*

Wenn ſeit Begründung einer Religion weſentliche Verſchie=
bungen in der Geſtaltung des Geiſteslebens beim Menſchen
vorgegangen ſind, ſo muß es der Religion höchſt nachteilig wer=
20 den, die ältere Art als unabänderlich feſtzuhalten und damit das
Ewige, deſſen wir bedürfen, an eine Art des Zeitlichen zu
binden, die wir ablehnen müſſen.   Denn über ſie treibt uns
nicht die bloße Meinung und Neigung des Menſchen, nicht ein
bloßer Unglaube und Eigendünkel, ſondern eine Notwendigkeit
25 der Geiſteslebens hinaus, der wir uns nicht entziehen dürfen.

* Hauptprobleme der Religionsphiloſophie der Gegenwart.   Berlin,
1907. S. 65.

Jene Bindung ergibt leicht eine Verengung des Lebens, eine
Bedrückung der Überzeugung, ein Fremdwerden dessen, was uns
das Nächste sein soll.   Die Hauptgefahr aber ist die Spannung
und Spaltung, die dabei zwischen Religion und geistiger Arbeit
entsteht, mehr und mehr droht alsdann die Religion hinter der   5
geistigen Arbeit zurückzubleiben und schließlich ganz aus ihr her=
auszufallen, leicht erscheint sie damit als ein Erzeugnis einer
niederen Stufe des Lebens, über welche die weltgeschichtliche
Bewegung hinausgegangen ist, als ein Werk des bloßen Men=
schen, das sich auf dem Boden des Geisteslebens nicht zu be=   10
haupten vermag.   Ob nun seit der Festlegung der positiven
Religionen, im besonderen auch der des Christentums, solche Ver=
schiebungen eingreifender Art erfolgt sind, das ist eine Frage der
Tatsächlichkeit, über welche nur die Erfahrung entscheiden kann;
sie entscheidet aber mit voller Deutlichkeit in bejahendem Sinne.   15
Die Entwickelung der modernen Kultur hat gegen den Anfangs=
stand des Christentums nicht nur im einzelnen vieles verschoben,
sondern die Gesamtart von Leben und Arbeit verändert.

Die Wandlung betrifft zunächst die Gedankenwelt.   Die
letzten Jahrhunderte haben das Bild der Natur, der Geschichte,   20
des Menschen selbst mit seinem Seelen= und Geistesleben bis
zum Grunde verwandelt; was immer aber die Mannigfaltigkeit
der Arbeit an Neuem brachte, das verbindet sich zu einer gewal=
tigen Erweiterung unseres Denkens und Lebens, zu einer ener=
gischen Erhebung aller Begriffe ins Große und Kosmische.   25
Und zwar nicht bloß der bloßen Ausdehnung nach.   Denn wenn
die neu entdeckte Endlosigkeit der sichtbaren Welt und das Zu=
sammenschrumpfen des menschlichen Bereiches die Gedanken
zunächst beschäftigt, eingreifender noch ist die innere Verwand=
lung, indem eine schärfere Ausprägung und deutlichere Abhebung   30
der geistigen Arbeit die unmittelbare Lebensform des Menschen
als zu klein für ihre Aufgaben befindet und der bloßen Zu=
ständlichkeit des Subjekts ein Wirken und Schaffen aus der Not=

wendigkeit geistiger Komplexe, aus der Selbstentfaltung ganzer
Lebensgebiete entgegenstellt.   Das greift in den innersten Kern
des Lebens.   Denn suchten ihn frühere Zeiten im Verhältnis
von Persönlichkeit, und zwar einer menschenartig gedachten Per=
5 sönlichkeit, zu Persönlichkeit, und galt die daraus entwickelte
Innerlichkeit des Gefühls als die Seele der Wirklichkeit, so
erheben die neuen Bewegungen und Wandlungen den härtesten
Widerspruch gegen eine solche zentrale Stellung der Persönlich=
keit und eines persönlichen Lebens ; sie bestehen auf einer Er=
10 weiterung des Lebens und finden sie in der Idee eines von
sachlicher Notwendigkeit getriebenen unpersönlichen Prozesses,
sei es natürlicher, sei es geistiger Art, dem alle menschliche Ar=
beit zu dienen hat.

Aber nicht nur unsere Gedankenwelt hat seit den Anfängen des
15 Christentums eingreifende Umwandlungen erfahren, auch der
Lebensaffekt, der unser Streben beseelt und unser Verhältnis
zur Umgebung beherrscht, ist ein anderer geworden.   Es war
eine müde und am eigenen Vermögen verzweifelnde Menschheit,
es war eine dekadente Zeit, in der das ältere Christentum zu
20 wirken und seine eigene Gestaltung zu suchen hatte ; die Sehn=
sucht ging damals auf einen festen Halt, nicht auf eine freie Be=
wegung, auf Ruhe und Frieden, nicht auf Vordringen und
Kampf, auf Sicherheit und Entlastung, nicht auf Selbständigkeit
und eigene Verantwortung.   Das Entgegenkommen gegen ein
25 solches Verlangen mußte die Religion selbst eigentümlich gestalten
und ihr bei allem Widerstande gegen die Zeit eine Zeitfärbung
geben.   Organisation und Autorität auf der einen, Unterord=
nung und Devotion auf der anderen Seite, ein Verlangen nach
sinnfälliger Verkörperung der unsichtbaren Wahrheit, eine Freude
30 am Wunderbaren, Unbegreiflichen, Magischen, in aller Emsig=
keit der Werke ein überwiegend passiver Charakter des religiösen
Lebens.   Wir wissen, wie sich das in der Neuzeit verändert hat,
wie ein frischer Lebensmut, ein freudiges Verlangen nach Wirken

und Schaffen, nach Vordringen und Umwandeln, nach Selb=
ständigkeit und Selbstverantwortung über die Menschheit gekom=
men ist; wie solche Bewegung das ganze Leben ergreift, so wird
sie auch die Religion nicht unberührt lassen können.

Ein Konflikt mit der älteren Form ist hier unvermeidlich; 5
bindet die Religion an sie ihr ganzes Wesen, so muß sie selbst
die Erschütterung teilen; mit der Anerkennung einer Wahrheit
in jener Bewegung und der Verpflanzung dieser Wahrheit auf
den eigenen Boden der Religion aber entsteht die Forderung
einer aktiveren Gestaltung und zugleich die Notwendigkeit einer 10
sehr eingreifenden Umbildung. Schon die Reformation hat
diese Aufgabe aufgenommen, aber sie hat sie nicht zu Ende ge=
führt; denn so gewiß sie im tiefsten Quellpunkt des Lebens den
neuen Lebensaffekt ergriff, in der Entfaltung ihrer Gedanken=
welt ist sie vielfach am Alten haften geblieben. So erhebt 15
sich jetzt, beim Wiedererwachen des religiösen Problems, die For=
derung von neuem, durch alle Konfessionen geht das Ver=
langen nach mehr Tätigkeit und mehr Kraftentfaltung in der
Religion. Aber seine Erfüllung ist nicht so einfach, wie sie
manchem erscheint. Es genügt dafür nicht, das Subjekt mehr 20
in Bewegung zu setzen, eine größere Wärme der Gesinnung in
ihm zu erwecken, sondern eine echte Aktivität ist ohne eine Um=
bildung des Gesamtstandes nicht zu erreichen; wir stehen hier
vor großen weltgeschichtlichen Aufgaben, deren abschließende
Lösung sich unseren Blicken entzieht, an denen aber auch nur zu 25
arbeiten die Religion in ein besseres Verhältnis zum weltge=
schichtlichen Stande des geistigen Lebens bringt.

Daß das Christentum solche weltgeschichtlichen Bewegungen
in sich aufnehmen kann, ohne darüber eine aller Bewegung
überlegene Wahrheit einzubüßen, das wird späterhin darzutun 30
sein. An dieser Stelle hat uns nur zu beschäftigen, daß solches
Aufnehmen eine Betrachtung und Behandlung der Geschichte
neuer Art verlangt. Erhält die Geschichte einen übergeschicht=

lichen Hintergrund, und gilt an ihr nicht sowohl wertvoll, was
der unmittelbare Gesamteindruck aufweist, als was an geistigem
Gehalt darin wirkt, so können wir nicht ohne weiteres willfährig
hinnehmen, was an uns gebracht wird, sondern müssen wir mit
5 eigenem Urteil richten und scheiden, zwischen dem Hier und dem
Dort eine innere Gemeinschaft erst herstellen, durch eigene Arbeit den Boden gewinnen, auf dem sich Vergangenheit und
Gegenwart in fruchtbarer Weise zu berühren vermögen.

Die unerläßliche Voraussetzung alles dessen aber ist eine un-
10 mittelbare Gegenwart der ewigen Wahrheit durch den gesamten
Verlauf der Geschichte, die Möglichkeit, sich jederzeit aus dem
Strom des Werdens in sie zu versetzen. Das ergibt einen ent-
schiedenen Bruch mit der älteren Art, die ganze Fülle des Ewigen einem einzigen Punkte zuzuerkennen und allen weiteren
15 Verlauf auf ein Festhalten und Nachbilden dieses Punktes zu
beschränken. Eine Schmälerung der Aktivität ist dann nicht
wohl zu vermeiden; was wir nicht selbst mit bilden und bauen,
was für sein Bestehen und Wirken unserer Entscheidung gar
nicht bedarf, das kann nie die ganze Kraft unseres Wesens ge-
20 winnen. So fehlte es auch im Christentum, solange es in
hartem Kampfe gegen eine feindliche Welt stand, nicht an der
Idee, daß ein gemeinsames Werk alle Kräfte verbinde, und daß
jeder an seiner Stelle mit eigener Tat den Strom des Lebens
weiterzuführen habe. Nach Origenes, dem leitenden Denker
25 der morgenländischen Kirche, begann in Jesus die volle Vereinigung der göttlichen und der menschlichen Natur, und es
ward durch solche Gemeinschaft die menschliche Natur göttlich
nicht bloß in Jesus, sondern in allen, die das von ihm eröffnete
Leben annehmen. Der wahre Nachfolger soll nicht bloß an
30 Christus glauben, sondern selbst ein Christus werden und durch
sein Leben und Leiden dem Heil der Brüder dienen. Nach dem
Siege des Christentums ist dieser Gedankengang im kirchlichen
Leben zurückgetreten; es gilt, ihn unter veränderten Verhält-

niffen und in neuer Geftalt wieder aufzunehmen und in der
Entfaltung der Religion ein fortlaufendes, uns allen gemein=
fames Werk anzuerkennen, wenn die Religion den Charakter der
Aktivität erlangen foll, auf dem wir nunmehr beftehen müffen.

Was immer folche Wandlungen an Mehr der Aktivität er= 5
warten laffen, das ift zugleich ein Gewinn an Univerfalität des
Lebens, an Weite und Freiheit der Gedankenbewegung. Wie
könnten wir über alle Befonderheit der Zeiten hinaus eine all=
umfaffende Wahrheit erftreben und in fie unfer Leben zu ftellen
fuchen, ohne etwas aller Befonderheit Überlegenes anzuerkennen 10
und ihre Mannigfaltigkeit als eine bloße Entfaltung diefes
Überlegenen zu verftehen? Das Kennzeichen des Ewigen be=
fteht dann nicht darin, daß es eine befondere Geftalt allem
Wandel der Zeit gegenüber unverändert fefthält und durchfetzt,
fondern darin, daß es in alle Mannigfaltigkeiten der Zeiten einzu= 15
gehen vermag und fich dabei nicht in fie verliert, fondern an
ihnen allen feine überlegene Macht erweift, in ihnen allen dahin
wirkt, die Zeit von der bloßen Zeit zu befreien.

Der Gewinn an Univerfalität und an Aktivität wird auch zu
einer größeren Einfachheit und Unmittelbarkeit des religiöfen 20
Lebens wirken, als wir fie meift um uns finden. Das ift für
ein kräftiges Wirken und ein fiegreiches Durchdringen der Reli=
gion von größter Bedeutung, daß ihre Wahrheit einem jeden zu
vollem Erlebnis zu werden vermag, daß ihre Aneignung ihm den
innerften Kern feines eigenen Wefens entfaltet. Nach ihrer 25
Grundüberzeugung kann fich die letzte Tiefe des Weltgefchehens
dem Innern der Seele erfchließen und zum eigenen Befitz des
Menfchen werden; ohne diefe Überzeugung könnte fie nicht im
Zentrum des Lebens ftehen. Das Wefenhafte und Notwendige
muß zugleich ein unmittelbar zu Erlebendes fein. Dabei darf 30
dies Wefenhafte, um feine volle Wirkung zu tun, nicht mit
Nebenfächlichen vermengt und daran gebunden fein, es muß fich
fcharf von allem übrigen abheben und feine Forderung mit voller
Klarheit erheben.

So gilt es einen Kampf für mehr Einfachheit und Unmittel=
barkeit der Religion, für eine schärfere Scheidung von Haupt=
sache und Nebensachen, für eine Herausarbeitung einer das
Eigene zusammenfassenden, das Fremde ausschließenden charak=
teristischen Einheit des Lebens. Ein solches Streben läßt sich
nur von einem der bloßen Zeit und Menschlichkeit überlegenen
Geistesleben aufnehmen, das Zeit und Ewigkeit in das rechte
Verhältnis zu bringen vermag.

40.

Der Ursprung der neueren Naturwissenschaft.

Emil Du Bois=Reymond.*

Weil in dem von Petrarca und Boccaccio wiederbelebten
Studium der Alten die Menschheit sich wiederfand, nennt man die
auf das scholastisch=asketischen Zeitalter folgende Entwickelungs=
phase die des Humanismus. In den staubigen Kodices eröff=
nete sich dem wie aus wirren Träumen erwachten Geist des
christlichen Abendlandes der Blick in die freie, heitere Heiden=
welt, und seinen Augen kaum trauend, lernte er erkennen, in
einen wie kläglich beengten Vorstellungskreis er unbegreiflicher=
weise ein Jahrtausend lang sich hatte bannen lassen. Nun er=
goß sich ein Strom verjüngter Gedanken durch Schulen, Schlös=
ser, Städte, ja Klöster und spülte mit steigender Gewalt den
stockenden Wust mittelalterlicher Wahnvorstellungen aus. Mit
den Ideen der Alten entstiegen dem Grab ihre Kunstwerke:
dem neuerweckten antiken Geist entsprach die neugeborene schön
Form, und überraschend schnell erschloß sich die Kunst zu jene
nicht wieder gelungenen Blüte, die zur hellenischen Kunstblüte
sich verhält, wie zu einer vollkommen schönen, aber geruchlosen,

* Reden. Leipzig, 1886. Bd. 1. S. 262.

eine vielleicht nicht ganz so rein geformte, aber köstlich duftende
Blume.

Diese Auferstehung des menschlichen Geistes, mit ihren natür=
lichen Folgen, Reformation der Kirche und Erneuerung der
Philosophie und der übrigen Geisteswissenschaften, wurde schon 5
oft und eingehend geschildert. Meist jedoch blieb ein Zug unbe=
achtet, der nicht so leicht abzuleiten ist. Naturwissenschaft in
unserem Sinne müssen wir den Alten absprechen. Ist es nun
nicht eines der größten Rätsel, daß die Wiederbelebung der klas=
sischen Studien es war, welche auch zur Entwickelung der neue= 10
ren Naturwissenschaft Anstoß gab? Daß die Alten, welche sel=
ber nicht naturwissenschaftlich zu denken, nicht zu experimentieren,
ja nicht zu beobachten wußten, durch ihre Lehren und Gedanken
jetzt ein Geschlecht erzogen, in welchem diese Fähigkeiten mit der
Sicherheit eines Naturtriebes stetig und unaufhaltsam sich ent= 15
falteten, ein Geschlecht, das zu den Vätern seiner Bildung sich
verhielt, wie zur Gluckhenne Entenbrut? Woher bei den neue=
ren Kulturvölkern der siegreiche Durchbruch des Kausalitätstrie=
bes, der bei den Alten nur in unbestimmten Regungen halb
spielend sich äußerte? Sollte bei Kelten und Germanen, welche 20
bald mit den lateinischen Völkern um die Wette an der wieder=
aufgenommenen Gedankenarbeit der Menschheit sich beteiligten,
dieser Trieb vermöge ursprünglicher Anlage stärker sein, als bei
Griechen und Römern, und war vielleicht in den Adern des
Jünglings, der während des Meßopfers im Dom zu Pisa die 25
Isochronie der Pendelschwingungen entdeckte, keltisches oder ger=
manisches Blut toskanischem Blute beigesellt?

Die größere Zurückgezogenheit, das Insichgekehrtsein nordi=
schen Lebens, die stille Muße der Klöster, die Bedürfnisse eines
rauheren Himmelsstriches werden als Umstände angeführt, welche 30
die neueren Kulturvölker auf die Bahn tiefer Nachforschung und
schaffender Technik lenkten. Verfolgt man aber die Geschichte
der neueren Naturwissenschaft rückwärts, so führen zuletzt viele

Fäden in die Laboratorien der Alchemisten und auf die Warten
der Sterndeuter, und hier tritt uns bekanntlich arabische Weis=
heit als neues Kulturelement entgegen.

Während unter dem Zeichen des Kreuzes die Nacht der Bar=
5 barei das Abendland drückte, hatte im Morgenland unter der
grünen Fahne das Propheten eine eigenartige Kultur sich ent=
wickelt, welche nicht allein die Errungenschaften der klassischen
Völker in Mathematik, Astronomie und Medizin lebendig erhielt,
sondern auch selber in diesen Wissenschaften Bedeutendes leistete.
10 Durch Kreuzfahrer und spanische Mauren hatte diese Kultur auf
die europäischen Völker vielfach zurückgewirkt, und es liegt nahe,
hierin den Quell der neuen Gedanken zu suchen, welche der durch
die Schriften der Alten wiedererweckte Geist des Abendlandes
aus diesen Schriften nicht geschöpft haben konnte. Nur fragt
15 sich, woher im Vergleiche zu Griechen und Römern den Arabern
wissenschaftlichere Naturauffassung, stärkerer Kausalitätstrieb
kam. War dieser geistreiche Stamm für Beobachtung und Er=
forschung des Wirklichen besonders begabt? Das stimmt nicht
mit dem, was wir sonst von semitischer Geistesrichtung wissen,
20 welche mehr zu dialektischer Gedankenzergliederung, phantastischer
Erfindung und spekulativer Betrachtung neigt.

Für die vorübergehende Blüte der Naturwissenschaft unter
dem Einflusse des Islam, wie für ihre Entwickelung im christli=
chen Abendlande, sobald einmal der Bann der scholastischen
25 Theologie gebrochen war, läßt sich aber mit einiger Wahrschein=
lichkeit ein tieferer, beide Erscheinungen umfassender Grund
angeben. Allerdings liegt dieser zuletzt in einer völkerpsycholo=
gischen Besonderheit der semitischen Rasse. Nämlich nicht nur
unmittelbar, durch die Leistungen ihres arabischen Zweiges,
30 beteiligte sich diese Rasse an der Schöpfung der neueren Natur=
wissenschaft, sondern auch mittelbar dadurch, daß von ihr die
monotheistischen Religionen ausgingen. Die neuere Naturwis=
senschaft, wie paradox dies klinge, verdankt ihren Ursprung dem
Christentum.

Zwischen Polytheismus und Monotheismus besteht der Un=
terschied, daß ersterer grundsätzlich duldsam, letzterer grundsätzlich
unduldsam ist. Sokrates fiel anscheinend als Opfer religiösen
Eifers, doch trugen politische Beweggründe und sein schroffes
Benehmen vor seinen Richtern bekanntlich am meisten zu seiner 5
Verurteilung bei. Zur Zeit der Apostelgeschichte beteten die
Athener, damit keiner zu kurz komme, sogar zu unbekannten
Göttern. Das römische Pantheon nahm alle Götter auf, auch
die der überwundenen Völker. Die Christen wurden von den
römischen Kaisern verfolgt, nur weil sie für staatsgefährlich gal= 10
ten. Judentum, Christentum und Islam wähnten sich dagegen
alle drei im Besitze des allein seligmachenden Glaubens. Der
Begriff einer absoluten Wahrheit gelangte eigentlich erst durch
sie in die Welt. Wie Griechen und Römer neben ihren ange=
stammten Gottheiten gern beliebige andere Götter anerkannten 15
und für die semitische Parabel von den drei Ringen bei ihnen
kein Boden gewesen wäre, so kam es ihnen auf die wissenschaft=
liche Wahrheit so genau nicht an. Ihrem unentwickelten Kau=
salitätstriebe genügte es, über die Ursache einer Erscheinung
irgend welch hübsch ausgedachte und anzuhörende Meinung hin= 20
zustellen; das Forschen nach den letzten Gründen bestand ihnen
eigentlich nur in anmutigem Hin= und Herreden über das augen=
blicklich annehmbar Dünkende. „Was ist Wahrheit?" spöttelte
der vornehme Römer. „Ich bin in die Welt gekommen, daß ich
die Wahrheit zeugen soll," sprach Jesus und ließ sich an das 25
Kreuz schlagen.

Die Idee eines Gottes, der keine anderen Götter neben sich
duldet, der nicht als menschliche, von unwürdigen Fabeln umwo=
bene Erfindung, sondern als höchstes, unbedingtes Wesen er=
scheint, der alle ethischen Strebungen des Menschen auf sich 30
bezieht und mit unfehlbarer Allwissenheit jede Übertretung ahn=
det, — diese Gottesidee, Jahrhunderte lang von Geschlecht zu
Geschlecht gehegt, gewöhnte auch in der Wissenschaft den mensch=

lichen Geist an die Vorstellung, daß überall der Grund der
Dinge nur einer sei, und entzündete in ihm den Wunsch, diesen
Grund zu erkennen. Das Faustische: „Du mußt, du mußt, und
kostet es mein Leben," war dem Altertume fremd. Der furcht=
5 bare Ernst einer Religion, welche für sich allein alles Wissen
beanspruchte, welche ihren Widersachern mit ewiger Pein im Jen=
seit drohte und sich für berechtigt hielt, schon diesseit die schreck=
lichsten Strafen über sie zu verhängen, erteilte im Laufe der
Zeiten der Menschheit jenen schwermütigen, in die Tiefe gehen=
10 den Zug, der sie zu mühsamer Forscherarbeit freilich geschickter
machte, als des Heidentums leichtsinnige Lebelust. Wo so viele
Blutzeugen lehrten, wie man für seinen Glauben sterbe, konnte
es auch an solchen nicht fehlen, die bereit waren, für ihr Wissen
in entsagender Hingebung zu leben und, wenn es sein mußte,
15 dafür in den Tod zu gehen. Indem es der Menschenbrust das
heiße Streben nach unbedingter Erkenntnis einflößte, vergütete
das Christentum der Naturwissenschaft, was es durch die Askese
lang an ihr verschuldet hatte.

Noch aber war ein weiter Weg zurückzulegen, ehe auch nur die
20 Schwelle des Wahrheitstempels betreten wurde. Nichts ist geeig=
neter, die Spekulation zu demütigen, die in Deutschland immer
wieder das Haupt erhebt, als der Anblick der ersten straucheln=
den Schritte, welche die endlich erwachte Naturwissenschaft ihren
Zielen entgegen tat. Wäre mit Spekulation etwas auszurichten,
25 so sollte man meinen, dies müßte noch am ehesten auf einem
unserm Verständnis vergleichsweise so zugänglichen Felde gelin=
gen, wie dem der Bewegungsgesetze. Aber so wenig wie später
Kant a priori auf die Erhaltung der Kraft kam, so wenig glückte
es jetzt Geistern ersten Ranges, a priori die einfachsten Wahr=
30 heiten der Mechanik zu finden; Wahrheiten, die der europäischen
Kulturmenschheit seitdem so in Fleisch und Blut übergingen, daß
Nativisten versucht sein könnten, sie den angeborenen Vorstellun=
gen beizuzählen. Es erscheint uns unbegreiflich, daß einst das

tiefste Nachdenken dazu gehörte, die sogenannte Trägheit der Materie, oder das erste Gesetz der Bewegung zu entdecken, wonach
die Bewegung eines Körpers ohne äußere Ursache sich nicht än-
dert; daß bis zur Zeit, von der wir reden, niemand sich klar
gemacht hatte, warum eine rollende Kugel zuletzt still steht.   5
Auch Galilei glaubte anfänglich noch, daß ein Körper im Kreise
sich bewegen könne, ohne durch eine äußere Ursache in dieser
Bahn festgehalten zu werden. Vollends Kepler hatte keinen
klaren Begriff von den Bewegungsgesetzen, sondern verharrte so
ziemlich auf pythagoräischem Standpunkt. Erwägt man aber,   10
daß, abgesehen von Archimedes, dessen Lehren nicht verstanden
oder gleich wieder vergessen wurden, die Menschheit hier seit
zwei Jahrtausenden nicht aus der Stelle gekommen war, so kann
man nur staunen über die Schnelligkeit der jetzt folgenden Entwickelung, und man erkennt darin das Wirken jenes neuen, durch   15
den Monotheismus in den Kulturvölkern geweckten Sinnes.
Kaum hatte der menschliche Geist, der Schaukelwelle der Spekulation und dem Mare tenebrosum der scholastischen Theologie
entronnen, einen Fuß auf das Gestade der induktiven Naturforschung gesetzt, so durchflog er im Triumph eine Bahn, welche mit   20
einem Schwunge ihn der Idee nach auf die höchste ihm beschie-
dene Höhe trug; denn nur fünfzig Jahre trennen Galileis Discorsi von dem Erscheinen der Newton'schen Principia und von
der Formulierung der Erhaltung der Kraft durch Leibniz in demselben Jahre 1686.   25
   So stieg in rascher Folge der geographischen, astronomischen,
physikalischen, chemischen Entdeckungen endlich das Zeitalter herauf, in dessen Segnungen wir leben. Wir nennen es das tech-
nisch-induktive, weil seine Erfolge darin wurzeln, daß in der
Naturwissenschaft der Spekulation obgesiegt hat die Induktion,   30
die Methode des Daraufsichführenlassens; von der es so schwer
hält, den Außenstehenden als von einer besonderen Methode eine
Vorstellung zu geben, indem sie, genau genommen, nichts ist, als

der auf die jedesmalige Aufgabe angewendete gesunde Menschen=
verstand.

Es wäre eine schöne Aufgabe, den Umschwung zu schildern,
den im Laufe der letzten Jahrhunderte die Naturwissenschaft im
5 Zustand der Menschheit friedlich bewirkte. Wie sie von unseren
Häuptern die beklemmende Decke eines körperlichen Firmamen=
tes hob, so hat sie uns geistig befreit. Für jeden, der ihrer Lehre
horcht, hat sie den Sehnsuchtslaut des Dichters wahr gemacht,
mit welchem er aus dem höfischen Gedränge in Oktavians Vor=
10 zimmern, von der Höhe weltgeschichtlichen Glanzes, des fest in
sich ruhenden Jüngers des Epikurs gedenkt:

 Selig, wem es vergönnt, der Dinge Gründe zu kennen,
 Welcher jegliche Furcht und das unerbittliche Schicksal
 Sich zu Füßen gelegt, und des gierigen Acherons Toben.

15 An die Stelle des Wunders setzte die Naturwissenschaft das Ge=
setz. Wie vor dem anbrechenden Tag erblichen vor ihr Geister
und Gespenster. Sie brach die Herrschaft altheiliger Lüge.
Sie löschte die Scheiterhaufen der Hexen und Ketzer. Der histo=
rischen Kritik drückte sie die Schneide in die Hand. Aber auch
20 den Übermut der Spekulation hat sie gezügelt. Sie hat die
Grenzen des Erkennens aufgedeckt und ihre Jünger gelehrt,
schwindelfrei vom luftigen Gipfel souveräner Skepsis hinabzu=
blicken. Wie leicht und frei atmet sich's dort oben! Wie kaum
hörbar dringt zum geistigen Ohr aus der heißen Niederung das
25 Gesumme des gemeinen Menschengewühls, die Klage gekränkten
Ehrgeizes, der Schlachtruf der Völker! Gleich der anthropozen=
trischen hat die Naturwissenschaft der europozentrischen Anschau=
ung ein Ende gemacht. Wie sie den Ghetto öffnete, sprengte
sie die Fesseln des schwarzen Menschen. Wie anders hat sie die
30 Welt erobert, als einst Alexander und das Römervolk! Ist die
Litteratur das wahre intranationale, so ist Naturwissenschaft das
wahre internationale Band der Völker. Voltaire konnte Shake=
speare abscheulich finden, vor Newton beugte er sich. Der Sieg

der naturwissenschaftlichen Anschauung wird späten Zeiten als
eben solcher Abschnitt in der Entwickelung der Menschheit erschei=
nen, wie uns der Sieg des Monotheismus vor achtzehnhundert
Jahren.   Es kommt nicht darauf an, daß die Völker für diese
Anschauung nie reisen werden; denn haben sie je das Ideal des   5
Christentums verwirklicht?

    Man kennt Macaulays düstere Prophezeiung von dem Tou=
risten aus Neuseeland, der, wenn die römische Kirche noch in
ungeschwächter Kraft bestehe, vielleicht auf einem gesprengten
Bogen von London Bridge Platz nehmen werde, um die Trüm=   10
mer von St. Paul zu skizzieren.   Bei diesem Phantasiestück hat
Macaulay der pessimistischen Weltansicht gehuldigt, welche den
Geschichtsforschern im steten Umgange mit den Wechselfällen der
bürgerlichen Geschichte eigen wird.   Der große Rhetor hat aber
denselben Fehler begangen, wie gleich darauf bei dem Urteile,   15
daß die Grundlagen der natürlichen Theologie heut die nämlichen
seien, wie zu jeder früheren Zeit; daß beim Philosophieren über
die letzten Gründe ein heutiger Denker nicht besser daran sei, als
Thales und Simonides; und daß in der Frage nach der Unsterb=
lichkeit der Seele ein gebildeter Europäer, auf menschliche Ein=   20
sicht beschränkt, d. h. ohne Offenbarung, nicht mehr Anwartschaft
habe, das Rechte zu treffen, als ein Schwarzfuß=Indianer.   In
beiden Fällen hat Macaulay die ihm als Geschichtschreiber fern
liegende Änderung in der Lage der Menschheit übersehen, welche
die Naturwissenschaft neuerlich bewirkt hat und mit beschleunig=   25
ter Geschwindigkeit zu bewirken fortfährt.   Die moderne Mensch=
heit ward eine andere als die mittelalterliche und antike Mensch=
heit; die Zustände, Einsichten und Aussichten jetzt und damals
sind durch das hinzugetretene Moment der Naturwissenschaft
unvergleichbar gemacht.   Auf dem Boden der Induktion und   30
Technik ruht unsere Wissenschaft und Kultur so sicher, wie, auf
dem Boden der Spekulation und Ästhetik schwankend aufgebaut
und Einsturz drohend, uns antike Wissenschaft und Kultur er=
scheint.

NOTES

NOTES.

The heavy figures indicate pages, the light figures lines.

1.

FRIEDRICH HEBBEL (1813–1863), one of the most distinguished dramatists and critics of Germany, was gifted with originality and force, but had little grace of style. His critical work is marked by insight, pungency and vigor — an example will be found in No. 37. His dramas have won him a permanent place in German literature.

4. 3. **Campagna felice** (pron. *campah'nya felee'chay*), 'Happy Fields,' a name given to the region about Naples from its fertility. — 16. **Kaktus,** the so called Indian fig, a variety of cactus originally introduced from South America and bearing an edible fruit. — 30. **Lucia,** pronounce *luchee'a.* — 31. **Betturin',** Ital. *vetturino* = **Kutscher.**

5. 2. "See Naples and then die." — 30. Pronounce *por'tichee, raysee'na.*

6. 22. **Eremitage,** pronounce as in French, sounding the final *e.* The Hermitage has since been made a station for the observation of volcanic phenomena. — 32. **Lazzaroni** (pron. *latzaro'nee*), a name given to the lower classes of Naples.

8. 20. **ging ... zusammen,** 'made all the more effective a whole.'

2.

FRANZ GRILLPARZER (1791–1872) was a native of Vienna, where he passed his life in government service. He is Austria's greatest poet. His numerous dramas (*Die Ahnfrau* 1817, *Sappho* 1818, *Medea* 1822, *König Ottokars Glück und Ende* 1825, etc.) rank with those of Goethe and Schiller.

Ludwig van Beethoven (1770–1827) was born in Bonn. The privations of his early life and his later deafness made him an embittered and eccentric man. He came to Vienna in 1792 to study under Haydn and remained there until his death. He wrote only one opera, *Fidelio.*

9. 12. **Cherubini** (pron. *ker-*), 1760–1842, a composer of lighter opera and of orchestral works. Abbé Vogler (1749–1814) wrote operas and much church music. His title comes from his having taken minor orders in the church of Rome. — 23. **Durchführungen = Variationen.**

10. 13. je unb bann = dann unb wann.

11. 30. Melusina is the heroine of a French legend and of a very popular 15th century German chap-book. She was a mermaid whom Count Raimond of Poitiers married. She disappeared on being detected by her husband in her mermaid shape. — 33. By "melodramatic" is meant that the arias were interspersed with spoken dialogue to a musical accompaniment.

12. 15. Nachtkleiber, 'undress,' 'dishabille.' — 30. Karl Maria von Weber's opera *Der Freischütz* appeared in 1821, his *Euryanthe* in 1823.

15. 3. Da tat . . . Innern, 'my spirits suddenly fell.' — 18. gleichsam gebundene, 'so to say, inherent in it.' — 22. The First Part of Goethe's *Faust* was completed in 1808, the Second Part not till 1831. The Second Part is inferior in poetic power.

<h3 style="text-align:center">8.</h3>

PETRI KETTENFEIER ROSEGGER was born in the Styrian Alps in 1842 and lives in Graz (Austria). He was a peasant lad whose native gifts led him into literature. He has published many volumes of exquisite pictures of peasant life. His many tales dealing with modern problems are less successful.

A'meisler, the 'ant-man,' who collects ants-eggs for caged birds. The so-called 'eggs' are cocoons in which the larvæ (Puppen) develop to perfect insects.

17. 2. zerfahrenen, 'ragged.' — 13. Walbrauch, 'wild incense.' — 29. The plant-louse (*aphis*) secretes a sweet fluid which the ants eat.

20. 18. Maß, 'quarts.' — 23. Arm bis aufs Blut = blutarm.

<h3 style="text-align:center">4.</h3>

EUGEN MOGK, professor of Scandinavian Philology in the University of Leipzig.

22. 17. das Element, 'the air,' storm-born. The elements are Earth, Air, Water, Fire. — 22. Weiß doch die Mythe, translate such phrases with doch by a rhetorical question: 'Is not the myth able?' cf. 24. 16. — 24. The Vogtland is a shire in Saxony. — 26. The island of Rügen is in the Baltic. The Klabautermann is a hobgoblin.

23. 17. St. Walpurga's Day is May 1. St. John the Baptist's Day is June 24, Midsummer Day. — 33. Der zweite Ostertag, Easter Monday.

24. 7. The Erzgebirge are the boundary between Saxony and Bohe-

mia. — 24. The Wild Army and the Wild Huntsman are spectral battalions and hunts sweeping through the sky. Frau Holle or Holda is
sometimes a gracious water-sprite, sometimes a witch riding the storm.
— 25. Twelfth Night (the twelfth after Christmas) is Epiphany (Jan.
6). — 33. Johannes Praetorius was a writer on magic and folklore,
1630–80.

25. 4. St. Blasius' Day is Feb. 3. — 6. The Möll is a river in
Carinthia (South Austria). — 14. Jn erſter Linie, 'primarily.' — 27.
Frederick I, called Barbarossa from his red beard, the great Hohenstauffen emperor, 1152–90. The legend referred originally to his grandson Frederick II (1212–50) who passed his life in Sicily. — 33. romaniſch, 'Romance,' 'Neo-Latin,' distinguish from römiſch, 'Roman.'

26. 2. The coming of Antichrist, the visible incarnation of evil, was
looked for throughout the Middle Ages. — 10. The Kyffhäuser is a hill
in Thuringia. — 21. The Upper Palatinate is a shire of Bavaria.

27. 14. Heine's poem has made the Lorelei famous. Her cliff is
on the Rhine. She is, however, a modern invention. — 24. The Riesengebirge are in Silesia.

5.

FERDINAND GREGOROVIUS (1821–91) was an accomplished historian
and man of letters. His *Geschichte der Stadt Rom im Mittelalter* is
the standard work on the subject. In addition to the many historical
works which exhibit his wide learning he published much in poetry,
fiction and travel.

As'tura is a city on the east coast of Italy, south of Rome, now
wholly in ruins. A watch-tower of the Frangipani stands on the shore.
The unhappy lad Konradin' (1252–68), the last of the Hohenstauffen,
tried to re-establish the power of his house in Italy by arms. After a
disastrous defeat he fled to Astura and was betrayed by the Frangipani
into the hands of Charles of Anjou. He was beheaded in Naples two
months later, only 16 years old.

29. 4. The Italian *miglio* is roughly equivalent to the English mile.
— 5. The buffalo or wild ox of Italy is an Asiatic species introduced in
the 6th century. — 20. See the description of the Pontine Marshes 3,
10 ff. — 21. The ruins of the Greek city of Pæstum lie on the Gulf of
Sorrento, south of Naples.

30. 3. Europa was fabled to have been carried across the sea to
Crete by Jupiter in the form of a bull. — 10. Gregorovius was a native
of East Prussia and the allusion is to the Baltic coast. — 25. The

famous group represents Laocoon and his two sons in the coils of serpents.

32. 29. Anacapri is a town in the interior of the island.

33. 3. The Danaids, the fifty daughters of Danaus, killed their husbands on the wedding night. They were condemned in Hades to carry water in a sieve. — 5. Perugino (1446–1523) and Pinturicchio (pron. –*rick'yo*), 1454–1513, painters of the older Italian school. — 25. **Marina**, 'quay.'

34. 7. Sisyphus was condemned in Hades to roll up a hill a stone that always rolled back again. — 8. Ponza is an island northwest of Capri. — 13. A groschen is about 2¼ cents. — 16. A carlino is about 25 cents. — 26. The Canephorae were maidens who carried the sacrificial implements in baskets on their heads at Athenian festivals. They are familiar figures in Greek sculpture. — 33. **Johannisbrotbaum,** 'locust tree.'

35. 14. The famous Blue Grotto on the coast of Capri owes its color to the passing of the light through the water. — 21. On the Indian fig, cf. 4, 16, note. — 32. Apollo and Artemis (Diana) were fabled to have been born on the island of Delos in the Egean, hence the epithet Delian.

6.

36. 12. The *Sachsenspiegel* is an account of the laws pertaining to land and to feudal usage. It dates from about 1200. — 16. **begegnet fich,** 'coincides.' — 19. Charlemagne was crowned emperor by the pope on Christmas Day, 800.

37. 9. Chlodwig I. (465–511) professed Christianity in 496 on winning a great victory over the Allemanni. — 17. In the 4th century Arius taught that Christ was not essential deity, but a created being, though the chief. His doctrine was branded as heresy by the Council of Nicaea (325), but was widely held in the Eastern Church. The German tribes persisted longest in opposition to the orthodox Roman creed.

38. 10. **unter Aufgreifung,** 'by the adoption of.' — 11. **Sonder-frieden,** 'local peace.' — 28. **Willens,** 'intent.' — 32. The *lex Baiuvariorum* is an ancient Bavarian code.

39. 3. **Talions'prinzip',** *Jus talionis,* 'punishment in kind.' — 13. **Nachsichtserteilungen,** 'dispensations.' — 21. **Volksseele,** 'popular feeling.'

40. 19. Genesis 6, 1–4. The passage: "The sons of God saw the daughters of men that they were fair; and they took them wives of all which they chose," was held by the rabbis to confirm the allegation of carnal intercourse between the devil and the witches. — 32. **Anklage=proꞓeß**, 'indictment by due process of law.'

41. 6. **im leꞓten Enbe**, 'when all is said.' — 17. The Jesuit Friedrich v. Spee (1591–1635) was a hymn writer of merit. Among his duties at Würzburg was that of attending the wretched victims to execution. His *Cautio criminalis* (1631), an anonymous but courageous protest against witch trials, was due to his perception of the flimsy character of the evidence and to their cruelty, not to any disbelief in witches. The same is true of Christian Thomasius (1655–1728), professor of Jurisprudence at Halle and one of the bench before which such cases came. He condemned torture as not promoting the ascertainment of truth, and in witch trials held the charge simply not proven. — 20. There was a famous abbey at Kempten in Bavaria, down to 1803 with independent jurisdiction.

7.

WILHELM WILMANNS is professor of Germanic Philology in the University of Bonn.

Walther von der Vogelweide was born about 1170, possibly near Bozen in the Tyrol. He died about 1230 and lies buried in the minster of Würzburg. — 22. Middle High German was written in Roman script, the present ill-favored character not having come in till the end of the 13th century. The lines are by Hugo von Trimberg who was master of a school in Theuerstadt near Bamberg in Bavaria, 1260–1309. His *Renner* is a monstrously long didactic poem : —

> Renner ist diz buoch genannt,
> Wan (denn) ez sol rennen durch diu lant.

42. 22. The court poetry of chivalry came into vogue under Frederick Barbarossa, 1152–90. — 26. **Fahrenbeu**, 'strolling minstrels.' — 28 ff. The *Kaiserchroᵈnik* (*circa* 1150) was a very popular versified history. The *Rolandslied* (1132) is the story of Roland, the paladin of Charlemagne. The *Alexanderlied* (*circa* 1120) narrated the adventures of Alexander the Great.

43. 6. Gottfried von Strassburg, the author of the great epic poem *Tristan und Isolt* (1210). Reinmar der Alte (*ob. circa* 1210) sang at the court of Vienna. — 20. **ꞓingen unb ꞓagen**, a set phrase for the recitation of a minstrel. — 28. **Minne**, the conventional love of the age of chivalry.

45. 2. 𝕾𝖙𝖆𝖓𝖉𝖊𝖘𝖕𝖔𝖊𝖋𝖎𝖊, 'poetry of a class.' — 5. 𝖀𝖓𝖛𝖔𝖗𝖇𝖊𝖗𝖊𝖎𝖙𝖊𝖙 𝖚𝖓𝖉 𝖛𝖔𝖗𝖆𝖚𝖘𝖋𝖊𝖙𝖟𝖚𝖓𝖌𝖘𝖑𝖔𝖘, 'sudden and unprecedented.' — 10. The Kürenber-ger sang in Austria *circa* 1150-70. — 16. 𝕾𝖕𝖗ü𝖈𝖍𝖊, 'aphorisms.' — 32. Herger was a didactic poet of the 12th century.

8.

KARL BIEDERMANN (1812–1901) was professor of History in the University of Leipzig.

47. 2. Christoph Martin Wieland (1733–1813) was born near Bibe-rach in Würtemberg. He was one of the coryphaei (leaders) of German literature through his satirical tales in prose and verse and his critical work. He was a member of the distinguished group at Weimar, a fertile and often acute writer, but lacking in moral seriousness. — 5. 𝕱𝖗𝖆𝖓𝖐𝖊𝖓, not Franconia, which is a shire of Bavaria, but the territory originally occupied by the East Franks. Johann Wolfgang Goethe was born at Frankfort-on-the-Main, 28 August, 1749. — 12. 𝖛𝖔𝖓 𝕳𝖆𝖚𝖘 𝖆𝖚𝖘, 'naturally.' — 23. Friedrich Gottlob Klopstock (1724–1803) had an immense vogue in Germany in the latter half of the 18th century. His chief work is the *Messias*, a long epic poem modelled on *Paradise Lost* with the redemption of the world by Christ as its theme. The first ten cantos were published in 1756. The scene between Satan and Adrama-lech is in Canto 10. Goethe gives a charming account of the droll in-cident in Book 2 of *Dichtung und Wahrheit.*

48. 13. The Taunus Mountains are a range of hills west of Frank-fort. — 20. 𝕭𝖆𝖚𝖙𝖊𝖓, the usual plural of 𝕭𝖆𝖚. — 22. Frankfort was a Free City (𝕽𝖊𝖎𝖈𝖍𝖘𝖘𝖙𝖆𝖉𝖙) until 1866, when it was incorporated with Prus-sia. It was for centuries the coronation city of the German emperors.

49. 3. The Seven Years' War (1756–63) between Frederick the Great (𝖉𝖊𝖗 𝖆𝖑𝖙𝖊 𝕱𝖗𝖎𝖙𝖟) and Maria Theresa for the possession of Silesia. The French held Frankfort 1759–63. — 25. 𝕾𝖎𝖈𝖍𝖆𝖚𝖘𝖑𝖊𝖇𝖊𝖓, 'expansion.'

50. 12. Friedrich Schiller was born in Marbach in Württemberg, 10 November, 1759. Suabia is the south-western corner of Germany (Baden and Württemberg). — 17. The Dukes of Württemberg were often tyrannical rulers. — 21. The Karlsschule was founded by the Duke to train lads for the civil service. It was at first at the Solitude, a villa of the Duke's near Stuttgart.

51. 11 f. Johann Peter Uz (1720–96) and Christian Fürchtegott Gel-lert (1715–69) were minor poets. Gellert exercised a wide influence by his hymns and didactic verse. — 18. 𝖆𝖚𝖘 𝖉𝖊𝖒 𝖛𝖔𝖑𝖑𝖊𝖓, 'in abundance.'— 20. 𝕳𝖎𝖓𝖌𝖊𝖜𝖎𝖊𝖋𝖊𝖓𝖋𝖊𝖎𝖓, 'consignment.'

52. 19. A Calvary is a hill surmounted by the three crosses with the twelve stations of the Cross, representing the pauses of Christ on the way to crucifixion, along the path. — 24. Near Lorch are the ruins of the ancestral castle of the Hohenstauffen and of the castle of Rechberg, once the seat of a noble Suabian family. The tombs of the elder Hohenstauffen are also at Lorch.

53. 8. Meſſen, 'fairs,' *i.e.*, masquerades.

9.

FRIEDRICH RATZEL (1844–1904) was professor of Geography in the University of Leipzig. He had marked literary gifts and was a fertile writer on a large variety of subjects.

54. 7. Hangens und Bangens, 'slow progress.' — 8. The French had been angered by the successful organization of the North German Federation under the leadership of Prussia in 1866, and by the fact that the vacant Spanish throne had been offered to a Hohenzollern prince. — 9. Austria had been compelled to surrender her ancient primacy by the brief war of 1866, in which the Prussian troops had overwhelmingly defeated the Austrian at the battle of Sadowa, 3 July.

55. 5. That is, he was serving the year in the army that is required of all youths who have a Gymnasium certificate. Those who have had less school training serve three years (Dreijährig-Freiwillige). They are called "volunteers" in distinction from those levied later to fill up the ranks (Erſatz). — 6 ff. The Höllental is a picturesque valley east of Freiburg. The Feldberg is the highest mountain in the Black Forest. The Vosges Mountains are west of the Rhine.

56. 6. Freiburg im Breisgau (southern Baden) has a beautiful Gothic minster of the 13th century. — 10. Georg Herwegh (1817–1875), a poet of the revolution of 1848. His *Reiterlied* begins :

> Die bange Nacht iſt nun herum,
> Wir reiten ſtill, wir reiten ſtumm,
> Und reiten ins Verderben.
> Wie weht ſo ſcharf der Morgenwind !
> Frau Wirtin, noch ein Glas geſchwind
> Vorm Sterben, vorm Sterben.

— 27. angeſtochnen = wurmſtichigen.

57. 14 f. The incident that was the occasion of (or the pretext for) the Franco-Prussian War was the demand made by the French government through its ambassador Benedetti of King William — who was just then at the watering-place of Ems — that he would not allow Prince

Leopold of Hohenzollern to be a candidate for the throne of Spain. The Prince retired from the candidacy of his own motion, but the French government still insisted on a pledge from the King that he would never allow such candidature in the future. This demand being refused as an impertinent one France declared war. This was in July, 1870. The Ems despatch was a telegram of the King to Bismarck stating the facts. It was at once made public and roused universal anger at the presumption of the French.

58. 19. Stimmung, 'tone of the picture.'

59. 20. Bei Licht betrachtet, 'duly considered.' — 31 ff. The opening lines of Arndt's *Vaterlandslied* and those of Körner's *Männer und Buben* (cf. 60, 24 note).

10.

EUGEN WOLFF is professor in the University of Kiel.

60. 18. The period of the highest bloom of Middle High German poetry lies between 1170 and 1230. To it belong the *Nibelungenlied* (1170–1200), the *Gudrun* (c. 1210), the epics of Hartmann von Aue (1190–), the *Parzifal* of Wolfram von Eschenbach (c. 1203), the *Tristan und Isolt* of Gottfried von Strassburg (c. 1210), the lyrics of Walther von der Vogelweide (1170–1230) and much lesser work. The Hohenstauffen dynasty came to power with Frederick Barbarossa in 1152. — 20. The War of Liberation against Napoleon 1812–15 produced much patriotic verse from the pens of Arndt, Körner, Schenkendorf, Rückert, etc. — 24. Ernst Moritz Arndt (1769–1860), a patriot who by his writings on current events and by his spirited verse did noble service in rousing the people for their struggle with Napoleon. Karl Theodor Körner (1791–1813) wrote lyrics of glowing patriotism, published 1814 under the title of *Leier und Schwert*. He fell on the battle-field.

61. 1. Germany's second period of fertility in literature was that of Goethe and Schiller, 1775–1830. — 8. Zeitseele, 'spirit of the age.' — 22. *Die Wacht am Rhein* was written by Max Schneckenburger (1819–49). — 27. An der Hand, 'with the aid of.' — 31. Cf. 57, 14, note. The song is by Wolrad Kreusler, a physician in Brandenburg.

62. 7. Count Hellmuth v. Moltke (1800–91) and Count Albrecht v. Roon (1803–79) were Field Marshals. — 9. Fritz, the Crown Prince, later Emperor Frederick III (1831–88). He was in command of the Third Army; haue ihm, 'lick him.' — 14. Cf. Daß du die Kränke kriegst, 'Go to the devil!' Kränke, properly 'epilepsy.' — 18. That is, a private of the 83d regiment of light infantry. — 23. Friedrich v. Bodenstedt (1819–92), a poet and novelist of note. — 30. Karl Simrock (1802–76), professor in the University of Bonn, is known by his translations of the older German literature.

63. 13. Felix Dahn, a writer of very popular historical novels and much verse. — 23. Emil Rittershaus (1834–97) published many volumes of verse. — 30. Ferdinand Freiligrath (1810–76) and Emanuel Geibel (1815–84) are two of the most conspicuous poetic figures of the latter half of the century in Germany. Freiligrath won his fame by his spirited verse before and after the revolution of 1848. He was compelled to live in exile in England for many years. Geibel led a quiet life in Lübeck. He was a man of delicate feeling and high cultivation and produced a large amount of graceful and thoughtful verse. — 31. $\mathfrak{Plaftif}$, say 'vigor,' properly the relief given to his work by the sculptor.

64. 10. On Treitschke cf. No. 22, note. The Black Eagle is the coat-of-arms of the Hohenzollern, whose ancestral castle lies near the Swiss frontier. Their motto is: $\mathfrak{Bom}$ $\mathfrak{Fels}$ $\mathfrak{zum}$ $\mathfrak{Meer}$. — 22. $\mathfrak{Staufer}$ = $\mathfrak{Hohenftauffen}$, the great dynasty of the 12th and 13th century. The Ottos were the Saxon emperors of the 10th century. — 27. On the Kyffhäuser cf. **25**, 26 ff. and notes.

65. 8. August Kutschke was the pseudonym for Gotthelf Hoffmann, a soldier of a Posen regiment. The song was composed in the field and became very popular. The opening lines are taken from a song of 1814. — 9. $\mathfrak{trauqt}$ = $\mathfrak{trieqt}$. — 16. Moritz Weck, a minor novelist and poet, in his *Krieg und Sieg* (1871). Weissenburg was stormed 4 August, 1870. — 27. Dornröschen, the Sleeping Beauty of Grimm's fairy tale. — 34. The *Lieder aus Frankreich* (1871) are by Wilhelm Jensen, a prolific poet and novelist.

66. 11. ad oculos, 'clearly.' — 13. $\mathfrak{Gelegenheitsftimmen}$, 'voices (songs) inspired by the occasion.' — 15. Tyrtæus, according to legend a lame schoolmaster, in fact a general who by his war-songs inspired the Spartans in the Second Messenian War (685–668 B.C.).

11.

OTTO VON BISMARCK (1815–98), the great Chancellor of the German Empire, filled various diplomatic posts and became Prussian minister in 1862. After bringing the war with Denmark for the possession of Schleswig-Holstein to a conclusion that ceded these provinces to Prussia, he organized the North German Federation which recognized the leadership of Prussia and deposed Austria from her old primacy (1866). The Franco-Prussian War followed in 1870 and led to the crowning of King William I. as German Emperor and the organization of Germany as a federal state. Bismarck went into retirement soon after the accession of William II. in 1888.

The battle of Sedan began at 4 A. M. September 1, 1870. The white flag was raised at 4 P. M. Napoleon III., who was in Sedan, entrusted the negociations to Gen. v. Wimpffen, as Marshal MacMahon had been wounded early in the day. By the articles of capitulation the whole French army of 85,000 men was made prisoners of war. 21,000 French had already been captured, 17,000 had fallen. The German loss was 3000. The Emperor Napoleon was sent to Wilhelmshöhe near Cassel. The enraged Parisians declared the throne vacant. The Empress fled to England, and the Third Republic was organized.

67. 19. **Allerhöchstdieselben,** say 'your Majesty.' Court etiquette requires these curious substitutes for the pronoun of address and puts them and the verb in the plural. — 21. **drei Meilen,** 'fifteen miles.' — 24. **eventuell,** 'if such were not the case.' — 32. **Legationsrat,** 'Secretary of Legation,' but say 'General.' He was later the first Governor of Alsace.

68. 9. **von Hause aus,** 'from the start.' — 21. Distinguish between **das Moment,** 'element,' 'factor,' and **der Moment,** 'moment.'

69. 8. **interniert,** 'interned,' held in fortresses. — 11. **Modalität,** 'possibility.' — 29. **Leib-Kürassier-Regiment,** 'Royal Horse.'

70. 5. **das Protokoll führten,** 'kept the minutes.' — 13. **gegnerischerseits,** 'on the part of our opponents.' — 23. **und** (with inverted order), 'although.'

12.

ALFRED KIRCHHOFF (1838–1904) was professor of Geography in the University of Halle. — **Tiefebene,** '(low) plain.'

71. 15. The Franks were settled originally on the lower and middle Rhine. The victory of Chlodwig I. over the Allemanni in 496 led to their spreading into the upper Rhine valley. — 19. The Ruhr is a river in the coal district of Westphalia. — 21. Munich is on the Isar. — 27. Cf. **Schutz- und Trutzbündnis,** 'offensive and defensive alliance.'

72. 13. **intensiv gartenartigen,** 'highly developed.' — 15. The Black Forest to the east, the Vosges Mountains to the west. — 20. **Schwemmland,** 'alluvial soil.' — 27. **Büschelähren,** 'silky ears.' — 33. In 1685 Louis XIV suspended the Edict of Nantes, the persecution of the Huguenots called the Dragonades began, and more than 200,000 fled to kindlier lands.

73. 3. **Laudſchaftlich,** 'from the point of view of scenery.' — 4. **ſei es, baß . . . ſei es, baß,** 'whether . . . or whether.' — 16. **Ebelkaſtanie,** 'Spanish chestnut.'

74. 2. **unbeſchadet,** 'while keeping.' — 5. **Auf dem platten Laube,** 'in the open country.' — 16. **Wasgau,** 'the Vosges.' — 23. **Durchzugs-verkehr,** 'through traffic.'

75. 18 f. The Belchen and the Feldberg are mountains in the Black Forest. — 25. The Allemanni are the tribes that originally occupied Suabia and Switzerland.

76. 1. **das Jhre,** 'their share.' — 5. **Reſonanzboden,** 'sounding-board.' — 7. **Tongerät,** 'musical instrument.' — 26. **Markgräſler,** a Rhine wine of Baden.

77. 7. **Wasgautalungen,** 'villages in the Vosges valleys.' — 14. **ſo,** 'however,' notice the order. — 23. **Eidgenoſſenſchaft,** 'Swiss Confederacy.' Mülhausen was incorporated with France in 1798. In 1871 it was ceded to Germany.

18.

HERMANN V. HELMHOLTZ (1821–94) was professor of Physics in the University of Berlin. Few men have done more for the advancement of science in many fields. His contributions to the theory of kinetics, to the anatomy of the nerves and the physiology of the eye and ear, to optics and acoustics, to electro-dynamics and to the theory of heat were brilliant. He was a rare combination of the philosopher and the practical investigator, and his gift of clear exposition enabled him to aid in the diffusion of knowledge.

79. 19. In Germany the horsepower is the force that lifts 75 kilograms one meter in one second. In England and the U. S. it is 550 footpounds per second. Hence 7000 **Pferdekräfte** = 6904 horsepower. — 32. **Erhaltung der Kraft,** 'conservation of energy.'

80. 13. *Fauſt,* Part I, 501 ff. **Jn,** 'in the form of.' — 16. Supply **Jch bin.**

82. 19. Sir William Thomson, Lord Kelvin, the great physicist, 1824–1907.

83. 1. **auf einander** = zuſammen. — 8. 28 million degrees Centigrade = 50 million Fahrenheit. — 21. **Spektralanalyſe,** Spectrum analysis is the resolution of a ray of light into its colored elements on being passed through a prism. In the spectrum appear bright and dark lines, each of which by its position shows the presence in the illuminating body of one of the chemical elements. — 22. irdiſche Gebirgsbeſtand: teile, say 'constituents of the earth's crust.'

84. 18. Pfahlbauten, 'pile-dwellings,' relics of prehistoric races that built on piles, e. g. in the Lake of Zürich. The mammoth is the fossil elephant.

85. 4. The Ichthyosauri are huge fossil reptiles. — 13. Glimm: lichtes, 'glow.'

14.

BERNHARD TEN BRINK' (1841–1892), a native of Amsterdam, was professor of English Philology in the University of Strassburg. He won high distinction by his studies in Chaucer and his *Geschichte der englischen Litteratur.*

86. 14. gleichſam plaſtiſch, 'in bodily form,' cf. 63, 31, note.

87. 9. wie immer, 'in whatever way.' — 20. Molière in *Fourberies de Scapin.*

88. 13. das ſich Gleichbleibende, 'the self-consistent element.' — 16. Hauptmomente, cf. 68, 21, note.

89. 20 ff. In *The Merchant of Venice,* in *Othello* and in *Hamlet.* — 25. das Kind, u. ſ. w., 'to throw the whole overboard.'

91. 9. Brooke's sonnet:

> Love hath inflamed twayne by sodayn sight,
> And both do graunt the thing that both desyre ;
> They wed in shrift by counsell of a frier ;
> Yong Romeus clymes fayre Juliet's bower by night.
> Three months he doth enioy his cheefe delight :
> By Tybalt's rage provoked unto yre,
> He payeth death to Tybalt for his hyre.
> A banisht man, he scapes by secret flight :
> New mariage is offred to his wyfe :
> She drinkes a drinke that seemes to reve her breath ;
> They bury her, that sleping yet hath lyfe.
> Her husband heares the tydinges of her death:
> He drinkes his bane ; and she with Romeus' knyfe,
> When she awakes, herself (alas) she sleath.

Shakespeare's :

> Two households, both alike in dignity,
>   In fair Verona, where we lay our scene,
> From ancient grudge break to new mutiny,
>   Where civil blood makes civil hands unclean.
> From forth the fatal loins of these two foes
>   A pair of star-cross'd lovers take their life ;
> Whose misadventured piteous overthrows
>   Doth with their death bury their parents' strife.

> The fearful passage of their death-marked love,
>   And the continuance of their parents' rage,
> Which, but their children's end, naught could remove,
>   Is now the two hours' traffic of our stage;
> The which if you with patient ears attend,
>   What here shall miss, our toil shall strive to mend.

15.

GUSTAV FREYTAG (1816–95), a distinguished scholar and literary man, for many years editor of a liberal sheet in Leipzig. In the five volumes of *Bilder aus der deutschen Vergangenheit* (1859–62) he grouped a series of sketches of German life from the earliest times to the present. He published also plays and a number of excellent novels (*Soll und Haben*, 1855).

The subjugation of Prussia by Napoleon had been achieved by the Peace of Tilsit, 1807. It ceded to France all territory west of the Elbe, took from Prussia her share of Poland, and imposed a huge contribution. In 1812 had followed Napoleon's disastrous campaign in Russia. The advance of the Russian forces at the heels of the disorganized French army compelled the French to withdraw beyond the Elbe. The opportunity for throwing off Napoleon's yoke was promptly seized.

93. 1. This was in 1867. Germany has now 60,000,000 inhabitants. — 11. **Binnenverkehr,** 'interstate traffic.' — 14. "La grande armée" was the name given to Napoleon's army for the Russian campaign.

94. 5. **Moment,** cf. 68, 21, note. — 16. Frederick William III. issued his **Aufruf zur Bildung freiwilliger Jägercorps,** 3 February, 1813, from Breslau. On March 17 followed the famous summons **An mein Volk.**

95. 17. Napoleon had organized Westphalia as a kingdom and given it to his brother Jerome.

96. 5. Under the great minister Von Stein serfdom had been abolished and acquisition of land by the peasantry facilitated (1807). — 7. **Kreisen,** here 'shires.' — 24. **die Mark** = **die Brandenburger Mark,** the province in which lies Berlin. — 26. Scharnhorst (1755–1813) was one of the generals of the War of Liberation.

97. 6. Queen Louise was a woman of singular beauty and nobility of character who unhappily did not live to see the deliverance of her country. She died in 1810.

16.

GEORG CURTIUS (1820-1885), brother of the great historian Ernst Curtius, was professor of Classical Philology in the University of Leipzig.

Jakob Grimm (1785-1863) was the founder of Germanic Philology and one of the world's greatest scholars. With his brother Wilhelm (1786-1859) he devoted himself to the study of his mother tongue, to Germanic antiquities, and to legend and folk-lore. In 1808 he was appointed librarian in Cassel, whither Wilhelm followed him in 1814. Later the two brothers were appointed to chairs in the University of Göttingen. Their patriotic protest against the abolition of the constitution by the King of Hanover deprived them of their posts in 1837. In 1841 Jakob began to lecture in the University of Berlin. His chief works are *Deutsche Sagen* (1818), *Deutsche Grammatik* (1819-37), *Deutsche Rechtsaltertümer* (1828), *Deutsche Mythologie* (1835), *Geschichte der deutschen Sprache* (1848), and the great *Deutsches Wörterbuch* (1852-) which is not yet finished.

98. 25 ff. Wilhelm v. Humboldt (1767-1835) and his brother Alexander (1769-1859). The former, a statesman, diplomatist and scholar, made important contributions to comparative philology. Alexander won his fame as a naturalist. He travelled widely and made large contributions to our knowledge of the relation of man to nature. His *Kosmos* (1858) is one of the world's classics for its wealth of thought and its grace of style. Barthold Georg Niebuhr (1776-1831) reconstructed Roman history in his *Römische Geschichte* (1811-32). Karl Ritter (1779-1859) was professor in the University of Berlin and by his many writings made geography a science. Friedrich Christoph Dahlmann (1785-1860), professor at Bonn, was an authority on English and French history. Philipp August Böckh (1785-1867) was professor of Philology in Heidelberg. He enlarged the scope of philology by looking at it from the point of view of history and national development.

99. 5. The *Kinder- und Hausmärchen* were collected from various sources, largely from the lips of the peasants. Their charming form is due to Wilhelm Grimm. The first volume appeared in 1812.

100. 33. Periode der Aufklärung, 'Age of Enlightenment.' The intellectual movement of the 18th century (Rationalism), which aimed at a stricter interrogation of nature and history and emancipation from the fetters of theology, is associated with the names of Voltaire and the Encyclopedists in France. In Germany it took a philosophical form and may be said to extend from Leibnitz to Kant.

101. 7. Johann Gottfried Herder (1744–1803) produced little in literature proper, but his researches in history, folk-lore and comparative literature and the breadth of view, vigor of mind and warmth of feeling that he brought to their discussion, enabled him to reconstruct whole fields of knowledge.   He called attention to the long neglected folk-song and in *Stimmen der Völker in Liedern* (1779) collected popular songs of all nations. — 13. The German Romantic School arose in the last decade of the 18th century and was in its prime down to 1830, when it began to be merged in the national movement.   It laid emphasis on the imagination and the free expression of emotion and rejected the accepted canons of literature.   It brought into vogue a taste for the verse and legend of the peasantry.   It also extolled the ideals and the art of the Middle Ages and in its later phase borrowed much from Oriental verse. — 20. Achim v. Arnim (1781–1831) edited with Clemens Brentano the admirable collection of older and popular verse known as *Des Knaben Wunderhorn* (1806). — 23. Wolf (1759–1824) in his *Prolegomena ad Homerum* (1795) maintained that the *Iliad* and *Odyssey* were compilations made in Athens as late as the 6th century B. C. on the basis of isolated songs and rhapsodies. — 29. Humboldt's essay: *Über die Verschiedenheit des menschlichen Sprachbaus und ihren Einfluss auf die geistige Entwickelung des Menschengeschlechtes* appeared in 1836.

103. 7. ba gewefen, cf. Dasein, 'existence.' — 12. Karl Lachmann (1793–1851), a distinguished philologist, professor in Basel.

106. 6. Klein= und Stillleben, the painter's phrase, 'detail and still-life.' — 10. Sanders defines sinnig, (1) verständig; (2) in Sinnen vertieft; (3) von tiefem, bas Ganze durchwaltendem Sinn zeugend; (4) von zart anmutendem Sinn.   Here, in the sense of (3), perhaps 'perspicacious.'

17.

The extract is from Jakob Grimm's *Rede auf Wilhelm Grimm*, delivered before the Berlin Academy July 5, 1860.   Cf. introductory note to No. 16.

107. 22. ihm Rechnung tragen, 'take it into account.'

108. 25. durch die Bant, 'in every respect' (throughout the whole list of qualities).

109. 20. Sprung = Lücke.

111. 5. In 1811 appeared J. Grimm's *Über den altdeutschen Meistergesang* and W. Grimm's *Altdänische Heldenlieder, Balladen und*

Märchen. — 8. **Minnesang** is the love-lyric of the 12th and 13th century, **Meister(ge)sang** the verse of the succeeding centuries when poetry had degenerated into mere exhibitions of technical skill. — 16. On Niebuhr cf. **98**, 25, note. — 19. Johann Peter Hebbel (1760–1826) wrote in the Suabian dialect. His *Allemannische Gedichte* appeared in 1803.

112. 5. **Silberblicken**, say 'bright gleams.' — 6. **Erfinden**, apparently in its older sense of 'discovery' rather than its modern of 'invention.' — 11. **heben**, the technical word of 'raising' a buried treasure. — 16. Ulfilas (311–81), Bishop of the Goths, translated parts of the Bible into Gothic. Otfried composed a harmony of the Gospels, the *Krist*, in the 9th century. Notker translated Boethius and the Psalms in the 11th century.

18.

FRIEDRICH PAULSEN (1846–1908) was professor of Philosophy in the University of Berlin.

114. 1. **Hochschule**, 'higher institution of learning.' — 19. **fachwissenschaftliche**, 'technical.'

115. 5. **Rektor**, 'president,' elected from the faculties for one year. — 7. **Doktorprüfung**, 'examination for the Ph.D. degree.' — 8. **Privatdozenten**, 'tutors,' younger men licensed to teach, with no salary beyond the students' fees. — 13. The four faculties are those of Theology, Law, Medicine and of Arts and Sciences (**die philosophische**), the latter corresponding to the 'general faculty' of an American university.

116. 11 ff. Charles Darwin, naturalist, 1809–82. Herbert Spencer, philosopher, 1820–1903. George Grote, historian, 1794–1871. James Mill, jurist, 1773–1836. John Stuart Mill, economist, 1806–73. Thomas Carlyle, historian, 1795–1881. Thomas Babington Macaulay, historian, 1800–59. Edward Gibbon, historian, 1737–94. Jeremy Bentham, economist, 748–1832. David Ricardo, economist, 1772–1823. David Hume, historian and philosopher, 1711–76. John Locke, philosopher, 1632–1704. Lord Shaftesbury, philosopher, 1671–1713. Thomas Hobbes, philosopher, 1588–1679. Francis Bacon, statesman and philosopher, 1561–1626. It seems odd to find Lord Shaftesbury in this distinguished list, but he has always been rated higher on the continent than at home. — 25. On the two Humboldts cf. **98**, 25, note.

117. 11 ff. On Fichte cf. **145**, 30, note. Friedrich Schelling, 1775–1854, was professor of Philosophy in Berlin. Georg Wilhelm Hegel, 1770–1831, was professor of Philosophy in Berlin. Friedrich Schleiermacher, 1768–1834, the great preacher, lectured on theology in Berlin.

— 16 ff. Immanuel Kant, 1724–1804, was professor of Philosophy in Königsberg. On Wolff cf. 183, 11, note. Christian Heyne, 1729–1812, was professor of Greek Antiquities in Göttingen. On Wolf cf. 101, 23, note. G. J. Hermann, 1772–1848, was professor of Philology in Leipzig. On Böckh cf. 98, 25, note. — 23 ff. On Ranke cf. No. 20, note. Georg Waitz, 1813–86, was professor of History in Göttingen. Karl Friedrich Gauss, 1777–1855, was professor of Astronomy in Göttingen. Justus Liebig, 1803–73, was professor of Chemistry in Munich. On Helmholtz cf. No. 13, note. Robert Kirchhoff, 1824–87, was professor of Physics in Berlin. Karl Weierstrass, 1816–97, was professor of Mathematics in Berlin. — 31 ff. Ludwig Uhland, 1787–1862, was professor of Literature in Tübingen. His verse, chiefly lyric, is an exquisite treatment of medieval and homely modern themes. Friedrich Rückert, 1788–1866, was professor of Oriental Languages in Berlin. He produced a large amount of lyric and didactic verse very perfect in form but lacking content. Friedrich Schiller, 1759–1805, was for a few years professor of History in Jena. Gellert (cf. 51, 11, note) was professor of Literature in Leipzig. Albrecht v. Haller, 1708–77, was professor of Medicine in Göttingen. His best known poem *Die Alpen* was one of the earliest to celebrate the Alps.

118. 2 ff. Samuel v. Pufendorf, 1632–94, was professor of Law in Heidelberg. He laid the foundation of modern conceptions of Law and Government. On Thomasius cf. 41, 17, note. Friedrich Karl v. Savigny, 1779–1861, was professor of Jurisprudence in Berlin. Ludwig Feuerbach, 1804–72, lectured on Philosophy in Erlangen. On Niebuhr cf. 98, 25, note. He was professor of History in Berlin. On Treitschke cf. No. 22, note. Luther was professor of Theology in Wittenberg, a now extinct university. Philip Melancthon, 1497–1560, was professor of Greek in Wittenberg.

119. 12. hier, i. e. in Germany. — 26. Innerlichkeit, say 'the true vocation.'

120. 7. ben Doktor, 'the Ph.D. degree.' — 11. Andrew D. White was minister to Germany 1879-81, 1897–1902.

19.

OTTO BEHAGHEL is professor of Germanic Philology in the University of Basel.

122. 8. The Celts are the Indogermanic tribes that occupied western Europe and the British Isles prior to the advent of the Teutons

(𝔊ermanen) from the northeast. — 13. Melibo′kus is a hill in the Oden-wald in Hesse, commanding a wide view of the Rhine valley. The Vosges Mountains are in Alsace along the French frontier.

123. 3 ff. Latin: *elephantus, pavo, draco; pirum, ficus, cerasum, caulis, cucurbita, lilium, amandola, morum, piper, radix, rosa; planta, fructus; marmor.* — 12 ff. Latin: *calx, plastrum, strata, platea, murus, postis, porta, carcer, cellarium, turris, palatium, tunica, tegula, scindula.* — 16 ff. Latin: *vinum, mustum, vinitor, pellicia.* — 23 f. Latin: *buty-rum, caseus, oleum, simila, sinapis.* — 27 f. Latin: *ancora, catena, bacar, caput, scutula, cista, saccus.* — 30 ff. Latin: *corona, purpura, speculum; Caesar.*

124. 5 f. Latin: *milia, pondo, census.* — 14 f. Latin: *pyxis, plas-trum.* — 28. Greek: παπᾶς, πεντεκοστή, διάβολος. — 29. The Goths were a group of tribes settled on the lower Danube and so geographi-cally in touch with Constantinople. 31. The Otto's were the Saxon emperors of the 10th century.

125. 5 ff. Latin: *clausus, claustrum, monasterium, scola; altare, cancellus, crux, oblata, organum; abbas, custos, mansionarius, monachus, nonna; feriae, vespera, missa, spendere, offerre, praedicare; angelus, martyrium, plaga, damnare.* — 15. The Middle High German period began in the first half of the 12th century. By High German we mean the dialects of Upper (South) Germany, by Low German those of the low-lying northern half.

126. 5 f. French: *bannière, blond, fin, manière, palais, pris (prix), tourner.* — 10. By Humanism we mean the movement in favor of secular culture based on Latin and Greek (the Humanities) in distinc-tion from that of the church. It was contemporary with the Reforma-tion but distinct from it. With it are associated the names of Erasmus, Melancthon, Reuchlin, etc.

<h2 style="text-align:center">20.</h2>

LEOPOLD V. RANKE (1795–1886) was professor of History in the University of Berlin and one of the great historians of the 19th century.

127. 15. St. Boniface, a native of Devonshire, was appointed mis-sionary to the German tribes by Gregory II in 718. He founded mon-asteries in Thuringia and Hesse. He was slain in 755. — 24. Luther was born November 10, 1483, in Eisleben, where he died February 18, 1546.

129. 24. alle is an older uninflected form.

130. 2. The seven canonical hours are the daily services prescribed for monks, viz.: matins at 3 A. M., prime at 5, terce at 8, sext at 11, nones at 2, vespers at 4, compline at sunset.

131. 17. Schulmeinungen, 'doctrines of the schools,' i. e. of scholastic theology. — 20. "The just shall live by faith." *Romans 1 : 17.* — — 21. St. Augustine, Bishop of Hippo and Church Father, 354–430.

132. 4. Luther went to Rome in 1510. — 16. The Holy Stairs are a flight of 28 marble steps in a chapel of the Lateran. Tradition says that they came from the palace of Pontius Pilate and hence were trodden by Christ.

21.

HEINRICH BULTHAUPT, a dramatist and critic, is head of the library of Bremen.

Gotthold Ephraim Lessing (1729–81) was born in Saxony. He studied in Leipzig and then adventured himself in the journalistic world of Berlin. In 1760 he went to Breslau as a secretary. Here the *Minna* was written (1767). In 1767 he was attached to the Hamburg theatre as dramatic critic. In 1770 he went as librarian to Wolfenbüttel, where he died. Lessing was one of the world's great critics, a passionate lover of truth. He was the first great German dramatist. In his *Minna* he showed that comedy need not be farce, in his *Emilia Galotti* that tragedy could take its heroes and heroines from common life. His third great play, *Nathan der Weise*, is rather a philosophic poem on the nature of true religion.

137. 1 ff. On Lessing's opinion of the comparative merits of Shakespeare and the French tragedians cf. *Litteraturbriefe*, 17: "To judge only by the example of the Greeks, Shakespeare is a far greater tragic poet than Corneille, although the latter knew the ancients well, the former hardly at all. Corneille comes nearer them in mechanical structure, Shakespeare nearer in essentials. The Englishman achieves the end of tragedy almost always, however unusual ways he may choose. The Frenchman achieves it almost never, although he treads the smooth path of the ancients. After the *Edipus* of Sophocles no piece in the world has more power over our passions than *Othello, Lear, Hamlet*. Has Corneille a single tragedy that has touched you half as much as the *Zaïre* of Voltaire? And Voltaire's *Zaïre*, how far is it below the *Moor of Venice*, whose feeble copy it is!" — 7. trotz ihnen, 'as well as they.' — 9. The Three Unities that the French dramatists deduced from Aristotle are those of Time, Place and Plot, viz.: that the action must lie within 24 hours, that the scene must not be changed and that there must be no episodes. — 18. **Situationskomik**, comic effect dependent on the situation rather than on the personalities involved, turning on accident rather than on character.

140. 4. Lessing wrote to Gleim, 16 December, 1758: "Perhaps the patriot is not quite stifled in me, although to my mind the praise of being a zealous patriot is the very last that I should covet; the patriotism, that is, that teaches me to forget that I ought to be a citizen of the world." And to the same, 14 February, 1759: "I have no idea what love of one's fatherland is, and it seems to me at best an heroic weakness that I can easily dispense with."

144. 3. **hat sie alsbald weg,** 'she soon sees through.'

22.

HEINRICH V. TREITSCHKE (1834–96) was professor of History in the University of Berlin. He was a conservative in politics and his criticism of the revolutionary movements of 1815 to 1848 though fair is not sympathetic.

Friedrich Ludwig Jahn (1778–1852), the "Father of Gymnastics," a patriot but an eccentric and unwise man, led a life of alternate teaching and roving until the prospective struggle with Napoleon called out his energies in organizing *Turnvereine* (athletic clubs) in which the youth of Germany were drilled for the coming contest. The first *Turnplatz* was opened in Berlin in 1811. (Jahn took the word *Turnen* from *Turnier*, tourney). In the period of reaction after 1815 Jahn incurred the suspicion of the government, was arrested and imprisoned (1819). He was finally set free, but remained under police supervision until 1836. He lost the ear of the public in his later years. His statue now stands on the original *Turnplatz*, in Berlin.

145. 5. After the fall of Napoleon in 1815 the Congress of Vienna rearranged the affairs of Germany, under the leadership of the Austrian minister Metternich, on an autocratic basis. The people had been promised a larger measure of constitutional liberty, but the timid governments adopted a system of repression that was peculiarly irksome to the youth. — 12. **Welschtum,** say 'the French.' — 18. **Völkerwanderungen,** the great migrations of the Germanic tribes south and west in the 4th and 5th centuries. The medieval Empire in the hands of strong men like Frederick Barbarossa wielded a great influence. — 21. **Berwelschung,** 'Gallomania.' **Lützows wilde verwegene Jagd,** a line from a poem by Theodor Körner. Lützow raised a corps of volunteers in 1813 whose uniform was black, and who became famous for their daring. — 25. **das deutsche Bunt**, 'the German motley.' **Das** deutsche **Bund** was the federated German states. — 28. The term "Philistine" was originally used by German students for "townies." Matthew Arnold has familiarized us with it as a term for people of narrow ideas. — 30. Johann Gottlieb Fichte (1762–1814), professor of Philosophy in the University of Berlin, was an ardent patriot and roused national feeling by his *Reden an die deutsche Nation*, 1807–8.

147. 12. The battle of Jena (1806) put Prussia into the hands of Napoleon. — 20. The bronze horses above the entrance of St. Mark's Church in Venice, ascribed to Lysippus (360–316 B.C.), were taken to Paris by Napoleon and set up in the Place du Carrousel in the Tuileries.

148. 1. **Knoten**, 'cads.' — 21. **wehrlich** = **wehrhaft**. — 29. Rügen is the large island in the Baltic. — 33. **Ofenpacht**, 'squatting by the stove.'

149. 8. **Dachtel** = **Ohrfeige**. — 23. Neithardt v. Gneisenau (1760–1831) was one of the great generals of the War of Liberation. — 25. **Eulenspiegeleien**, 'absurdities.' *Till Eulenspiegel* was a famous jest-book of the 14th century. — 30. **Männer des Korporalstocks**, i.e. officers. — 31. **Landwehr**, 'militia;' **Landsturm**, 'reserve,' called on only in case of invasion.

150. 3. **Kraftmenschen**, say 'heroes.' — 5. **Bauchwelle**, say 'handspring,' properly a movement on the horizontal bars.

23.

On Freytag see No. 15, note. **Charakterbildung**, say 'depiction of character.' **Romanen**, the Neo-Latin races, French, Italian, Spanish, etc.; **Germanen**, the Teutonic races, German, English, Scandinavian, etc. — 19. **Tiefer . . . Kunstgebilde**, 'The German has a deeper conception of his characters.' — 23. **Konvenienz**, 'social proprieties.'

151. 1. **fertige**, 'fully matured.' — 5. Molière, the great French dramatist (1622–73), often indicated by his title that the play was a study of a type of character, e.g. *Le Misanthrope*, *L'Imposteur* (*Tartuffe*), *L'Avare*. — 19. **Spannung**, 'keeping alive of interest.' — 28. **bei ihrer Anlage**, 'in consequence of their limitations (native character).'

152. 12. 𝔊𝔢𝔴𝔢𝔟𝔢, 'structure.' — 22. 𝔡𝔦𝔢 ... 𝔰𝔠𝔥𝔩ä𝔤𝔱, 'runs very high.'

153. 7. 𝔦𝔫 𝔰𝔢𝔦𝔫𝔢𝔯 𝔅𝔢𝔰𝔬𝔫𝔡𝔢𝔯𝔥𝔢𝔦𝔱, 'in its individual character.' — 10. 𝔊𝔢𝔤𝔢𝔫𝔟𝔦𝔩𝔡, 'model.' — 18. 𝔊𝔢𝔰𝔠𝔥𝔩𝔬𝔰𝔰𝔢𝔫𝔥𝔢𝔦𝔱, 'coherence.' — 30. Schiller's *Love and Intrigue* appeared in 1784.

154. 13. 𝔅𝔢𝔣𝔞𝔫𝔤𝔢𝔫𝔥𝔢𝔦𝔱, say 'gloom.' — 28. 𝔍𝔫𝔥𝔞𝔩𝔱, 'inner wealth.'

24.

KUNO FISCHER (1824–1907) was professor of Philosophy in the University of Heidelberg. He wrote much on the history of philosophy and on literary themes, having an admirable gift of lucid exposition.

Goethe's *Faust* was begun before he left Frankfort for Weimar in 1775. The incomplete First Part was published under the title of *Faust, ein Fragment* in 1790, the completed First Part in 1808. The Second Part was not finished until 1831. Part I consists of two prologues, the second, *Prolog im Himmel*, being a dialogue between the Lord and Mephistopheles, in which the latter receives permission to exercise his wiles on Faust. On this follows a long Exposition showing Faust consumed with a passion for knowledge and making the pact with Mephistopheles in the hope of winning satisfaction from the senses. The rest of Part I is mainly occupied with the betrayal of Margaret, really an episode from the point of view of the whole. In Part II Faust goes through a series of adventures at the Emperor's court and elsewhere, and in the last act appears as a blind old man, happy in having drained a great tract of sea-coast and made it available for his fellows. He dies and is carried to heaven as a redeemed soul.

155. 12 ff. In the last decades of the 18th century arose the so-called Storm and Stress school, a group of writers who cut loose from the older literary canons and aimed at the unfettered expression of passion. Klopstock (cf. 47, 23, note) had lent the new movement wings by his transcendental soarings in the *Messias*. Lessing (cf. No. 21, note) guided it in so far as his criticism was ultimately to discipline its excesses. 24. 𝔞𝔲𝔣 𝔡𝔦𝔢 𝔥ö𝔥𝔢 𝔡𝔢𝔯 𝔷𝔢𝔦𝔱, 'to the level of the age.'

156. 7. 𝔊𝔢𝔫𝔦𝔲𝔰, 'genius' in the sense of 'native quality.' — 19. Dante's *Divine Comedy* consists of the *Inferno*, the *Purgatorio* and the *Paradiso*. Dante used the term "comedy," as he tells us, because the poem ends happily, i. e. in heaven. The epithet "divine" was added after his death (1321).

157. 2. The oldest Faust-book is that of 1587. Faust was an his-

torical character (*circa* 1480–1539) about whom gathered a mass of legend. Christopher Marlowe knew this Faust-book, which had been translated into English. His *Doctor Faustus* dates from 1589. The theme
was also a popular one on the stage of the strolling players. — 6. **Grünbe**,
'abysses.' — 8. **Höhenrichtung**, 'aspiration.' — 11. Dante in the opening of his poem depicts himself as lost in a wood, out of which Virgil is
his guide. — 18 f. Said by the Lord in the *Prolog im Himmel.* — 20. **Das
Prometheische**, 'the Promethean element (in man).' According to the
Greek legend Prometheus was the friend and benefactor of man, the
defiant opponent of the tyranny of Zeus. For his revolt he was chained
to a rock in Caucasus and a vulture preyed on his liver. But he looked
forward to the advent of a greater Fate to whom Zeus must bow.

158. 8. **an sich**, 'for itself.' — 29. **der Zeiger fallen**, 'the hand drop,'
probably with an allusion to a water-clock.

159. 9. 'Thou shalt have the scrawl.' — 12 f. An obscure passage,
but plainly meaning: My persistence in evil (if I do persist) will mark
me a slave, and if a slave, it matters little to whom. Cf. Tennyson:

> The sin that practice burns into the blood,
> And not the one dark hour that brings remorse,
> Will brand us, after, of what fold we be. (*Vivien.*)

160. 13. **umrungen** = umringt.

161. 9. Mephistopheles' 'cousin' is the serpent that tempted Eve,
on whom was laid the curse: "Upon thy belly shalt thou go, and dust
shalt thou eat all the days of thy life." *Gen.* 3. 14. — 20. 'And if he
only went on lying in the grass! But ...'

<h2 style="text-align:center">25.</h2>

FRIEDRICH NIETZSCHE (1844–1900), the famous radical philosopher,
devoted himself to classical philology and filled a chair in the University
of Basel 1870–79. His health growing infirm he turned to literature,
led a roving life and in 1889 became insane. Nietzsche rejected, not
only all creeds but all systems of ethics and preached the coming of the
Superman and of a social order based on the exploitation of the weaker
by the stronger. He reacted fiercely from the Christian doctrine of ab-
negation and held the animal instincts to be the norm of life. Yet he
had lofty ideals and was capable of moral enthusiasm. The exceeding
charm of his style, the vigor of his mind, the original, often profound
thoughts with which his works are strewn, and the revolutionary character of his assertion of individualism, have given his works wide vogue.

His prejudices were too intense to allow of his being a judicial critic; on the other hand his sympathies were unfettered by convention.

163. 11. **Moira**, 'Fate.' — 21. The Scandinavian mythology pictured a Twilight of the Gods in which the existing order should come to an end in a great catastrophe.

165. 18. **spernere se sperni**, 'scorn of scorn.' The motto of St. Philip Neri was: *Spernere mundum, spernere se ipsum, spernere se sperni.*

166. 23. **dreinfchauen = ausfehen.**

167. 30. **figen Idee,** '*idée fixe*,' 'obsession.' — 31. **Welche Bewandt= nis es habe,** 'how the case stood.'

169. 21 ff. Cf. *Galatians* 2. 17. — 25. **Saft,** 'elixir.'

26.

GUSTAV SCHMOLLER is professor of Political Economy in the University of Berlin.

Henry George (1839–97) began life as a printer, became editor of successive San Francisco newspapers and in 1887 of the New York *Standard*. *Progress and Poverty* appeared in 1880. In it he urged the abolition of private ownership of land as a cure for social ills. He did not urge expropriation (confiscation by the state) but the imposition of a tax on land only (single tax) which should supersede all others and return to the state the rental of the land.

170. 23. **offene Türen einftößt**, 'proves the self-evident,' 'slays the slain.'

171. 1. The Manchester school of political economy originated in the movement against the Corn Laws (duties on grain) led by Cobden and Bright (1839). This movement began in Manchester. The term is now used for the extreme individualistic school of political economists that reject all interference by the state, holding the doctrine of *laissez faire*.

173. 7. Thomas Jefferson advocated warmly reducing the functions of government to a minimum. — 16. **dithyrambifcher,** 'dithyrambic,' 'enthusiastic.' The dithyramb was a song in honor of Bacchus.

174. 16. **fchwungvoll gehaltenen,** 'eloquent.' — 21. **gefchloffenen,** 'coherent.' — 29. Spanish Boots were an instrument of torture by compressing the leg. — 33 f. 'of a broad training in philosophy, in the development of law and in the history of civilization and of economics.'

175. 4. **Lohnfondstheorie,** 'Wage-fund theory,' viz., Ricardo's, that the capital available for wages at a given time is always a fixed sum and

that hence wages cannot be raised by any artificial means. — 16. Selten=
heitswert, 'value' (as determined by the limited supply). — 32. *impôt
unique*, 'single tax,' which had been urged by the Physiocrats, a group
of French economists of the 18th century.

27.

On Helmholtz cf. No. 13, note.

179. 17. Luigi Galvani (1739–98) professor of Medicine in the University of Bologna, discovered the galvanic phenomena in 1790. — 23.
Alessandro Volta (1745–1827), professor of Physics at Pavia, invented
the voltaic pile, which gave practical value to Galvani's discovery. —
30. Galileo Galilei (1564–1642), the great astronomer. The incident is
said to have occurred in 1583 when Galileo was a student at Pisa.

28.

HERMANN HETTNER (1821–82) was a very able writer on literary
and esthetic themes. His *Litteraturgeschichte des 18. Jahrhunderts*
(1870) in three parts, dealing respectively with English, French and
German literature, is a standard work.

183. 11. Sir Isaac Newton, the great English physicist, 1643–1727.
Christian Wolff (1679–1754) was, through his gift of clear presentation,
for a time the most conspicuous philosophical figure in Germany. John
Locke, the English philosopher, 1632–1704. François Arouet de Voltaire, the great French philosopher, dramatist and poet, 1694–1778. —
19. The Kings of Prussia are crowned at Königsberg on the Baltic,
the ancient capital of the province of Prussia. — 24. Marcus Aurelius
Antoninus (121–180), the Roman emperor and Stoic philosopher, ruled
in the interest of the people.

184. 3. Rheinsberg is a castle near Potsdam where Frederick lived
before his accession. — 10 f. Heinrich v. Podewils, 1695–1760, Minister of Foreign Affairs. Graf v. Schwerin, 1684–1757, one of Frederick's
great generals. — 18. The first Silesian War, 1740–2, the second, 1744–5,
the third, the Seven Years' War, 1757–63. It ended in the victory of
Frederick and the cession to Prussia of the disputed province.

185. 8. Frederick's *Essai sur les formes du gouvernement et sur les
devoirs des souverains* (1777). Frederick wrote and spoke only French.

186. 2. Marginalresolution, 'marginal note.' — 4. Façon = Weise.
— 33. Serfdom was abolished under Frederick William III in 1807.

188. 12. Romantiker, say 'dreamers,' i. e. the radicals and revolutionists who wanted a new political order. — 13 ff. Mirabeau (1749–91), the revolutionary leader and statesman, wrote: *Sur la monarchie prussienne sous Frédéric le Grand* (1787). — 27 f. Louis XIV (1643–1715). *L'état c'est moi*, a definition of the relation of prince and people credited to him erroneously, represents his policy. — 29. Aristotle (384–322 B.C.) in his *Politics* discusses the aim and constitution of the state, its various forms and its ideal.

29.

JOHANN AUGUST EBERHARD (1739–1809), professor of Philology at the University of Halle, published his *Versuch einer allgemeinen deutschen Synonymik* in 1802. The last revision (1896) is by Otto Lyon, a philologist of repute.

190. 19. *Creator spiritus*, a phrase from the hymn to the Holy Spirit, ascribed to Charlemagne but much older, *Veni, Creator Spiritus*. — 26. Goethe in *Dichtung und Wahrheit*, 4. 19. — 30. **naiv,** 'simple,' 'natural,' 'unaffected.'

191. 14. Columbus is said to have set his companions the problem of making an egg stand on end. He solved it with a gentle blow.

192. 8 ff. Schiller in *Über die ästhetische Erziehung des Menschen.* — 12 ff. Goethe in *Sprüche in Prosa.* — 18. **Lauteinheiten,** 'vocables.'

195. 14 f. Louis Philippe, Duke of Orleans (1747–93), led the Orleanist faction during the French Revolution. Mirabeau, the revolutionary leader, intrigued for a constitutional monarchy with the Duke as king.

80.

It is only fair to the author to say that this picture of the economic struggle for existence as set forth in the *laissez faire* doctrine of the Manchester school (cf. 171, 1, note) is only incidental to his main argument, which is directed to disproving its validity in favor of higher economic organization on a non-competitive basis.

198. 24 f. Said by Gretchen in *Faust* I. 2802:

> Am Golbe hängt, nach Golbe brängt
> Doch alles. Ach, wir Armen!

199. 22. A reference to the so-called Manchester School, cf. 171, 1, note.

201. 20. Adam Smith, author of the economic classic, *The Wealth of Nations* (1776).

81.

ADOLF BARTELS is the author of a good *Geschichte der deutschen Litteratur* (1902) and of much verse.

204. 3. Ulrich v. Hutten (1488–1523), one of the champions of the Humanist movement and of the Reformation. His works were addressed to the needs of the day and are no longer read, but his picturesque and interesting personality has kept his memory alive. — 10. plaſtiſche, 'vividly realized.' — 12. The Night of St. Bartholomew, 24th August, 1572, on which the Protestants in Paris were butchered by order of Charles IX. — 17. epiſobiſchen Einbruck, that is, there is no large background of the age sketched in. — 20. Jürg Jenatsch (*Jürg* is dialectic for *Georg*) was a Swiss patriot (1596–1639) who during the Thirty Years' War led the revolt of the canton of the Grisons (Grau‑ bünben) against Austria. Later he joined hands with Austria to thwart the schemes of Richelieu. He began life as a Protestant clergyman, but in the prosecution of his ends became a Catholic. His career was stained with cruelty. — 32. Raiſonnement, 'a purely intellectual element.'

205. 11. Thomas à Becket, the Chancellor of Henry II and Archbishop of Canterbury, was assassinated by order of the King in his cathedral, 29th December, 1170. He had sought to free the clergy from civil control. He was canonized in 1172. In 1174, to appease the people, Henry performed an act of humiliating penance at his tomb.

206. 6. Die Richterin, say 'The Lady of the Castle.' — 7. Dante Alighieri (1265–1321), the great poet. — 8. Can Grande della Scala, a patron of Dante and Lord of Verona. — 13. Ezzelino da Romano (1194 –1259), Lord of Padua. The Monk is the scion of a noble house who, on the death of his elder brother, is relieved from his vows to enable him to marry and perpetuate his race. — 21. Rhaetia, the ancient Roman province that included eastern Switzerland.

207. 28. 'Art for art's sake.'

82.

WILHELM MAX WUNDT is professor of Psychology at the University of Leipzig.

208. 7. The Protozoa are represented by the microscopic infusoria of stagnant water, the Cœlenterata by the sponges and the coral polyps; u. a. = unb anbere. — 8. die auf ... laſſen, 'that imply processes of thought and will.' — 10. u. bgl. = unb bergleichen. — 11.

finnlichen ... Wiedererkennens, 'cognition (sense perception) and recognition.' — 15. Anlage, 'structure.' — 16. Sinnesvorstellungen, 'mental images presented by the senses.' — 18. entsprechend, usw., cf. the infant's early efforts to grasp everything. — 20. allgemeinen, 'general' in distinction from such specialized forms of touch as taste. — 24. 'apperceptions,' the reception of knowledge through the senses. — 26. Triebhandlungen, 'instinctive actions.'

209. 11. Affekte, 'feelings,' i. e. sudden and violent ones, like anger, joy, shame. — 19. einseitigen Funktionsrichtungen, 'special functional aptitudes (tendencies).'

210. 8. Anlage, 'aptitude.' — 13. verhalten fich verschieben, 'vary.' — 30 f. finnlichen Empfindungen, 'objective sensations,' Gefühlen, 'subjective feelings.'

211. 3. bei, 'in view of.' — 12. Termites are certain varieties of ant. — 13. Geschlechtsverbindungen, 'associations based on sex.' — 18. Empfindungsreizen, 'stimuli.' — 26. Reflexmechanismen, 'reflex mechanisms,' i. e. systems of nerves and muscles set in motion (ausgelöst) automatically by the appropriate stimulus.

212. 12. Gattungen, 'genera,' 'families,' Arten, 'species.' — 23. Gewohnheitsvorgang, 'habitual act.' — 29. Eindruck = Reiz, 'stimulus.' — 31. genetischen, 'genetic,' from the point of view of origin.

33.

HERMANN CREDNER is professor of Geology in the University of Leipzig.

218. 14. Vulcanism and Neptunism are names given to the rival theories of the moulding of the earth's surface by the internal fires or by water.

34.

ADOLF HARNACK, professor of Theology in the University of Berlin, is one of the most eminent representatives of the advanced school of theological thought.

221. 1. Wesensbestimmungen, 'definitions of the nature.' — 10. Naivetät, say 'state of innocence.' — 11. geschlossenen, 'independent.' — 12 ff. From Goethe's *Seefahrt*. — 23. Zusammenschluß, 'closer intercourse.'

222. 8. dem Allzumenschlichen, 'human weakness.' — 25. Momente, 'factors.' — 31. extensiv und intensiv, 'quantitatively and qualitatively.'

223. 30 f. 'Ehrlichkeit, ' uprightness ' in life, Redlichkeit, ' honesty ' in fulfillment of engagements.

224. 26. ba is often used pleonastically with the relatives.

225. 17. Jacob Wychgram edits the *Frauenbildung* in Berlin in the interests of schools for girls.

227. 24. Hochschulkurse, ' University Extension lectures.' — 30. bas Bedingte der Verhältnisse, ' the limitation of circumstances.'

35.

ADOLF STERN (1835-1907) was a prolific writer of tales and verse and the author of excellent works on the history of literature.

" Naturalism " was originally a painter's term for fidelity in detail. It was then used for the extreme form of Realism in literature.

228. 14. scheinwissenschaftlichen, ' pseudo-scientific.' — 23 f. Gustave Flaubert (1821–80), the author of *Madame Bovary*, etc. Émile Zola (1840–1902), the chief apostle of ultra-realistic fiction; norbische, ' Scandinavian.'

229. 10. On the Storm and Stress School, cf. **155**, 12, note. Goethe in his *Götz von Berlichingen* (1773) and Schiller in his *Räuber* (1781) did temporary homage to the movement, which had its roots in the same soil as the French Revolution (Rousseau, etc.). — 15 f. The Second Silesian School was a group of writers of the last half of the 17th century characterized by license, pedantry and fantastic extravagance of style. The Spanish poet Luis de Góngora (1561–1627) had invented a like artificial style. The same phenomenon is seen in English literature in Lyly's *Euphues and his England* (1580). By the Gothic School is meant the pseudo-medievalism of Horace Walpole (1717–97) and Mrs. Radcliffe (1764–1823).

232. 22. Johann Schröter (1745–1816) made special observations of the moon. Johann Heinrich v. Mädler (1794–1874) published maps of the moon. — 30 f. Iwan Turgenjew (1818–83) the Russian poet and novelist. Gottfried von Strassburg, cf. 60, 18, note.

36.

LUDWIG ANZENGRUBER (1839–89) was a distinguished Austrian playwright and novelist. His brilliantly realistic plays deal chiefly with peasant life and are in dialect. Beside several volumes of short stories he wrote two powerful novels: *Der Schandfleck* (1877) and *Der Sternsteinhof* (1885).

234. 3. Goethe's *Faust* I, 167:

> Greift nur hinein ins volle Menschenleben...
> Und wo ihr's packt, da ist's interessant.

— 5. zappelt sich zu Tode, 'falls into the death-throes.' — 19. den Beziehungen, 'its environment.'

87.

On Hebbel cf. No. 1, note.

239. 4. Thespis was said by the Greeks to have invented the drama. Horace makes him give his plays from a cart. — 6. *Sakuntala*, a Sanscrit drama by Kalidasa, a poet of the 6th century A.D. The *Song of Solomon* in the Old Testament dates from the 4th century B.C. It is a collection of marriage songs, but has sometimes been regarded as dramatic. — 16. auch ... anders, 'in precisely the same way,' i. e. dramatic art is just as dependent on the existence of speech and on the development of language as is thought. — 29. Mysteries were plays dealing with scriptural themes; the oldest date from the 8th century. Moralities were similar plays of an allegorical character. — 30 ff. John Heywood's (1497–1587) *Interludes* were satirical plays at the expense of the Church of Rome, written for the court of Henry VIII. Fastnachtspiele, 'Carnival plays,' i. e. farces and comedies given just before Lent. Fastnacht, 'Shrove Tuesday.' Hans Rosenblüt (*circa* 1400–60) and Hans Sachs (1494–1576) were Nuremberg poets and playwrights.

240. 4 f. die aber natürlich, usw. He means that even in the earliest period dramatic art was not wholly destitute of form (nackt), but showed at least the rudiments (Ansätze) of crude (Halb-) and mistaken (Schein-) dramatic structure (Organismen). — 8. hiebei ist der Volksgeist, usw. He holds the theory that the drama, like ballad poetry, according to some authorities, was communal in its origin, i. e. born of a popular instinct rather than of an individual writer. — 15. Aber was resultiert, usw. These primitive efforts interest *us* very much, but did they have the same value for the contemporaries alike of Shakespeare and of the inferior poets? — 24. Christopher Marlowe (1564–93) and Robert Greene (1560–92) were among the more distinguished contemporaries of Shakespeare.

241. 3. *The Jew of Malta* is a play by Marlowe. — 5 f.

> But stay, what star shines yonder in the east?
> The loadstar of my life, if Abigail. (ii. 1.)

— 8 f.

> But soft! what light through yonder window breaks?
> It is the east and Juliet is the sun. (ii. 2)

—10. The Patriarch of Jerusalem is a Christian bigot in Lessing's play, *Nathan der Weise*. The words are however spoken by the Knight Templar (i. 6). — 28. **Schriftsteller**, G. C. Lichtenberg (1742-99), a Göttingen professor who conceived that Horace was indebted to his patrons Augustus and Maecenas in part for his ideas.

242. 6. Carlo Goldoni (1707–93), the famous Italian comedian, in his *Il Bugiardo, The Liar.* — 16. **phosphoresziert**, 'grows luminous.' — 22. Karl Solger (1780–1819), a distinguished writer on esthetics. Jean Paul Friedrich Richter (1763–1825), the novelist, wrote a *Vorschule der Ästhetik* (1805). — 24 ff. Lessing, *Hamburgische Dramaturgie*, 73: "If we have genius, Shakespeare will be to us what the *camera obscura* is to the landscape painter. Let him observe it diligently, to learn how Nature is projected on a flat surface, but he must not borrow from it." A *camera obscura* is a dark room to which light is admitted through a small aperture. The surrounding scene then appears on a flat surface in its natural colors. John Webster (1580–1625) the English dramatist.

88.

RICHARD WAGNER (1813–83), beside his great operas, published much in elucidation of his musical theories.

By "programme music" we mean instrumental music that aims at suggesting definite scenes or a dramatic situation. The composer often furnishes a verbal description (programme) of the subject treated, to aid the imagination of the listener. The stricter school regards such an extension of the sphere of music as illegitimate. Beethoven's *Pastoral Symphony* is a simple example of such an effort, scenes of rural life, storm, etc., being suggested. Later composers, e.g. R. Strauss, Liszt, etc., have attempted much more elaborate themes.

243. 7. **welches, usw.** i. e. which could express dramatic feeling but could not explain what it was about. — 11. **überschriftlich bezeichnete,** 'indicated by the title.' — 20. Hector Berlioz, 1803-1869. — 21. Franz Liszt, 1811–86. — 26. **Vorgangsbildes,** 'conception.'

244. 5. **bestimmt,** 'moved.' — 6. Beethoven's opera of *Fidelio* was originally called *Leonore*, and for it he wrote several overtures. — 14. On Weber cf. 12, 30, note. — 28. **Gestaltung,** 'situation.' — 30. **Melodrammmusiken,** cf. 11, 33, note. The plural of **Musik** = 'musical compositions' is rare. — 32. **Rezitativen,** i. e. passages that forwarded the dramatic action without any musical *raison d'être*.

245. 1. **musikalischen Dramas,** i. e. Wagner's new type of opera. —

12. **klassisch Geblieben,** 'claim of being still classic,' i. e. musically orthodox. — 14. **Mischgewächs,** 'hybrid.' — 21. **Prägnanz,** 'effectiveness.' — 22. **es . . . fehlte,** 'it needed no less than a Beethoven.' — 24. **Als wir, usw.,** i. e. when we began again to write symphonies. — 29. **Sturmvögel,** 'stormy petrels,' because the innovators raised a storm. **Es ging . . . her,** 'Our symphonies were and are filled with pessimism and disaster.'

246. 1. **da . . . ausgerissen,** 'then our cosmic toothache was suddenly cured.' — 3. **ungarisch oder schottisch,** the new school was fond of Hungarian and Scotch themes. — 13. **fallen = fein.** — 18. **zähe Melodik,** 'sluggish flow of melody.' — 19. Chamber music is music written for a few instruments and designed to be played in a small hall. — 23. **verstanden wissen durfte,** 'could make intelligible.' — 25. **plastischen,** cf. 63, 31, note. — 30. **Exzedenten,** 'seceders.'

247. 1. **Melodieenhäcksel,** 'a hash of tunes.' — 2. **vorgetrunkenem,** 'drunk to one's health.' — 3. **Firma,** 'trade-mark.' — 6. **programmatische Unterlegung,** 'an explanatory programme.' — 7. Felix Mendelssohn-Bartholdy, 1809-47. — 8. **epischlandschaftlicher,** 'narrative and landscape.' — 11. **Genrebilder,** '*genre* pictures,' i. e. domestic scenes and still-life. — 13. **Unterlagen,** cf. 247, 5.

39.

RUDOLF EUCKEN is professor of Philosophy in the University of Jena.

248. 31. **Lebensform des Menschen,** 'mould in which human life (thought) is cast.' — 32. **Zuständlichkeit,** 'neutrality.' — 33. **Subjekts,** 'individual'; **aus,** 'based on.'

249. 1. **Komplexe,** 'theories' (of life as a whole). — 16. **Lebensaffekt,** 'attitude to life.' — 24. **Entgegenkommen gegen,** 'response to.' — 27 f. **der einen, der anderen Seite,** i. e. priests *v.* people.

250. 33. **übergeschichtlichen,** say 'spiritual.'

251. 2. **Gesamteindruck,** say 'superficial impression.' — 24. Origen (182-252) was the great theologian of the church before Constantine.

252. 8. **Besonderheit,** say 'limitations.' — 18. **von der bloßen Zeit,** i. e. from its ephemeral characteristics. — 23. **zu vollem Erlebnis,** 'a personal experience.' — 26. **Weltgeschehens,** 'cosmic process.'

40.

EMIL DU BOIS-REYMOND (pronounce as in French), 1818–96, was professor of Physics in the University of Berlin. His mind was a philosophic one and he wrote much on the larger questions of philosophy and science.

253. 9. Francesco Petrarca (1304–74), Italy's great lyric poet, was one of the great scholars of his age. Giovanni Boccaccio (1313–1375), famed for his *Decamerone*, was also a zealous student of the Latin classics. — 12. On Humanism cf. 126, 10, note.

254. 18. Kaufalitätstrieb, 'impulse to trace cause and effect.' — 25. Cf. 179, 30, note. — 26. Isochronie, 'isochronism,' the property by virtue of which a pendulum performs its oscillations in equal times. — 28. Insichgelehrtsein, 'introspection.'

255. 27. völkerpsychologischen Besonderheit, 'peculiarity of the national psychology.'

256. 3. Socrates (469–399 B. C.) was accused of corrupting youth and teaching the worship of other deities than those recognized by the state. — 6. *Acts of the Apostles*, 17.23. — 16. Lessing in *Nathan der Weise*, following Boccaccio, makes Saladin ask a Jewish sage which is the true religion. The embarrassed Israelite takes refuge in the parable of the Three Rings, viz.: that the father of three sons, all loved and worthy, had a ring endowed with the property of making its owner beloved of God and man and head of the house. He fondly promises it to each of his sons. On his deathbed he has two other identical rings made and gives a ring to each. They quarrel as to which has the true ring. The judge to whom they appeal is unable to decide and bids them wait for the signs of the efficacy of the true ring — each striving to show by piety and loving-kindness that he has the prize. — 24. Römer, Pilate, *John* 18.38. Cf. also *John* 18.37.

257. 3. Goethe's *Faust*, I. 481. Faust's demand of the Spirit of Earth to reveal to him the secrets of nature. — 32. Nativisten, 'intuitionists,' those who hold that moral ideas are innate, not drawn from experience.

258. 1. Trägheit, 'inertia.' — 8. Johannes Kepler (1571–1630) formulated the laws governing the movements of the planets. He held, following Pythagoras, that the planets were arranged in musical intervals (harmony of the spheres). — 11. Archimedes, the Greek mathematician, 287–212 B. C. — 18. *Mare tenebrosum*, 'cloudy sea.' — 21. der Idee nach, 'in principle.' — 22 ff. Galileo's *Discorsi e dimostrazioni matematiche*,

1638. Sir Isaac Newton (1643-1727) published his *Philosophiæ naturalis principia mathematica* in 1687. Gottfried Wilhelm Leibnitz (1646-1716) united a keenly philosophical mind with a strong taste for science. — 28. **das technisch=induktive,** 'the one based on practical induction (experiment).' — 31. **Darauffichführenlassens,** 'tracing effects to their causes.'

259. 12 ff. Virgil's *Georgics,* ii, 490 ff. — 26. **anthropozentrischen,** 'anthropocentric,' regarding man as the sole object of interest. — 31. **internationale,** say 'national.'

260. 7 ff. The references here and below are to the opening pages of Macaulay's essay *Ranke's History of the Popes.* — 19. Thales (*circa* 600 B. C.), Simonides (556-467 B. C.), Greek philosophers.

Modern Language Dictionaries

Whitney's Compendious German and English Dictionary

viii + 538 + ii + 362 pp. 8vo. Retail price, $1.50.

The extent of the vocabulary actually given is not far from 60,000 words, but these are so treated that the meanings of a vastly larger number are easily determined.

Gasc's Student's French and English Dictionary

600 + 586 pp. 12mo. Retail price, $1.50.

Professor De Sumicrast, in his *Harvard Lectures on Teaching,* says: "Gasc is as good a school dictionary as one wants."

Gasc's Concise Dictionary of the French and English Languages

941 pp. 16mo. Retail price, $1.25.

Hugo A. Rennert, *Professor in the University of Pennsylvania:* "It is the most comprehensive dictionary, for anything like its size, with which am acquainted. . . . I shall recommend it warmly."

Edward S. Joynes, *Professor in South Carolina College:* "The very best, for general and ready use, that I have ever seen "

Gasc's Pocket French and English Dictionary

x + 647 pp. 18mo. $1.00.

This edition differs from the one just described chiefly in being in much smaller type.

Gasc's Library French and English Dictionary

956 pp. 8vo. $4.00.

An expansion of the largest of the foregoing dictionaries, comparing favorably both for completeness and convenience with any French and English dictionary extant.

Edgren and Burnet's French and English Dictionary

1252 pp. 8vo. Retail price, $1.50.

Arthur G. Canfield, *Professor in the University of Michigan:* "It is superior to the other available dictionaries for students with which I have been able to compare it."

W. B. Snow, *English High School, Boston, Mass.:* "I consider it the best English-French and French-English dictionary that I have yet seen—the most complete, the most practical, and best arranged."

Edgren's Italian and English Dictionary

viii + 1028 pp. 8vo. $3.00.

J. D. M. Ford, *Professor in Harvard University:* "It marks an advance over all other Italian-English dictionaries. . . . I shall recommend it to my classes."

HENRY HOLT AND COMPANY

34 WEST 33D ST. New York

Lightning Source UK Ltd.
Milton Keynes UK
UKHW010155310119
336487UK00010B/411/P